KB135075

조선시대 史庫制度 연구

조선시대 史庫制度 연구

박대길 지음

景仁文化社

책머리에

언제부터인가, 사극史劇은 약방의 감초처럼 없어서는 안될 소재로 자리 잡았다. 특히 조선시대를 배경으로 한 사극은 다른 시대극보다 사실적으로 묘사되고 있다는 평을 듣는다. 물론 역사적 사실과 무관한 작가의 상상력이 발휘된 사극이 없지 않지만 … 조선시대 사극 제작이 다른 시대보다 좀 더 쉬운 것은 현대와 가까운 시기라는 측면도 있지만, 『조선왕조실록』(이하 실록)이 있기에 가능하다는 데에는 이론의 여지가 없다.

현존하는 실록은 모두 3질로 서울대학교 규장각과 국가기록원 부산지소, 김일성종합대학 도서관에 각 1질씩 보존되어 있다. 또한 실록은 국가에서 지정한 보물이기도 하지만, 유네스코에 등재된 세계적인 기록문화유산이다. 이처럼 실생활에 유용하고 세계적으로 위대한 실록이 어떻게 보존되어 오늘날 우리가 볼 수 있게 되었는지에 대한 궁금증에서 출발한 것이 바로 본서를 준비하게 된 배경이다.

본서를 준비하면서 새삼스럽게 알게 되었지만, 필자와 실록과의 인연은 참으로 묘하게 연결되어 있다. 필자는 어릴 적에 전주로 이사해서 성장한 관계로 전주가 고향이나 마찬가지이다. 그런데 전주는 조선왕조의 본향이라 일컬어지고 있을 뿐 아니라 실록을 보관하던 전주사고가 있었고, 결정적으로 임진왜란 당시에는 전주사고본 실록이 유일본으로 지켜진 곳이다. 어릴 적부터 자주 다녀 익숙한 경기전 안에 전주사고가 있었다는 사실은 전주사고가 복원된 이후에야 알았지만, 어쨌든 필자는 어릴 적부터 실록을 보관하던 전주사고와 가까이에 있었다.

  필자와 실록과의 직접적인 인연은 수년 전에 『무주군지』 편찬 일을 맡으면서 맺어졌다. 그런데 무주에서 접한 실록은 내게 충격적인 사실을 알게 해 주었다. 일제강점기와 해방직후까지 잘 보관되던 적상산사고본 실록이, 이후 낱장으로 찢겨진 채 엿장수가 엿을 파는 데 사용되었다거나, 한국전쟁 초기에 부산으로 옮겨졌으나 소실되었다는 것이었다. 도저히 이해가 되지 않을뿐더러 상상조차 되지 않았다.

  엿장수가 엿을 팔 때 사용했다는 조선왕조실록! 그것도 낱장으로 찢겨진 채 시중에 나돌았다는 적상산사고본 실록! 큰 충격이 아닐 수 없었다. 그 때부터 실록과 관련된 사료나 자료들을 찾게 되었고, 특히 보존과 관련된 기록이나 현장은 내게 있어서 주된 관심사가 되었다. 그 결과, 적상산사고본 실록은 북한의 김일성종합대학교 도서관에 보관되고 있으며, 이를 활용해서 1990년대 초반 북한에서 번역본으로 출판했다는 사실을 알게 되었다. 한국전쟁 당시 북한으로 반출된 적상산사고본 실록의 행방에 대해서, 이를 알고 있던 이들이 함구하거나 소실된 것으로 왜곡했던 것이다.

  적상산사고본 실록에 대해서 관심을 갖게 되면서 함께 알게 된 것은, 실록의 편찬과 그 내용에 관한 연구는 상당량 축적된 것에 비해, 막상 실록을 보관한 사고에 대한 연구는 의외로 드물다는 것이었다. 특히 국가 기밀이 담겨 있을 뿐 아니라 임금마저 볼 수 없었던 실록을 보관하는 사고가, 제도적인 틀조차 갖추지 않은 채 운영된 것처럼, 나아가 아예 그런 제도조차 없었던 것으로 언급되고 있다는 점은 석연치 않았다. 분명 이에 관한 지침이나 규정이 있을 법한데, 이와 관련된 사료나 연구가 눈에 띄지 않았던 것이다. 적상산사고본 실록의 행방처럼. 그런데 운이 좋아서인지, 아님 남들이 관심이 갖지 않을 때 필자가 먼저 관심을 가진 인연이었는지 「경외사고수직절목」을 찾게 되었고, 국문학에서 이미 논문까지 발표했음에도 불구하고 역사학에서는 전혀 소개되지 않는 『박흑

사포쇄일긔』 등을 접할 수 있게 되었다.

전주와 무주에서의 인연이 계기가 되어 2010년『조선후기 적상산사고 연구』로 박사학위를 마친 뒤, 실록과 필자와의 또 다른 인연이 정읍에서 맺어졌다. 임진왜란 당시, 유일본이 된 전주사고본 실록이 정읍 내장산에서 1년 넘게 보관되었는데, 이에 관한 조사와 연구를 하게 된 것이다. 정읍에서는 유일본 실록의 내장산 보존터(용굴암 은적암 비래암)에 관한 지표(문헌)조사와 발굴조사를 마쳤고, 실록의 내장산 이안(피난) 재연행사를 위한 학술용역까지 마쳤다.

조선전기는 물론 국가 위기상황에서도 유일본 실록을 지켜낼 수 있도록 한 전주, 임진왜란 당시 유일본 실록을 지역민과 관원의 협력으로 지켜낸 정읍, 조선후기 북방의 위기가 높아지자 묘향산사고본 실록을 이안해서 보존한 적상산사고가 있던 무주, 공교롭게도 조선전기부터 후기까지 실록을 온전히 지켜낸 곳과 지속적으로 인연이 맺어지고 있었던 것이다.

본래 필자의 학위논문은 7장으로 구성되었는데, 본서는 제3장 임진왜란과 유일본 실록의 내장산 보존을 추가해서 모두 8장이 되었다. 조선전기까지만 해도 실록의 보존책임은 관에서 지고 있었을 뿐 아니라 임금마저 실록을 볼 수 없을 정도로 엄격히 관리되었는데, 전시戰時라는 특수상황이기는 하지만, 유일본이 된 실록의 보존에 관한 실무책임이 정읍 태인의 유생 안의와 손홍록에게 맡겨졌고, 이들과 지역민이 기꺼이 목숨을 걸고 지켜낸 사실을 포함시키고 싶었다.

현존하는 실록을 통해서 우리는 조선시대에 관한 이해를 보다 더 쉽게 할 수 있고, 세계기록유산이라는 자부심과 자긍심을 갖지만, 실록을 어떻게 지켜왔는가에 대해서는 그다지 관심이 없는 것으로 보인다. 결과론에 치우친 까닭이다. 그러나 실록을 보존하는 데에는 원칙과 규정이 있었고, 국가위기 상황에서도 목숨을 걸고 지켜낸 선열들이 있었음을 잊어서는 아니 될 것이다.

　이 책이 나오는 데에는 많은 분들의 도움이 있었다. 앞서 언급한대로 필자가 실록에 본격적으로 관심을 가진 것은 13년 전 무주에서이다. 그 때부터 관련 사료나 자료를 수집하였고, 그 결실은 2010년 학위논문으로 제출되었다. 학위논문으로 제출하기까지에는 참으로 많은 분들의 관심과 도움이 있었다. 분에 넘치는 사랑을 받았으나 예의조차 제대로 차리지 못하였다. 이 기회에 모든 분들에게 감사를 드린다. 본서가 출간되는 데에는 성주현 선생님의 도움을 잊을 수 없다. 그리고 시장성조차 보이지 않는 이 책을 출간해 준 경인문화사에 심심한 감사를 전한다.

2014년 5월

유일본 조선왕조실록을 지켜낸 정읍에서 저자

목 차

제1장
서 론

1. 연구의 필요성과 목적

『조선왕조실록』[1]은 세계적으로 유례가 드문 기록문화유산으로 인정받고 있다.[2] 이와 같은 실록이 오늘날까지 전해지게 된 데에는 戰亂에 대비하여 여러 곳에 사고를 설치하며 보존·관리한 '史籍分藏之策'과 전란 중에도 실록을 지켜낸 역사의식과 勞苦가 있었기에 가능하였다.

실록의 편찬과 보존에 이르는 일련의 과정에는 史草의 작성은 물론 편찬에 직접적으로 참여하는 史官, 실록편찬의 근거가 되는 史料,[3] 실록 편찬기구인 實錄廳, 실록의 보존과 관리를 위한 법적인 체계[4] 등이 있다. 그런데 실록의 편찬 등과 관련한 연구 성과는 상당량 축적되었음에 비해 의외로 실록을 보존하는 史庫에 관한 연구는 적은 편이다. 그 결과 사고의 由來와 認識에 대한 기본적인 정리조차 되지 못하였다.

사고는 수도의 궁궐에 설치된 內史庫(京史庫)와 지방에 설치된 外史

---

1) 현재 일반적으로 사용되는 용어이나 배현숙은 『조선실록』이라 칭하는 것이 타당하다고 하였다.(배현숙, 『조선실록연구서설』, 태일사, 2002, 31쪽) 『조선왕조실록』은 태조~철종 때까지의 실록을 의미하며, 1935년 일본에 의해 편찬된 『고종·순종실록』은 따로 구분한다. 즉 실록청이나 일기청 개설 등 전통적인 방법과 절차에 의한 편찬과 일정한 儀式을 거쳐 史庫에 奉安된 기존의 실록과 다르고, 植民史觀에 의해 심하게 왜곡되어 편찬된 때문이다. 본고에서는 특별한 경우를 제외하고 '실록'이라 칭한다.

2) 1973년 12월 31일 국보 제151호로 지정되었고, 1997년 10월 1일에는 유네스코 세계기록문화유산으로 등재되었다.

3) 史草, 時政記, 承政院日記, 經筵日記, 備邊司謄錄, 各司謄錄 등 정부의 모든 기관에서 생산한 문서류는 물론, 개인의 문집 등이 망라된다.

4) 사고 설치와 봉안, 曝曬 등의 보존처리 방법과 形止案 작성 등이다.

庫(地方史庫)가 있었다. 우리나라의 내사고는 고려 때 戰亂을 피해 開京에서 江華로 옮긴 것을 제외하고 고려와 조선시대 모두 궁궐 안에 설치·운영되었다. 반면에 외사고는 사고의 위치에 따라 크게 3시기로 구분된다. 山中의 寺刹과 외딴 섬에 설치된 고려, 邑治에 설치된 조선전기 그리고 산중과 섬 그리고 山城 안에 설치된 조선후기이다.

고려시대의 외사고는 高宗 때 최초로 陜川 海印寺에 설치되었으나 戰亂으로 인해 산중의 사찰이나 島嶼지역으로 옮겨 다니다가 마지막에는 충주 개천사에 설치되었다. 조선전기에는 고려와 달리 한강 이남의 중심도시인 忠州·全州·星州에 설치·운영되었다. 임진왜란 이후에는 산중이나 섬에 설치되었는데, 산중의 경우도 산성 안과 산중으로 나뉜다.

이처럼 외사고의 위치가 다양했음에도 불구하고 그간 사고에 대한 연구는 고려시대를 소홀히 하고 조선전기와 후기라는 이분법적인 방법으로 접근하는 경향이 강하였다. 고려실록이 현존하지 않은 때문인지 고려의 사고 운영에 대해서는 그다지 주목하지 않았고,[5] 특히 조선후기에 설치된 각 사고마다 특징이 다름에도 불구하고 상호 비교를 통한 심층적인 연구는 부족했던 것이다.

예컨대 江華와 같은 섬에 설치된 사고는 산중과 다른 형태의 운영관리가 요구되었고,[6] 산중에 설치된 사고 역시 각각의 상황은 달랐다. 적상산사고는 산성 안에 설치되어 사고 운영 못지않게 산성 관리가 병행되었고, 오대산사고는 산중에 설치되었으나 火田民에 의한 화재의 위험이 계속되었다. 태백산사고 역시 산중에 설치되었으나 사고 수호와 관리에 따른 각종 賦役에 시달렸다.

이 외에도 사고의 관할권을 강화도호부나 강릉부과 같은 지역의 중심

---

5) 고려시대 사고관리에 대한 논문은 최일성의 「고려 외사고의 변천과 충주사고」 (『사학연구』 62, 한국사학회, 2001)가 있다.

6) 해안과 섬이라는 조건은 육지 사고의 건축양식과 다르고, 지역적 특성 역시 다른 사고와 차이점을 갖는다.

지가 갖는 것과 무주현이나 봉화현처럼 작은 고을이 갖는 차이가 있었고, 수호 사찰의 지위와 역할, 使行을 맞이하고 접대하는 데 필요한 경비의 마련 등에 있어서도 차이가 있었다. 그럼에도 불구하고 이에 관한 비교 연구가 없었다.

고려와 조선전기 모두 사고를 설치하고 운영하는 데에는 이에 관한 최소한의 지침이 있었을 것이지만 관련 기록은 『經國大典』에서도 曝曬에 관해서만 언급하고 있을 뿐이다. 즉 사고 설치와 운영에 필요한 경비의 마련과 守護 인력의 동원 그리고 관리에 대한 규정이 보이지 않는다.

조선후기에는 「京外史庫守直節目」을 제정하여 운영하도록 하였다. 그러나 개인 문집이나 사찰에서 발간한 자료집에 전해졌을 뿐 아니라 분석조차 되지 않았다. 또한 산성 안에 설치된 사고가 있었음에도 불구하고 이에 대한 법적인 규정이 마련되지 않아 산성과 사고 수호에 따른 이중의 부담을 지게 되었다. 그럼에도 이에 대해서 연구된 바가 없다. 그리고 사고 운영을 위해서 마련된 제도적 장치가 구체적으로 개별 사고에서는 어떻게 적용되었는지를 밝힌 연구도 드물다.

이에 필자가 발굴한 「太白山史庫守直節目」과 「예조완문」으로 작성된 「史庫節目」을 상호 비교하고, 母本이 「京外史庫守直節目」이었는지 확인할 것이며, 사고 운영에 필요한 제도적인 장치가 개별 사고에 어떻게 적용되었는지를 연구하여 사고 연구에 보탬에 되고자 한다.

그간 적상산사고에 관한 연구는 1986년 『사고지조사보고서』, 1990년 『조선실록의 書誌的 연구』,[7] 2008년 『조선왕조실록과 적상산사고』에서 다루어졌다. 그러나 사고 설치 과정은 물론 산성과 사고 수호에 따른 무주현의 경제적·사회적 부담 등에 관한 연구는 부족한 편이다. 그리고 무주현이 무주부로 승격되는 과정에서 무주인의 움직임과 안성이 속했던

---

7) 배현숙, 『조선실록의 서지적 연구』, 중앙대학교 박사학위 논문, 1990. 이 논문은 2002년 『조선실록연구서설』로 발간되었다.

금산군의 움직임, 도호부 승격 이후 변화 등에 대해서 좀 더 심층적인 연구가 필요하다.

더욱이 국문학계에 알려진『박학수포쇄일기』는 사고 운영과 관련하여 귀중한 자료임에도 불구하고 그간 역사학에서는 주목하거나 활용하지 않았다. 이에 필자가 이번에 이 자료를 활용하여 포쇄관의 일정과 지역의 상황, 그리고 使行에서 부딪치는 제반 내용을 다루고자 한다. 특히 적상산사고의 포쇄에 관한 구체적인 기록은 향후 적상산사고는 물론 포쇄와 관련된 使行 연구에 귀중한 자료가 될 것이다.

본 논문은 그간 연구에 소홀하였던 외사고가 선정되는 과정이나 설치된 이후 운영에 관한 구체적인 사례, 奉安使와 曝曬官 등 사행을 맞이하고 접대하는 지역민의 苦役,「사고수직절목」의 제정과 운영의 문제점, 산중과 산성 안 그리고 島嶼에 설치된 각 사고에 대한 비교 검토, 조선 전기 邑治사고와 후기에 설치된 山中사고와의 차이점, 사고 설치로 인한 지역사회의 변화 등 실록의 보존을 위한 사고제도와 그 운영관리체계에 대해서 정리하고자 한다.

그간 실록의 편찬에 대한 중요성을 인식하고 이에 대한 연구는 다양하게 전개되고 있지만, 보존에 대한 평가는 인색하였다. 편찬된 실록이 오늘날까지 전해질 수 있었던 요인은 보존을 위한 체계와 노력이었다. 따라서 보존에 관한 일체의 제도와 노력은 아무리 강조해도 지나치지 않는다. 본 논문은 이 점에 유의하여 사고 운영을 위한 제도적인 틀을 확인하고 제도와 실제 운영의 차이점을 살펴보고자 한다.

이를 통해 실록의 편찬과 보존에 대한 균형적인 시각을 제공하고, 세계적으로 인정받는 실록과 같은 훌륭한 문화유산의 보존과 전승, 그리고 계승에 이르는 체계가 어느 하나 소홀함 없이 갖추어지는데 보탬이 되고자 한다.

2. 연구사 검토

조선시대 사고에 관한 기록은 일제강점기 일본인에 의해 처음 이루어
졌다. 1926년 적상산사고를 방문한 稻田春水가 「訪問記」를 남겼는데,
그 당시 이미 폐지된 적상산사고의 현황을 소개하는 수준이었다.[8] 그 뒤
瀨野馬熊과 丸龜金作[9]에 의해 조선시대 사고의 변천과 임진왜란 당시
전주사고본 실록의 이동에 대한 정리가 있었지만 모두 개괄적 수준에 머
물렀다. 일제강점기에 있었던 사고에 관한 연구 대상은 전주사고와 적상
산사고이었다.

해방 이후 사고에 관한 연구는 실록의 편찬과 보존이라는 측면에서
정리되는데, 1960년 신석호의 「조선왕조실록의 編纂과 保管」이[10] 있다.
그러나 이때 정리된 글은 사고제도에 관한 접근이라기보다는 실록의 편
찬 후 춘추관과 외사고에 보관되는 과정을 중심으로 한 개괄적인 것이
었다.

1970년 이현종에 의해 「開港 以後 史庫保存 狀況」과 「舊韓末 史庫保
存과 守護寺刹」[11]이 발표되었다. 그는 '開港後 史書編纂槪況', '史庫曝

---

8) 稻田春水, 「赤裳史庫訪問記」, 『朝鮮史學』 7, 朝鮮史學同攷會, 1926. 이를 통해서
   선원각이 안국사 경내로 옮겨져 千佛殿으로 사용되고 있었음을 알 수 있다. 선원
   각 건물은 지금도 안국사의 천불전으로 사용되고 있다. 조선시대 건축된 사고지
   내 건물 중 현존하는 건조물이 하나도 없는 점을 감안하여, 비록 형태의 일부가
   변형되기는 하였지만 원형복원을 위한 조사연구를 거쳐 국가문화재로 지정하여
   관리하는 것이 필요하다.
9) 瀨野馬熊, 「李朝實錄所在の移動に就いて」, 『靑丘學叢』 4, 靑丘學會, 1932 ; 丸龜
   金作, 「朝鮮全州史庫實錄の移動과 宣祖の實錄復印」, 『史學雜誌』 49-6, 東京帝大
   文學部史學會, 1938.
10) 신석호, 「조선왕조실록의 편찬과 보관」, 『사총』 5, 고려대학교 사학회, 1960.
11) 이현종, 「구한말사고보존과 수호사찰」, 『도협월보』 11·12, 1970 ; 「개항 후 사고
    보존상황」, 『백산학보』 8, 백산학회, 1970.

曬規定', '사고보존 예산', '國寶保存과 搬出' 등을 통하여 高宗代에는 포쇄 주기를 10년으로 늦추면서까지 실록 보존에 노력하였을 뿐 아니라 사찰에 위임하다시피 했던 사고 관리를 국가가 직접 관리하였다고 보았다. 또한 조선은 일본에 倂呑당한 이후 각종 문화재를 약탈당하였는데, 그 와중에 오대산사고본 실록이 일본으로 반출된 뒤 소실되었다고 하였다. 그러나 개항 이후 시기만 다루었고, 긍정적인 결론만을 부각한 측면이 강하였다.

한편 사고에 관한 연구는 1986년 국사편찬위원회에서 발간한 『사고지조사보고서』에 집약되었다. 여기에는 모두 9편의 논문[12]이 수록되었는데, 실록·사관·사고에 대한 개설과 함께 조선전기 충주·전주·성주사고의 연혁과 현황 그리고 조선후기에 설치된 강화·오대산·태백산·적상산사고의 연혁과 현황이 정리되었다. 그리고 조선시대 사고의 건축양식에 대한 연구 성과가 포함되었다.

그렇지만 춘추관과 묘향산사고가 제외되었고, 사고 건물 자체의 연혁과 현황에 중점을 두어 사고 운영에 관한 법적인 규정과 실제 운영과정에서의 문제점, 봉안사와 포쇄관 등 사행을 맞이하는 지역민의 분위기와 반응, 조선전기 읍치사고가 임진왜란 이후에는 산중사고로 변하는 과정 등에 관한 심층적인 연구가 미흡하고, 島嶼와 산성과 山中에 설치된 사고의 차이점 등 각 사고별 특징 등이 빠졌다는 아쉬움이 남는다.

1978년과 1979년에 발표된 배현숙의 「朝鮮祖 사고의 藏書관리」와 「강화부사고 守藏本考」[13]는 書誌學的인 측면에서 살펴 본 사고에 대한 연

---

12) 차용걸, 「實錄·史官·史庫에 대하여」 ; 이상태, 「충주사고의 연혁과 관리」 ; 김홍주, 「전주사고의 연혁과 사고지 현황」 ; 김홍주, 「성주사고의 연혁과 사고지 현황」 ; 정태환, 「강화사고의 연혁과 사고지 현황」 ; 김용곤, 「오대산사고의 연혁과 사고지현황」 ; 강영철, 「태백산사고의 연혁과 사고지 현황」 ; 신재홍, 「적상산사고의 연혁과 사고지 현황」 ; 김동현·김동욱, 「조선시대 사고의 건축양식」, 『사고지조사보고서』, 국사편찬위원회, 1986.

구로 각 사고에 보관되던 실록과 書籍에 대한 분석과 함께 사고의 설치
및 변천을 다루었다. 또한 배현숙은 오대산·정족산·태백산사고에 보관
되었던 실록을 비롯한 서책에 대한 분석, 보존 방법(포쇄), 사고 수호와
관리를 위한 제도적인 장치와 운영 등에 대해서도 연구하였다.14)

정태현은 마니산사고에 보관되었던 사책에 관한 분석과 摩尼山史庫
址 현황을,15) 최일성은 충주사고에 대한 연구와 함께 고려시대 외사고
의 변천에 대해서도 정리하였는데,16) 처음으로 고려시대 외사고의 변천
을 시기별로 추적함으로써 고려인의 실록 보존의식을 부각시켰다. 그러
나 외사고가 봉안된 지역의 상황과 외사고가 주로 사찰일 수밖에 없었던
이유 등에 대해서는 설명이 부족하다.

2000년대 들어서 김기태·차장섭·신병주 등의 연구17)가 있는데, 강화

13) 배현숙, 「조선조 사고의 장서관리」, 『규장각』 2, 서울대학교 도서관, 1978. ; 「강
   화부사고 수장본고」, 『규장각』 3, 서울대학교 도서관, 1979.
14) 배현숙, 「오대산사고와 수장서적에 대하여」, 『서지학연구』 창간호, 서지학회,
   1986 ; 「정족산사고본 실록 조사기」, 『규장각』 10, 서울대학교 도서관, 1987 ; 「태
   백산사고 실록 판본고」, 『규장각』 11, 서울대학교 도서관, 1988 ; 「조선실록의 서
   지적 연구」, 중앙대학교 박사학위 논문, 1990 ; 「17세기 조선의 실록 고출에 대한
   연구」, 『서지학연구』 17, 서지학회, 1999 ; 「숙종영조년간의 실록 고출에 대한 연
   구」, 『서지학연구』 19, 서지학회, 2000 ; 『조선실록 연구서설』, 태일사, 2002.
15) 정태현, 「마니산사고본과 사고지 현황」, 『동국사학』 19·20, 동국사학회, 1987.
16) 최일성, 「충주사고에 관한 고찰」, 『충주공업전문대학교논문집』 21, 1987 ; 「충주
   사고의 변천과 위치 문제」, 『제12회 중원문화학술회의자료집』, 2000 ; 「고려 외
   사고의 변천과 충주사고」, 『사학연구』 62, 한국사학회, 2001.
17) 김기태, 「강화도 정족산사고의 보존경위에 관한 고찰」, 『기전문화연구』 28, 인천
   교육대학교 기전문화연구소, 2000 ; 「조선 사고의 역사적 변천에 관한 연구」, 『기
   전문화연구』 29·30, 인천교대 기전문화연구소, 2003 ; 차장섭, 「五臺山史庫謄錄
   과 오대산사고의 운영실태」, 『조선사연구』 12, 조선사연구회, 2003 ; 신병주, 「조
   선왕조실록의 봉안의식과 관리」, 『한국사연구』 115, 한국사연구회, 2001 ; 「實錄
   形止案을 통 1본 조선왕조실록의 관리체계」, 『국사관논총』 102, 국사편찬위원회,
   2003 ; 「실록형지안을 통 1본 조선왕조실록의 보존과 관리」, 『고전적』 1, 한국고
   전적보존협의회, 2005 ; 「오대산본 조선왕조실록의 간행과 보관」, 『역사와 현실』

(마니산·정족산사고)와 오대산사고에 집중되어 있다. 물론 각 사고에 대한 언급이 없는 것이 아니지만 적상산과 태백산사고에 관한 연구는 눈에 띄지 않는다.

2005년 간행된 『조선왕조실록 보존을 위한 기초 조사연구(Ⅰ)』[18]는 防蟲과 防濕을 위해 蜜蠟을 입힌 舊전주사고본 실록이 오히려 훼손이 더 심한 까닭에, 이를 분석하여 장기적인 보존대책을 세우기 위한 연구서이다. 여기에 「실록의 편찬과 봉안」, 「실록의 보관과 포쇄 - 形止案의 분석을 중심으로 - 」가 포함되어 있는데, 봉안사행을 맞이하기 위한 사고 소재 지역의 준비와 포쇄에 따른 여러 과정과 절차 등이 정리되어 있다.

2008년에는 실록과 적상산사고의 역사적 가치와 의미를 확인하고, 문화관광자원으로 활용하려는 취지에서 진행된 『조선왕조실록과 적상산사고』가 발간되었다.[19] 지자체와 해당 지역의 연구소가 공동으로 주관한 의미 있는 학술조사였지만 목적하는 바가 관광자원으로의 활용이었던 까닭에, 사고제도에 관한 심층적인 연구가 부족하다는 아쉬움을 갖게 하였다.

이와 같은 연구 성과에도 불구하고 아쉬운 점은 조선시대 사고 관리체계를 일목요연하게 볼 수 있는 연구 성과가 없다는 것이다. 또 개별 사고에 대한 연구는 있었으나 특정 사고에 국한되었고, 주로 서지학적인 측면에서 연구가 이루어졌다. 따라서 특정 사고와 관련된 서책의 보존

61, 한국역사연구회, 2006.

18) 송기중 외, 『조선왕조실록 보존을 위한 기초 조사연구(Ⅰ)』, 서울대학교 한국학연구 총서 12, 2005.

19) 이성무, 「유네스코 세계기록문화유산 조선왕조실록」 ; 김경수, 「조선왕조실록의 편찬과 사료적 가치」 ; 배현숙, 「조선실록의 보존처리」 ; 박대길, 「적상산사고의 설치운영과 무주의 변화」 ; 신병주, 「조선왕조실록과 적상산사고의 활용 방안」 등이 수록되었다. 전북대학교 전라문화연구소, 『조선왕조실록과 적상산사고』, 전라문화총서 27, 2008.

상태 등에 대해서는 주목할 만한 성과가 눈에 띠지만 사고의 설치와 운영으로 인한 지역의 변화 등에 대한 연구는 부족하다. 최근 들어 역사학에서도 사고에 대해서 주목하고 이에 관한 연구가 진행 중이나 특정 사고를 중심으로 한 연구와 중앙정부 위주로 연구되어 외사고가 설치된 지역의 상황과 변화에 대해서는 소략하다는 아쉬움이 있다.

3. 연구 방법

『조선왕조실록』에서 '史庫'를 검색해 보면, 213건에 이르는 적지 않은 기사가 나오지만 봉안과 포쇄 그리고 考出 등을 수행하기 위해서 사고를 방문하는 官員에 관한 기사가 대부분이고, 혹 사고의 운영과 관계되는 기사는 사고 운영의 폐단과 사고의 修改 등에 대한 내용이 다수이다. 더욱이 임진왜란 이후 새로운 사고를 설치하면서 제정된 『京外史庫守直節目』도 제정하였다는 기사만 나올 뿐 그 내용은 전하지 않는다. 본논문은 이러한 점을 염두에 두고 다음과 같이 구성하였다.

먼저 제1장 머리말에서는 연구의 필요성과 목적을 살펴보고, 연구사검토를 거쳐 어떻게 연구할 것인지 연구방법을 제시하고자 한다.

제2장에서는 사고의 유래와 인식, 그리고 사고의 설치와 운영을 알아보고자 한다. 이는 조선후기 적상산사고 운영과 관리체계를 알아보는데 전제가 되기 때문이다. 그간 사고는 실록을 보관하는 건축물인 사각에 국한하여 이해하는 경향이 강하였다. 이에 사고의 유래와 인식을 살펴봄으로써 사고라는 용어가 단순히 실록을 보관하는 건물만을 가리키는지 아니면 실록을 보존하기 위한 제반 시설까지 포함하는 지를 확인하고자 하였다. 고려시대 외사고의 변천에 관해서는 외사고가 옮겨 간 정황과

사고 운영을 위해서 어떠한 노력들이 있었는지에 대해서 고찰할 것이다.

조선은 고려가 시행한 '史籍分藏之策'을 계승하였을 뿐 아니라 외사고를 확대하여 운영하였다. 외사고를 1곳만 운영한 고려와 달리 조선은 3곳의 읍치에 외사고를 설치하여 관원이 직접 관리하였다. 그러나 외사고를 선정하면서 고려와 달리 왜 읍치만 선정하였는지, 서울 이북지역에서는 왜 한 곳도 선정하지 않았는지, 외사고 운영을 위한 지침은 정해져 있었는지 등에 대해서는 연구가 미흡한 편이다. 이에 대해서 살펴보고자 한다.

제3장에서는 임진왜란 초기에 유일본이 된 전주사고본 실록이 어떻게 보존되었는가를 살펴보고자 하였다. 일본군의 부산포 상륙으로 시작된 임진왜란은 초기에 조선의 일방적인 패배로 진행되었다. 그 과정에서 성주와 충주 그리고 춘추관사고에 보관 중이던 실록이 소실되었다. 유일본이 된 전주사고본 실록의 보존을 위한 시급하고도 적절한 조치가 필요하게 되었다. 이때 전라감사를 비롯한 관원과 태인의 유생 안의와 손홍록 등 지역민이 혼연일체가 되어 실록과 어진을 지켜낸 역사적 사실에 대해서, 문헌으로 전하는 관련 인물과 현지 조사를 통해 확인하고자 하였다.

제4장에서는 조선전기에 큰 事故없이 운영되던 외사고가 임진왜란을 계기로 하여 산중의 사찰과 승려에게 맡겨지는 과정을 추적하여 사고 운영에 대한 인식의 변화에 대해서 알아보고자 한다. 이를 위해서 전란 중에 실시된 실록의 보존 대책과 종전 후 이루어진 실록의 複印, 그리고 새로운 사고 선정과 수호 인력의 변화 과정을 읍치와 산중사고를 비교하여 알아 볼 것이다. 또한 「太白山史庫守直節目」과 「사고절목」을 상호 비교하여 제도적 규정이 어떻게 제정되고 변하였으며, 시행 과정에서 어떠한 문제점들이 야기되었는지, 사고 운영과정에서 발생한 문제점을 중심으로 살펴보고자 한다.

제5장에서는 적상산사고 설치와 실록의 봉안에 대해서 고찰하고자 한

다. 그간 적상산사고는 묘향산사고를 代替하기 위해서 계획적으로 설치
된 것으로 연구되었다. 이에 그 당시 정황을 면밀히 검토할 뿐 아니라
이와 다른 측면, 즉 적상산사고 설치는 처음부터 의도했다기보다 급박한
정세에 영향을 받은 또 다른 측면이 있었음을 확인하고자 한다. 이를 염
두에 두고 사고의 설치 과정을 살펴 볼 것이며, 적상산사고의 규모와 수
호 인력에 대해서도 구체적인 자료를 통해 확인하고자 한다. 그리고 『선
조실록』의 봉안과 묘향산사고본 실록이 移安되는 과정과 적상산사고의
변천 과정을 살펴 볼 것이다.

　제6장에서는 적상산사고의 포쇄에 대해서 『박학수포쇄일기』를 통해
살펴 볼 것이다. 이를 위해서 실록 보존을 위한 일차적 조치인 포쇄에
대해서 알아보고, 적상산사고에서 행해진 포쇄 현황과 특징을 살펴볼 것
이다. 이와 함께 적상산사고에서 행해진 포쇄 과정의 구체적인 사례를
『박학수포쇄일기』를 통해 확인하고자 한다. 『박학수포쇄일기』가 소개
된 것은 1990년대이나 지금까지 이에 대한 분석은 국문학계에 한정되었
다. 본 논문에서 처음으로 이를 소개하고 연구함으로써 차후 포쇄는 물
론 사고 운영 전반에 관한 연구에 도움이 되고자 한다.

　제7장에서는 적상산사고 운영에 있어서 무주현의 역할과 이후의 변화
에 대해서 알아볼 것이다. 사고 운영과 관리를 위한 기본적인 업무, 즉
사고의 開閉와 수호와 수개 등에 대해서 알아보고, 이어서 산성과 사고
수호 및 관리로 인한 무주의 변화에 대해서 알아볼 것이다. 이를 위해서
비슷한 조건에 있었던 태백산사고의 변화를 먼저 살펴보고, 무주가 도호
부로 승격되는 과정과 그 이후 변화에 대해서 살펴보고자 한다.

제2장
史庫의 유래와 설치·운영

1. 사고의 由來와 認識

1) 사고의 유래

'史庫'는 史書를 집중적으로 보관하는 書庫로 해석할 수 있다. 물론 사서에는 실록을 비롯한 국가의 중요한 문헌과 서적이 포함된다. 사고는 '金櫃石室'[1) 또는 '地庫'[2), '秘庫'[3)라고도 하였다. 금궤는 '옛적에 策書 등 중요한 문서를 보관하는 쇠로 만든 궤'를 가리키며, 석실은 '돌로 만든 공간'을 뜻한다. 따라서 금궤석실은 '국가의 중요한 문헌을 쇠로 만든 궤에 넣어 보관하는 돌로 만든 공간'이라는 의미를 가진다. 地庫와 秘庫는 일반적으로 史庫와 같은 의미로 사용되었다.

우리나라는 고구려 초기에 『留記』100권을 편찬하고 영양왕 11년에는 태학박사 李文眞이 이를 요약하여 5권의 『新集』으로 만든 것을 비롯하여 백제에서는 高興이 『書記』를, 신라에서는 居柒夫가 『國史』를 편찬한 것으로 알려져 있다. 즉 삼국시대에 각 나라마다 역사를 修撰하여 보관한 것이다. 그러나 이렇게 편찬된 史書가 書庫 또는 史庫에 보관되었는지 확인되지 않고 그나마 史書마저 전하지 않는다.

史庫에 대한 기록은 고려 때부터 확인된다. 고려는 초기부터 실록을

---

1) 申靖夏, 「送宋翰林聖集史五臺序」 『恕庵集』 卷10. 1708 ; 『고종실록』 권46, 42년 (대한 光武 9년) 10월 1일(양력) 史庫卽國家文獻金櫃石室之藏在焉 其所重逈別矣.
2) 『조선왕조실록』에서는 地庫를 사고와 같은 뜻으로 사용하였다. 『명종실록』 권29, 18년 9월 丁酉 ; 『선조실록』 권199, 39년 5월 甲戌 ; 『인조실록』 권19, 6년 7월 丁丑.
3) 『선조실록』 권173, 37년 4월 甲申.

비롯한 여러 史書와 典籍을 편찬하고 보관하기 위해서 개경의 史館에 史庫를 설치하여 운영하였는데, 그 시기는 光宗代였다.⁴⁾ 그러나 외침과 내란 등으로 실록이 燒失되거나 移安되었다가 다시 開京으로 옮겨지는 등 이동이 심하였다.⁵⁾ 한편 이와 같은 혼란기에 史官 스스로 독립된 史庫를 마련하기 위해서 동료들과 함께 새 건물을 건축하기도 하였다.⁶⁾

고려는 외침과 내란 등 內憂外患으로 인해 宮內에 있던 史館이 소실되어 실록의 보전마저 어렵게 되자 좀 더 안전하게 실록을 보존하기 위해서 外史庫를 설치하였다. 그 결과 고종 14년(1227) 9월, 『명종실록』 2질을 편찬하여 1질은 宮內 史館에 보관하고, 다른 1질은 陝川 海印寺에 보관하였다.⁷⁾ 이것이 기록상으로 보이는 우리나라 외사고의 시작이다. 고려는 외침과 국난으로 인한 실록의 滅失에 대한 우려에서 副本을 만들었고, 경사고와 함께 외사고를 두어 실록의 보존에 만전을 기한 것이다.

조선은 고려의 사고제도를 계승하였는데, 세종 21년(1439) 6월 사헌부에서 '史籍分藏之策을 건의함에 따라 고려보다 확대하여 운영하였다. 그 명분 중의 하나가 사마천이 『史記』를 짓고, '(정본은) 名山에 간직하고 副本은 서울에 둔다.'⁸⁾는 것이었다. 故事를 인용하여 史籍을 分藏한 것이다. 이로써 조선전기부터 史庫 운영이 체계적인 틀을 갖추었음을 알

4) 정구복,「고려시대의 사관과 실록 편찬」,『제3회 국제학술회의 논문집』, 한국정신문화연구원, 1984, 143~145쪽.

5) '七代實錄'이 소실된 거란의 침입, 史館이 소실되고 史官에 의해서 급하게 國史가 移安된 이자겸의 난, 그리고 강화로 京史庫를 이동할 수밖에 없었던 몽고의 침략 등이 있었다.

6) 『동문선』 권70, 記, 李穀,「禁內廳事重興記」.

7) 『고려사』 권22(세가). 고종 14년 9월 庚辰. 監修國事 평장사 崔甫淳, 修撰官 金良鏡·任景肅·兪升旦 등이 『명종실록』을 편찬하여 史館에 배치하고 또 한 질을 해인사에 비치하였다.

8) 『세종실록』 권85, 21년 6월 壬寅.

수 있다.

한편 史庫에 관한 사전적 해석은 '고려와 조선시대에 걸쳐 역대의 實錄9)을 보관하던 倉庫로 史閣이라고도 한다.'10)로 정리된다. 한마디로 사고는 실록을 보관하는 書庫라는 것이다. 여기에 "사고는 史閣 또는 實錄閣이라고도 하는데, 列聖朝의 실록을 보관한 書庫를 말한다. 아무리 많은 書籍이 收藏되었더라도 실록의 收藏이 아니면 사고라 칭하지 않았다."11)고 하여 실록을 보관하지 않으면 사고라 칭하지 않았음을 알 수 있다.

그러나 고려와 조선시대에 설치·운영된 우리나라의 사고에는 실록뿐 아니라 왕실의 족보인 『璿源錄』과 국가운영에 필요한 儀軌類와 經書, 나아가 개인의 文集과 譜牒 등도 보관되었다.12) 또한 사각과 함께 璿源閣이 따로 건립되었고, 이를 수호하고 관리할 守護人들을 위한 부속건물이 있었다. 또한 '節目'을 제정하여 사고 운영에 필요한 제도적인 근거를 마련하였고, 실록을 비롯한 서적의 보존을 위해서 정기적으로 사관을 파견하여 曝曬하였다. 그리고 史官이 아니면 사고를 열고 닫지 못하도록 엄격히 단속하였을 뿐 아니라 사고의 修改도 지방관이 임의로 하지 못하도록 통제하였다. 이처럼 史庫는 단순히 史閣을 짓고 그 안에 실록을 보관만 한 것이 아니라 국가적인 관심과 행정적인 절차와 과정 그리고 구체적인 보존관리 체계에 따라 운영되었다.

따라서 史庫의 의미는 史閣에 한정되지 않고, 선원각을 비롯하여 각

---

9) 우리나라의 실록은 『고려실록』과 『조선왕조실록』이 있는데, 본 논문에서는 이를 통칭하여 실록이라 칭하였다.

10) 박익환, 『한국민족대백과사전』 10, 한국정신문화연구원, 1997.

11) 배현숙, 『조선실록연구서설』, 태일사, 2002, 127쪽.

12) 「전주사고형지안」에는 실록과 史書와 經書 등이 收藏된 것으로 되어 있으나, 1871년 적상산사고를 포쇄한 朴定陽의 『박학수포쇄일기』와 1910년 4월에 작성된 「적상산사고 史閣調査形止案」에는 개인의 文集과 譜牒 등도 收藏되어 있는 것으로 기록되어 있다.

종 부대시설까지 포함한 넓은 의미로 이해할 필요가 있다. 이와 함께 실록을 보관한 건물은 사각(실록각), 선원록을 보관한 건물은 선원각으로 통칭하여 사용하고, 수도에 설치된 사고를 내사고(경사고), 지방에 설치된 사고를 외사고라 칭하고자 한다.

2) 중국의 사고

중국의 사고는 唐나라 때부터 확인되는데, 그 이전에는 書庫에 史書를 보관하였다. 대표적인 書庫는 周나라의 天府·盟府·故府, 漢나라의 石渠閣·天祿閣·蘭治閣·麒麟閣·秘府, 晉나라의 秘書閣, 남북조시대의 學士館·文德殿, 隋代의 秘閣 등이 있었다.[13]

한편 중국의 史庫는 唐나라에 이르러 제도적으로 자리를 잡게 된다. 唐의 太宗(627~649)은 弘文館을 설치하고 四部의 圖書를 거두어 書庫에 나누어 관장했는데, 이를 甲·乙·丙·丁으로 나누고 각기 經庫·史庫·子庫·集庫라 하여 '四庫'라 하였다.[14] 즉 四庫의 하나로 史庫가 자리하면서 처음으로 史書만을 따로 보관하는 독립된 史庫가 설립되어 운영된 것이다. 그러나 실록을 보관하였는지는 확인되지 않는다. 宋나라 때에는 昭文·史館·集賢의 三館과 秘閣에 각종 도서를 보관하였는데, 史書는 史館에 보관한 것으로 추정된다.

明代에는 궁궐 내에 文淵閣을 두고 書籍을 관리하였는데, 이 때 비로소 진정한 의미의 史庫가 설치 운영되었다. 중국에서 편찬된 실록 중 현존하는 가장 오래된 실록은 明代에 편찬된 『明實錄』이다.[15] 『명실록』은 명나

---

13) 한국기록학회, 『기록학 용어사전』, 역사비평사, 2008, 78쪽.

14) 『弘齋全書』 권116, 經史講義 53, 綱目 7, 唐高祖. 生員金啓河對 太宗之置弘文館 蓋盛制也 就論其規模次第 則祕書郎收四部圖籍 分庫而掌之 甲爲經乙爲史丙爲子丁 爲集 而馬懷素知經庫 沈佺期知史庫 武平一知子庫 薛稷知集庫之類是也.

15) 이성무, 『조선왕조실록 어떤 책인가』, 동방미디어, 2000, 242쪽. 『명실록』은 명나

正本과 副本 2질이 편찬되었는데, 한 질은 宮中史庫인 皇史宬에 보관하고 다른 한 질은 內閣에 두어 사관들이 다음 실록을 편찬할 때 참고하도록 하였다.[16)]

皇史宬은 '表章庫'라고도 하며, 가정 13년(1534) 7월에 기공하여 15년(1536)에 준공하였고, 淸나라 가경 12년(1807)에 重修하여 현존한다. 황사성에는 실록과 함께 玉牒·皇帝家譜·將軍印章·『永樂大典』副本·『大淸會典』등이 소장되었다. 건물은 벽돌로 만들었으며, 화재와 물이 스며드는 것과 벌레나 좀이 생기는 것 등을 방지할 수 있도록 하였으며, 겨울에는 온화하고 여름에는 시원하게 건축되었다.[17)]

청나라는 황제가 죽은 뒤에 實錄館을 설치하여 실록을 편찬하였는데, 漢文·滿洲語·蒙古語로 서술하였으며 모두 5질을 만들어 皇史宬, 乾淸宮, 內閣實錄庫(內閣大庫), 瀋陽의 崇謨閣 등에 보관하였다.

이상으로 중국에서의 史庫는 唐代에 비롯되었으나 史書를 보관하는 기능을 갖는 書庫였고, 明代에 이르러 독립된 건물로 건립된 皇史宬이 실록을 보관하는 史庫의 기능을 갖추어 淸代까지 이어졌고, 황사성은 현존한다.

한편 安鼎福은 중국에서 시행된 사고(地庫)의 유래와 형태에 대해서 다음과 같이 정리하였다.[18)] 明代 弘治 5년(1492)에 太學士 丘濬이 地庫의 건립과 실록의 보관 그리고 포쇄에 대해서 황제에게 건의하였다. 즉 文淵閣의 근처에 별도로 重樓를 건립하되 木材가 아닌 벽돌만 사용하며, 여러 조정의 실록과 임금이 지은 글이나 글씨들은 樓上에 진열하고 內

라 13대 황제의 실록을 총체적으로 부르는 명칭으로 『大明實錄』또는 『皇明實錄』이라고도 한다.

16) 신승하, 『중국사학사』, 고려대학교 출판부, 2000.

17) 北京市 東城區南池子大街136号.

18) 『順菴先生文集』卷九, 「答李仲命別紙」甲午. 이 내용은 안정복이 명나라 때 발행된 『國朝典彙』를 보고 정리한 것이다.

府의 藏書는 하층에 진열하며, 해마다 서적을 꺼내어 포쇄하되 翰林의
堂上官에게 위임하여 점검한 뒤에 封印할 것을 청하였다. 그 결과 건립
된 사고가 바로 皇史宬이다.

이와 같은 사고(지고)의 유래를 알고 있던 안정복은 평소 "史庫나 藏
書閣은 돌로 쌓아 건립해야 한다. 그 밑을 파서 地庫를 만들되 四面과
바닥은 모두 벽돌로 쌓아야 할 것이다. 만약 난리를 당하여 서적을 실어
가기 어려울 경우에는 은밀히 지고로 옮겨 놓고 벽돌로 덮어 틈이 없게
한다면 적병이 어떻게 알 수 있겠는가?"[19]라고 하며, 지고의 건립을 주
장하였다.

이와 함께 안정복은 宇宙 안에 없어서는 안 될 서적으로 經傳·史書·
性理·典章 등을 으뜸으로 보았다. 그리고 귀중한 서적은 兵火가 미치지
않는 名山에 石室로 건축하고 관리를 배치하여 지키되, 법의 조항을 엄
하게 하여 대대로 지켜야 한다.[20]고 하였다.

明代에 논의된 地庫의 외형과 사책의 보관 방법에 덧붙여 안정복은
보다 더 견고한 형태로 건립된 지고와 불의의 사태에 대비할 수 있는
구체적인 방안을 제시하였다. 그러나 이처럼 견고한 형태를 갖춘 지고의
건립과 설치는 실현되지 않았다. 국가가 직접 관장하여 독립된 건물을
지어 사책을 보관하고 이에 따른 관리를 하였지만, 건물은 돌로 만든 석
실이 아니라 목조건물이었다.

3) 史庫에 대한 인식

고려와 조선시대 사람들이 '史庫'를 어떻게 인식하고 있었는지 알아

---

19) 余嘗謂史庫藏書閣 當石築以置之 其下又掘作地庫 四面及底皆用磚石築之 若逢賊亂
而運去爲難 則密移于地庫 覆以磚石而使無罅隙 則賊豈能知之.
20) 宇宙內不可無者 經傳也史書也性理也典章也 築石室於名山 兵戈不到之處 設官以守
之嚴其法條世世守護.

보고자 하였으나 이에 관한 직접적인 사료는 찾지 못하였다.

또한 고려시대의 사고에는 璿源閣이 따로 없었고, 사찰에 설치된 사고도 사찰의 건물을 이용한 것인지 아니면 별도의 건물을 따로 지었는지조차 확인되지 않는다. 다만 京中에 설치된 史館과 史官이 혼재되어 사용되었음을 알 수 있다. 따라서 고려시대의 사고는 실록을 비롯한 국가의 중요한 사서를 보관한 공간을 가리킨 것으로 보인다.

조선전기에 설치된 사고는 성주사고의 예에서 확인되듯이 단일 건물의 史閣과 이를 둘러싼 담장, 그리고 담장 밖에 건립된 守直人이 머무는 공간으로 나뉘며, 고려와 마찬가지로 선원각 역시 따로 건립되지 않았다.

『조선왕조실록』에서 시기를 宣祖代까지로 한정하고 史閣을 검색하면 모두 6건이 나오는데, 첫 번째는 "사각의 화재는 반드시 그것을 불러일으킨 원인이 있는 것입니다."[21]라고 하여 사고를 지칭하고 있음을 알 수 있다. 또한 성주사고 화재 원인을 논하는 자리에서 "史閣의 형세로 보아 巢草의 불이 옮겨 붙을 수 있을 것 같지는 않습니다."[22]라고 하여 건물을 비롯한 주위 환경을 통칭하고 있음을 알 수 있다. 그리고 사각의 開閉에 관한 논의, 임진왜란 당시 燒失되기 전 성주사고 사각의 상태, 임진왜란 중 해주에 산성을 축성하고 그 안에 사각을 건립하는 문제, 전쟁 후 실록을 復印한 뒤 봉안하기 위해서 史庫地를 선정할 때 강화사고의 사각 건립에 관한 논의에서 확인된다.[23] 이로 보아 史閣은 사고를 지칭하기도 하고 단순히 실록만을 보관하는 건물을 지칭하기도 하였음을 알 수 있다. 반면 임진왜란 이후에는 모두 54건이 나오는데, 사각이라는 건

---

21) 『중종실록』 89권, 33년 11월 戊子.

22) 『중종실록』 89권, 33년 12월 戊申.

23) 『인종실록』 1권, 1년 3월 乙丑 ; 『선조실록』 27권, 25년 6월 丙辰 ; 『선조실록』 55권, 27년 9월 庚辰 ; 『선조실록』 198권, 39년 4월 丙寅.

물을 지칭하기도 하지만 사고를 가리키고 있음을 알 수 있다.

實錄閣은 18건[24]으로 모두 춘추관사고의 사각을 가리키는데, 외사고와 구분하여 실록각이라 칭하였음을 확인할 수 있다.[25] 이때의 실록각은 실록의 故出과 取來 등을 위해서 춘추관의 실록각을 개폐하는 문제와 관련되며, 實錄庫라 부르기도 하였다.[26] 그런데 후기에는 2건으로 史官만이 開閉할 수 있다는 점[27]과 태백산사고의 修改와 관련하여 선원각과 실록각으로 구분하고 있음을 볼 때[28] 사각을 지칭하고 있음을 알 수 있다.

史庫는 전후기 모두 213건이 검색되는데, 사각만을 가리키기도 하고 사각을 포함한 주위 환경 전체를 포함하기도 한다.

이상으로 조선전기에 사용된 사고라는 용어는 대체적으로 사각을 지칭하고, 후기에는 선원각까지 포함한 용어로 사용되었음을 알 수 있다. 그리고 춘추관사고는 외사고와 따로 구분하여 실록각이라 칭하였음을 확인할 수 있는데, 후기에는 외사고의 사각도 실록각이라 하였다.

다음으로 18세기와 19세기에 제작된 각종 지도와 「大東地志」에 표기된 '사고'를 검토하고 상호 비교해 보았다.

먼저 18세기에 제작된 「備邊司印方眼地圖」[29]를 보면 〈표 1〉, 적상산사고는 적상산성을 비롯하여 북문과 동문을 표기하고 있으며, 倉은 軍倉을, 別將은 別將廳을 가리키는 것으로 군사적 목적이 강함을 알 수 있다. 客舍는 산성의 순찰이나 사고에 봉안사 혹은 포쇄관으로 오는 官員이

---

24) 『세종실록』 1, 『단종실록』 1, 『성종실록』 1, 『연산군일기』 3, 『중종실록』 7, 『인종실록』 1, 『선조실록』 1회 등이다.

25) 『세종실록』 110권, 27년 11월 庚寅 ; 『단종실록』 2권, 즉위년 7월 戊戌.

26) 『선조실록』 206권, 39년 12월 壬戌.

27) 『광해군일기』 163권, 13년 3월 己未.

28) 『고종실록』 6권, 6년 5월 乙亥.

29) 18세기 중반 비변사에서 제작한 필사본(방안식) 지도이다.

〈표 1〉「비변사인방안지도」

구분	무주 (적상산사고)	강릉 (오대산사고)	강화 (정족산사고)	봉화 (태백산사고)	비고
史庫		史庫		史庫	
史閣				실록각	
璿源閣	선원각			선원각	
客舍	객사				
	別將				
	倉				
寺刹	安圓寺	월정사 상원사		각화사	
山城	적상산성				
大門	북문, 동문				

머무는 공간이며, 安圓寺는 수호 사찰인 安國寺의 誤記로 보인다. 그런
데 사고 혹은 실록각은 없고 선원각만 표기되어 있어 실록보다 선원록을
중시했음을 알 수 있다.

오대산사고는 실록각과 선원각을 따로 표기하지 않고 사고만 표기하
고 있으며, 수호사찰로 추정되는 월정사와 함께 상원사가 기록되어 있
다. 태백산사고는 실록각과 선원각을 각기 표기하고 따로 사고를 명기함
으로써 실록각과 선원각 등 모두를 합해 사고라 하였음을 알게 한다. 수
호사찰로 각화사가 표기되어 있다. 江華地圖에는 정족산사고가 표기되
지 않았다.

18세기 중엽에 제작된「海東地圖」에는 조선후기 외사고가 모두 표기
되어 있다.〈표 2〉 그러나 통일된 기준에 맞추어 표시되지 않고 각 사고
마다 달라 史庫에 대한 인식의 차이가 있었음을 알 수 있다.

적상산사고는 선원각과 함께 사고를 표기하고 있어 사고를 사각과 동
일한 용어로 사용하였음을 알 수 있다. 그러나 오대산사고와 정족산사고
는 실록각과 선원각을 따로 표기하지 않고 사고만 표기하고 있어, 선원

〈표 2〉「해동지도」

구분	무주부 (적상산사고)	강릉부 (오대산사고)	江都都護府 (정족산사고)	봉화현 (태백산사고)	비고
史庫		史庫	史庫	史庫	
史閣	史庫			實錄閣	
璿源閣	선원각			璿源閣	
客舍	객사				
사찰		월정사	전등사	각화사	
산성	적상산성		정족산성		
산		오대산			

각과 실록각을 포함하여 전체를 사고라 칭하였음을 알 수 있다. 반면 태백산사고는 실록각과 선원각을 각기 표기하면서 사고를 따로 표기하고 있다. 이것은 선원각과 실록각 모두를 포함하여 사고라 칭한 것으로 해석된다. 이상으로 사고는 실록각만을 지칭하기도 하고, 실록각과 선원각 모두를 포함한 의미로도 사용되었음을 알 수 있다.

수호 사찰에 대해서는 오대산사고의 월정사, 정족산사고의 전등사, 태백산사고의 각화사가 표기되어 있으나, 적상산사고의 수호 사찰은 따로 표기되지 않았다. 대신 다른 사고에는 표기되지 않은 客舍가 기록되어 있다.

19세기 초에 제작된 것으로 알려진 「廣輿圖」는 「해동지도」보다 더 간결하게 사고를 표기하고 있는데, 정족산사고는 아예 생략되었다. 적상산사고는 「해동지도」와 같이 사고와 선원각으로 구분하여 표기함으로써 사고가 실록각을 지칭하고 있음을 알 수 있다. 오대산사고는 사고만 표기하고, 태백산사고는 실록각과 선원각을 각기 표기하면서 따로 사고를 명기함으로써 실록각과 선원각을 합해 사고라 칭하였음을 알 수 있다. 〈표 3〉

〈표 3〉「광여도」

구분	무주부 (적상산사고)	강릉부 (오대산사고)	강화부 (정족산사고)	봉화현 (태백산사고)	비고
史庫		史庫		史庫	
史閣	史庫			實錄閣	
璿源閣	선원각			璿源閣	
客舍	객사				
사찰		월정사			

　조선시대 지방지도의 집대성이라 일컬어지는 「1872년 地方圖」를 보면, 적상산사고에 있는 시설물은 아주 꼼꼼하게 표기되어 있다. 오대산사고는 앞서 다른 지도와 비교해도 별 차이가 없으나 정족산사고와 태백산사고는 좀 더 내용이 채워졌다. 〈표 4〉

　적상산사고는 적상산성의 4대문과 함께 사고, 선원각, 군기, 참봉청, 별장청, 청하루, 선당, 법당, 대별관, 시왕전, 호국사 등이 표기되어 있다. 이로 보아 사고는 여전히 실록각의 의미로 사용되고 있음을 알 수 있고, 「비변사인방안지도」에 표기되었던 安圓寺 대신 호국사가 표기되어 있다.

　정족산사고는 史閣과 璿閣으로 표기하여 앞서 언급된 지도에서 따로 구분하지 않고 사고라 칭하던 것을 각기 나누어 표기하고 있으며, 전에 보이지 않던 別館을 표기하고 있는데 산성 관리를 위한 별관인지 사고 관리를 위한 별관인지 구별되지는 않는다. 전등사가 표기되어 있어 수호 사찰이었음을 짐작케 한다.

　태백산사고는 전과 같이 실록각과 선원각으로 구분하여 표기한 대신 이전과 달리 사고를 따로 명기하지 않았다. 대신 각화사와 함께 曝曬館과 近天館을 표기하고 있다. 포쇄관은 실록을 비롯한 서적을 포쇄할 때 사용하는 건물이며, 근천관은 사관이 머무는 공간이었다.[30]

〈표 4〉「1872년 지방도」

구분	무주부 (적상산사고)	강릉부 (오대산사고)	강화부 (정족산사고)	봉화현 (태백산사고)	비고
史庫	史庫	史庫			
史閣			史閣	實錄閣	
璿源閣	선원각		璿閣	璿源閣	
軍器	軍器				
참봉	參奉廳				
별장	別將廳				
大別館	大別館		別館		
사찰 관련 시설물	禪堂				
	法堂				
	十王殿				
사찰	호국사	월정사 상원사	전등사	각화사	
청하루	청하루				
산성	적상산성		정족산성		
4대문	동서남문				
				曝曬閣	
				近天館	

「1872년 지방도」를 보면, 적상산사고는 사고를 여전히 실록각의 의미로 사용하고 있으며, 오대산사고는 璿史兩閣을 통칭하는 것으로, 정족산사고와 태백산사고는 따로 사고라는 용어를 사용하지 않는 대신에 史閣·璿閣, 實錄閣·璿源閣 등으로 구분하여 사용하고 있음을 확인 할 수 있다. 또한 제작연대가 미상인 「餘地圖」와 「地乘」에서도 마찬가지이다.

한편 철종 12년(1861) 편찬에 착수하여 고종 3년(1866)에 완성된 것으로 추정되는 『大東地志』에 표기된 사고를 보면 다음과 같다 〈표 5〉.

---

30) 『恕菴集』 권11, 「太白紀遊」. 「태백기유」는 숙종 35년(1709) 가을, 포쇄관 신정하가 태백산사고를 다녀 온 뒤 그 때의 경험을 기록한 기행문이다.

<표 5> 『大東地志』

구분	무주부 (적상산사고)	강릉부 (오대산사고)	강화부 (정족산사고)	봉화현 (태백산사고)	비고
史庫		史庫		史庫	
史閣	史庫	실록각	사고(歷朝實錄)	實錄閣	
璿源閣	선원각	선원각	선원각 (御製·璿源譜牒)	璿源閣	
客舍	객사				
사찰	山城寺·護國寺·高境寺	상원암		각화사	
참봉	참봉 2명, 摠振 1명	참봉 2명	참봉 2명	참봉, 守直軍	

오대산·태백산·정족산사고가 모두 宮室條에 수록된 반면에 적상산사고는 城池條에 포함되었다.

정족산사고의 선원각에는 御製와 『璿源譜牒』이 봉안되어 있었고, 사고에는 歷朝 實錄이 보관된 것으로 기록되어 있다. 이로 보아 사고는 실록각을 지칭하고 있음을 알 수 있다. 舊전주사고본 실록의 보존과 함께 참봉 2명이 기록되었다.

태백산사고는 선원각과 실록각을 각기 명기한 다음 따로 사고를 기록하고 있어 실록각과 선원각을 포함하여 사고라 칭하였음을 알 수 있다. 그런데 모두 각화사에 있다고 하여 각화사가 수호사찰임을 알 수 있고, 숫자 미상의 참봉과 守直軍이 기록되어 있다.

오대산사고 역시 태백산사고와 마찬가지로 선원각과 실록각을 각기 명기하면서 사고를 기록하여 모두를 포함하여 사고라 칭하였음을 알 수 있다. 그런데 모두 上元庵에 있다고 하여 상원암을 수호사찰처럼 기록하고 있다. 참봉 2명을 두었다.

적상산사고는 인조 19년(1641)에 선원각을 세우고, 광해군 6년(1614)에 사고를 세웠다고 하여 실록각을 사고라 칭하였음을 알 수 있다. 성안에 山城寺·護國寺·高境寺가 있고, 사고 참봉 2명과 함께 총진 1명을 더 두었다고 기록되었다.

이상으로 조선후기에 제작된 4편의 지도와 『大東地志』를 검토 비교한 결과, 사고는 실록각을 가리키는 경우, 실록각과 선원각을 각기 표기하고 따로 사고를 명기하여 실록각과 선원각을 합해 사고라 통칭하는 경우, 실록각과 선원각을 따로 표기하지 않은 채 사고로 통칭하는 3가지로 나누어 볼 수 있다. 이 중 세 번째 경우는 두 번째와 같은 의미로 해석됨으로 첫 번째와 두 번째의 의미로 사용되었음을 알 수 있다. 즉 사고는 실록각을 가리키거나 실록각과 선원각을 통칭하는 용어로 사용된 것이다. 한편 實錄閣은 史閣 또는 史庫, 璿源閣은 璿閣이나 寶閣 또는 璿源寶閣과 璿源殿으로 사용되었다.

2. 사고의 설치와 운영

1) 고려시대

고려는 건국 이래 역대 왕들의 실록을 편찬하였다. 그것은 현종 원년(1010)에 있었던 거란의 침입으로 태조부터 목종까지 7대 실록이 소실된 뒤, 현종 4년(1013)에 7대 실록 36권을 다시 편찬한데서 확인된다.[31] 이후 고려는 역대 왕들의 실록을 지속적으로 편찬하였다.

초기부터 실록을 비롯한 여러 史書와 典籍을 편찬한 고려는 이를 보관하기 위해서 개경의 史館에 史庫를 설치·운영한 것으로 여겨지지만 자세한 것은 확인되지 않는다. 다만 史館이 설치된 것으로 여겨지는 光宗代에 사고도 함께 설치된 것으로 정리된다.[32] 그러나 내사고의 위치

---

31) 『고려사』 권4. 현종 4년 9월 丙辰.
32) 정구복, 앞의 논문, 143~145쪽.

는 확인되지 않는다.

한편 인종 4년(1126) 2월, 李資謙의 난으로 滿月臺의 延慶宮이 전소되면서 史館마저 소실되었다. 그 때 궁중에서 수직하던 直史館 金守雌가 國史를 등에 지고 山呼亭 북쪽에 가서 땅을 파고 묻어 보존하였다.[33] 이로 보아 사고는 연경궁과 가까운 곳에 있었음을 알 수 있으나 구체적인 장소는 확인되지 않는다.

그 뒤 사고의 위치는 전란으로 인한 실록의 移安과정에서 확인할 수 있다. 고종 19년(1232) 6월에 몽고의 침입으로 강화도로 播遷할 때 역대 실록이 강화도로 이안되었으며, 고려 정부가 강화도에서 개경으로 還都하는 원종 11년(1270)에 다시 개경으로 옮겨졌다. 그 당시 실록은 궁중의 佛堂庫에 보관되었으며, 충렬왕 즉위년(1274) 9월에는 堤上宮의 中書省을 史館으로 삼아 실록을 移藏하였다.[34]

한편 계속되는 전란으로 인해 실록을 옮기며 보존하였으나 별도의 보관 장소가 갖추어지지 않아 史官들이 財源을 추렴하여 史庫를 건축하였다.[35] 충숙왕 복위 2년(1333) 6월, 춘추관 修撰 安員之가 사고 신축을 제의하고, 동료들이 적극 동조하여 公廨錢을 추렴하였다. 그래도 부족한 것은 人家에서 借用하여 재목과 기와를 사고 부족한 인부는 官廳에 청구하여 해결하였다. 그래도 공사에 필요한 인력이나 물자가 부족하면 私的으로 匠人을 고용하거나 자신들의 집에 있는 하인을 각각 부역시켰다. 공사는 8월 乙丑에 시작하여 50일 만에 끝났는데, 네 채의 청사 중 두 채가 史庫였다. 이를 통해서 전란으로 인해 관청이 파괴되어 政務를 볼 공간조차 복구하지 못하는 등 극히 어려운 상황에서도 史官이 중심이

33) 『고려사절요』권9, 인종 4년 2월 癸亥. 그 뒤 김수자는 直翰林院으로 승직하였으며, 끝으로 禮州防禦使로 있다가 사망하였는데, 사후에 吏部侍郎翰林侍讀學士知制誥로 추증되었다.
34) 『고려사』권28, 忠烈王 원년 9월 戊戌.
35) 『동문선』권70, 記, 李穀, 「禁內廳事重興記」

되어 史庫를 새로 지었다는 사실을 알 수 있다.

고려는 갖은 內憂外患으로 실록을 비롯한 史冊을 보존하는 데 어려움이 많았다. 특히 외침으로 개경을 비우는 경우에는 실록도 함께 이동하였는데, 인종 이후 상황을 정리하면 아래의 표와 같다.

〈표 6〉 경사고 수장 『고려실록』 이동 경로

시 기	내 용	출 전
인종 4. 2.	- 李資謙의 亂 때 金守雌가 국사를 山呼亭 북쪽으로 소개시킴.	『고려사절요』 9권(세가), 인종 4년(1126). 2월 26일.
고종 14. 9.	- 監修國事 평장사 崔甫淳, 修撰官 金良鏡·任景肅·兪升旦 등이 『明宗實錄』을 편찬하여 1부는 史館에, 1부는 海印寺에 수장.	『고려사』 22권(세가), 고종 14년(1227) 9월
고종 19. 6.	- 왕실의 강화도 이전과 함께 실록을 비롯한 역대 史蹟을 강화로 옮김.	몽고의 침입(1232년)
원종 11.	- 강화에서 개경으로 遷都하면서 실록과 사적을 옮김 - 실록은 宮中의 佛堂庫에 보관	『고려사』 28권(세가), 충렬왕 1년(1290) 9월.
원종 15. 9.	- 제상궁의 중서성을 史館으로 삼음.	『고려사』 28권(세가), 충렬왕 1]
충렬 즉위년 9월	- 堤上宮의 中書省에 史館을 두고 실록을 移藏	『고려사』 28권(세가). 충렬왕 1년(1274) 9월
충렬 12. 11.	- 直史官 吳良遇 등에게 명해 元에 보낼 국사를 편찬케 함.	『고려사』 30권(세가), 충렬왕 12년(1286) 12월
충렬 16. 11.	- 哈丹의 침입으로 국사와 함께 寶文閣과 秘書寺의 문적을 강화로 옮겨 守藏.	『고려사』 30권(세가), 충렬왕 16년(1290) 11월
충렬 18. 1.	- 강화 禪源寺로 移藏	『고려사』 30권(세가), 충렬왕 18년(1292) 1월
충렬 33. 11.(1307)	- 원(몽고)의 强要로 역대 실록을 원에 보냄. - 先代 실록 185책	『고려사』 32권, 충열왕 33년 11월 丙戌
충선 4. 5	- 원에 보낸 실록을 다시 찾음.(약 5년 6개월)	『고려사』 34권(세가), 충선왕 4년(1312) 5월.
공민 10. 11	- 홍건적의 침입으로 개경 함락. 왕이 安東까지 南遷할 때 역대 史蹟이 손실됨.	『고려사』 111권. 열전 24, 林僕(1361년 11월)
공민 11. 1.	- 홍건적이 물러가자 환도에 앞서 李仁復을 보내 실록과 중요한 서적들을 수장하도록 하였는데, 불과 2/10정도만 수습됨.	『고려사』 40권(세가) 공민왕 11년(1362) 1월. 8월

	- 조선 건국 때까지 개경의 壽昌宮에 보관	
정종 2. 10.	- 수창군 화재 발생. 史官 盧異가 대피시켜 보관함. 中樞院에 史庫 설치 후 보관	『정종실록』권6, 2년 12월 壬子
태종 2. 6	- 화재의 위험을 우려하여 尙衣院으로 옮김	『태종실록』권3, 2년 6월 癸亥
태종 5. 9	- 한양으로 遷都하면서 동년 10월 2일에 景福宮 勤 政殿 西廊에 봉안	『태종실록』권10, 5년 10월 甲子

위 표에서 확인할 수 있듯이 고종 14년(1126) 외사고 설치 이후에도 내사고의 실록은 외침에 의해 강화도로 옮긴 것만 2차례이고, 개경에서도 여러 차례 옮겨 다녔으며, 충렬왕 때에는 원의 강요에 의해 실록을 원에 보냈다가 충선왕 때 되돌려 받기도 하였다.

이와 같은 노력에도 불구하고 공민왕 10년에 있었던 홍건적의 침입 때 실록의 다수가 훼손되고 말았다. 그 이후 외사고에 있던 실록을 底本으로 하여 복원했는지는 확인되지 않지만, 내사고 한 곳에만 실록을 보관하지 않고 외사고에도 보관했기 때문에 顯宗代와 같이 멸실되는 참화는 면하였다. 내사고에 보관하다 전란으로 손실된 일부 남은 실록과 사적은 조선 개국 후에도 왕궁인 壽昌宮의 한 곳에 보관되었다.

이처럼 외침과 내란 등으로 宮內에 있던 史館의 소실을 겪으면서 고려는 좀 더 안전하게 실록을 보관할 수 있도록 複本을 만들어 外史庫에 보관하는 방법을 추진하였다. 京中의 내사고가 兵火 등의 이유로 燒失된다 하더라도 따로 사고를 둠으로써 실록의 滅失을 막고자 한 것이다. 그리하여 고종 14년(1227) 9월, 『명종실록』2帙을 편찬하여 한 질은 宮內의 史館에 보관하고, 다른 한 질은 陜川 海印寺에 보관하였다.[36) 이것이 기록상으로 보이는 외사고의 시작이다.

고려시대 사찰은 다량의 장서를 보유하여 서적관리의 전문성을 갖추었을 뿐 아니라 외침의 위협으로부터 벗어나 있었으며, 내란의 소용돌이

---

36)『고려사』권22(세가). 고종 14년 9월 庚辰.

에서도 그나마 휘말리지 않고 서적을 안전하게 보존할 수 있는 곳이었
다.[37] 물론 외침이 목전에 다다르는 등 전란의 급박성으로 인해 彰善島
나 珍島와 같은 섬에 일시 보관하기도 하였으나,[38] 이와 같은 이유로 고
려는 사찰에 실록을 보관하는 것이 지방관서보다 더 안전할 것으로 여겼
던 것이다.

외사고를 선정하면서 가장 주의했던 점은 다음의 글에서 확인할 수
있다.

> 우리나라가 海東을 차지한 지 수백 년이라. 처음에 國史를 가야산 海印寺
> 에 收藏하였으니, 혹시 후세에 난리가 일어나면 잃어버릴까 염려해서 그런 것
> 이다. 가야산은 서울에서 가장 멀고 또 길이 험하며, 해인사는 가야산에서도
> 가장 窮僻하고 깊은데 있으므로 나라에 비록 變亂이 있어도 병화는 한 번도
> 미치지 아니하였으니, 祖宗의 생각이 원대한 것이었다.

국사를 해인사에 수장한 이유는 후세에 난리를 만나 잃어버릴까 염려
해서이다. 그리고 해인사가 선택된 이유는 가야산이 서울(개경)에서 가
장 멀고 길이 험하며, 해인사는 가야산에서도 가장 궁벽하고 깊은데 있
어 혹 국가에 변란이 있어도 한 번도 兵禍가 미치지 않은 때문이었다.

해인사에 관한 기록은 다음의 사료에서도 확인할 수 있다. 洪侃(?～
1304)은 해인사에 수장되어 있는 史書를 曝曬하려 가는 秋玉蟾[39]에게

---

37) 배현숙, 「朝鮮祖 保存圖書館의 始原과 發展」, 『書誌學硏究』 27, 서지학회, 2004,
   98쪽. 한편 고려시대 다량의 서적과 불경을 수장한 사찰은 44개소, 대장경을 보관
   하기 위해서 大藏殿을 건립한 사찰은 13개소가 확인된다. 배현숙, 「高麗祖의 寺刹
   文庫에 대하여」, 『규장각』 6, 규장각, 1982, 45～61쪽.
38) 창선도와 진도 모두 섬 안에 있는 官舍에 보관한 것인지, 아니면 섬에 있는 사찰
   에 보관했는지 확인되지 않는다.
39) 추옥섬은 秋適으로 추정된다. 『고려사』 권106, 열전 19, 추적. "추적은 충렬왕 때
   사람인데 과거에 급제하여 安東書記로 임명되었다가 直史館에 선발되었으며, 그
   후 여러 관직을 거쳐 좌사간이 되었다."고 한다. 옥섬은 그의 호로 여겨지며, 직사

전송하는 詩40)을 써주었다. 이에 따르면 해인사는 일찍이 孤雲 崔致遠
이 머물던 곳으로 인간 세상의 바람과 해가 도달하지 못하는 곳으로 寶
書와 玉牒이 쌓여 있는 사찰이었다.

閔思平(1295~1359)은 포쇄하러 해인사로 가는 사관 崔德成을 전송
하면서 해인사에 대해서 "三災가 이르지 않는 곳이라 하니, 三韓의 문적
그 사이에 간직했네."41)라고 하여 해인사가 바람과 불과 물의 피해를 입
지 않는 三災不入地로써 사고의 조건을 갖추고 있다고 하였다. 이처럼
해인사는 개경에서 먼 남쪽에 위치하여 북방으로부터 외적의 침략을 당
하더라도 안전지대로 인식되었다. 그리고 사고를 지킬 별도의 병사가 없
어도 승려들에게 사고 수호의 임무를 부여할 수도 있었기 때문에 守護
軍이나 守護僧에 대해서 따로 언급하지 않은 것으로 보인다.

이후 고려 외사고의 변천과정을 보면 다음의 표와 같다.

〈표 7〉 외사고 『고려실록』이 이동 경로

구분	시 기	현주소	이 유	전 거
해인사	1227년 (고종 14)	경남 합천군 가야면 치인리	북방(몽고) 침입	『고려사』권22(세가) 고종 24년 9월
창선도	1237~1269년 (고종 24, 원종 10)	경남 남해군 창선면	왜구 침입 대비	『고려사』권26(세가), 원종 10년 5월
진도	1269년 (원종 10)	전남 진도군	왜구 침입 대비	『고려사』권26(세가), 원종 10년 5월
해인사	충목 3년	경남 합천군 가야면 치인리		『동문선』권6, 七言古詩, 送秋玉蟾曝史海印寺, 洪侃
득익사	1379년 (우왕 5)	경북 구미시 옥성면 복우산	왜구 침입 대비	『고려사』권134, 열전 47, 우왕 5년 9월

관으로 재직하고 있을 때 해인사에 포쇄하러 간 것으로 짐작된다.

40) 『동문선』권6, 七言古詩, 送秋玉蟾曝史海印寺, 洪侃 ; 『洪崖遺藁』「洪崖先生遺稿」,
七言古詩 十二首, 送秋玉蟾曝史海印寺.

41) 『及菴詩集』「及菴先生詩集」卷一, 古詩 送崔德成史官曝史海印寺 … 云是三災未
到處 三韓文籍藏其間.

보문사	1381년 (우왕 7)	경북 예천군 보문면 학가산	왜구 침입 대비	『고려사』 권134, 열전 47, 우왕 7년 7월
개천사	1381년 (우왕 7)	충북 충주시 동량면 하천리 정토산(개천산)	왜구 침입 대비	『고려사』 권134, 열전 47, 우왕 7년 7월
칠장사	1383년 (우왕 9)	경기 안성군 이죽면 칠장리	왜구 침입 대비	『고려사』 권135, 열전 48, 신우 9년 6월
개천사	1390년 (공양왕 2)	충북 충주시 동량면 하천리 정토산(개천산)	왜구 침입 대비	『고려사』 권45(세가), 공양왕 2년

표를 통해 확인할 수 있듯이 고려의 외사고는 해인사에 2회, 개천사에 2회, 창선도와 진도 등 섬에 각 1회, 득익사·보문사·칠장사 등에 각기 1회씩 위치하였다.

해인사에 보관하던 실록을 彰善島로 옮긴 이유는 찾기 어렵지만,[42] 고종 24년(1237)에 있었던 몽고군의 침입으로 대구 符印寺에 소장되어 있던 대장경판과 황룡사 9층탑이 불태워지고, 고종 41년(1254) 12월에는 몽고의 장군 車羅大가 합천의 丹溪에 주둔한 것과 연관시켜 볼 수 있다. 이와 같은 정황으로 인해 실록의 안전이 우려되었을 것이므로 고종 24년에서 41년 사이에 창선도로 옮겼을 가능성이 크다.

그런데 창선도에서 진도로 옮긴 것은 왜구의 침입에 대비하기 위한 조치였다. 창선도에서 진도로 옮긴 것은 "(고려) 원종 10년에 왜구가 우리 변경을 침략하려 한다는 것을 듣고, 여기에 간직하였던 國史를 珍島로 옮겼다."[43]라고 하여 일본의 침략을 예상하여 진도로 옮겼음을 알 수 있다.[44]

진도에 보관 중이던 실록을 언제 누가 어디로 어떻게 옮겼는지는 확인되지 않는다. 그러나 앞서 언급한 바와 같이 해인사에 수장되어 있는 史書를 포쇄하려 가는 秋玉蟾을 전송하는 洪侃의 詩를 통해 해인사에

---

42) 『고려사』 권26(세가), 원종 10년 5월 丙午.

43) 『記言別集』 권15, 記行, 「泛海錄」 十六年 九月.

44) 『고려사』 권26(세가), 원종 10년 5월 丙午.

보관되고 있었으며, 그 실록은 『태조실록』부터 『고종실록』까지 23代의 것임을 확인할 수 있다.

해인사에 보관 중이던 실록은 우왕 5년(1379) 9월, 왜구의 침략이 극심해지자 선주(현 경북 구미시 옥성면) 得益寺로 옮기게 된다.[45] 득익사는 조선 초기만 해도 큰 사찰(大刹)이었다.[46]

우왕 6년(1380) 8월, 왜적의 침입이 극심하여 그 세력이 상주와 선주 등 두 고을에까지 미쳤다.[47] 이에 조정에서는 왜적의 방어와 함께[48] 득익사에 약 11개월간 보관되던 실록을 甫州(현 경북 예천군)의 普門社에 옮기게 된다.

보문사에서의 실록 보관도 오래가지는 않았다. 우왕 7년(1381) 7월, 왜적이 김해부에 침입하였고, 그 때 경상도 안렴사가 "왜적이 丑山島에 들어가서 안동 등지를 침공하려 하니 甫州 普門社에 장서한 역사·서적들을 內地로 옮기기를 바랍니다."라고 보고하자, 史官을 보내어 충주 開天寺로 옮긴 것이다.[49] 충주는 關防으로서 중요한 요충지이고 한강의 水運을 이용할 수 있는 교통의 요지였다. 이 때문에 외적의 방어에 용이하고 교통이 편리하며 내륙 깊숙이 위치한 점이 고려되어 실록을 옮긴 것이다

우왕 9년(1383) 6월, 왜적이 內地로 침입하므로 충주 開天寺에 두었던 역사·서적들을 竹州(현 경기도 안성시) 七長寺로 옮겼다.[50] 공양왕 2년(1390) 6월에는 왜적이 양광도를 침범하여 陰竹·陰城·安城·竹州·槐

---

45) 『고려사』 권134, 열전 47, 신우 5년 9월.

46) 『문종실록』 권5, 1년 12월 癸未. 문종 즉위년에 일본 九州의 토호 宗金이 大藏經을 요청하였는데, 이 때 득익사에 보관하고 있던 3,800권을 주었다

47) 이때의 왜적은 진포에서 최무선 등에 의해 함선이 불태워지자 바다로 나갈 길을 상실한 뒤에 내륙으로 방향을 돌린 왜적들이었다.

48) 『고려사』 권134, 열전 47. 신우 6년 8월.

49) 『고려사』 권134, 열전 47, 신우 7년 7월.

50) 『고려사』 권135, 열전 48, 신우 9년 6월.

州에 이르렀다. 이처럼 왜적의 침략이 그치지 않자, 조정에서는 동년 12
월에 이르러 죽주의 칠장사에 보관 중이던 國史를 忠州로 옮겼다.[51]

그 이후 고려의 역대 실록과 중요 典籍은 고려가 멸망하고 조선이 건
국되는 변혁기에도 그대로 충주 개천사에 보관되었는데, 나중에 충주읍
성 안으로 옮겨졌다. 이처럼 고려의 외사고는 해인사를 비롯한 사찰과
창선도·진도와 같은 섬에 설치·운영되었다.

충주사고에 보관 중이던 『고려실록』을 비롯한 고려시대 史册은 세종
연간에 『고려사』 편찬 과정에 서울로 이안되었다. 그런데 『고려사』가
편찬된 후 이에 관한 기록이 나타나지 않아 억측이 난무하였다. 즉 『고
려사』 撰者들이 『고려실록』에 실려 있는 진실을 감추기 위해서 없애버
렸다거나 『고려사』가 편찬된 후 관심권 밖으로 밀려난 상태로 춘추관사
고나 충주사고에 수장되어 있다가 임진왜란으로 소실된 것으로 추정되
기도 하였다.[52]

그런데 다음의 사료를 통해 『고려실록』을 비롯한 고려시대 사초의 행
방을 알 수 있다.

> 우리나라가 한양으로 도읍을 옮긴 뒤로 地庫를 건립하여 고려의 史草를
> 그곳에 옮겨 놓았는데, 이는 대체로 화재를 염려했기 때문이고 또 감추기 위
> 해서였다. 宣祖朝에 이르러서도 여전히 남아 있었기 때문에 柳眉菴[柳希春]도
> 볼 수 있었던 것인데, 임진왜란 때 都城의 백성들이 난을 일으켜 불태웠으므
> 로 전해지지 않으니 애석하다.[53]

수도를 개경에서 한양으로 옮긴 뒤 지고(사고)를 건립하여 고려의 史
草를 모두 옮겨 보관했는데, 이는 화재에 대한 염려와 함께 함부로 보지

---

51) 『고려사』 권45(세가), 공양왕 2년 12월 癸亥.

52) 배현숙, 「조선조 보존도서관의 시원과 발전」 『서지학연구』 27, 서지학회, 2004,
   101쪽.

53) 『順菴先生文集』 卷九, 「答李仲命別紙」 甲午. 問地庫 答

못하도록 감추기 위한 조치였다. 또한 고려의 사초는 선조 때에도 보관되었고, 이를 미암 유희춘이 볼 수 있었다. 그런데 임진왜란 때 백성을 버리고 蒙塵에 나선 선조에 대한 화풀이로 피난을 떠나지 못한 백성들이 궁궐 등을 불태울 때 소실되어 전해지지 않게 되었다는 것이다. 이로 보아 고려의 사초는 임진왜란 전까지 춘추관사고에 보관되었음을 알 수 있다.

2) 조선전기

조선은 고려와 마찬가지로 국초부터 실록을 편찬하여 관리하였는데, 『태조실록』·『정종실록』·『태종실록』을 편찬할 때에는 각기 1본의 필사본만을 만들었다.[54] 또한 조선은 고려의 史館과 史庫를 그대로 계승하여 內史庫는 개경에서 한양으로 옮기고, 外史庫는 충주사고를 그대로 존속시켰다.

그런데 정종 2년(1400) 12월, 한양으로 천도하기 전 개경의 壽昌宮에 화재가 발생하였다. 그 당시 史庫는 수창궁 안에 있었는데, 다행히 入直 史官 盧異가 史册을 꺼내 보존하였다.[55] 수창궁 화재 이후 사고는 中樞院으로 옮겨졌는데 태종 2년(1402) 6월에는 司膳寺[56] 주방의 화재가 염려되어 다시 尙衣院[57]으로 옮겼다.[58]

조선의 내사고가 일정한 공간에 정착된 것은 한양으로 遷都한 뒤였다. 태종 5년(1405) 9월에 한양으로 천도하였고, 동년 10월에 國史를 경복궁 근정전의 西廊에 간수하였으며,[59] 태종 13년(1413) 5월에는 史庫

---

54) 『세종실록』 권30, 7년 12월 庚午 ; 권52, 13년 4월 己未.
55) 『정종실록』 권6, 2년 12월 壬子.
56) 왕실에서 쓰는 술·음식 등을 담당했다.
57) 정3품 아문으로 국왕의 의복 및 궐내의 재화·보물 등 물품을 맡아보았다.
58) 『태종실록』 권3, 2년 6월 癸亥.

를 思勳閣60) 齋宮61)으로 옮겼는데 사훈각은 바로 長生殿이었다.62) 그
뒤 세종 22년(1440) 4월, 춘추관이 경복궁내 尙瑞院의 서쪽에 자리 잡게
되면서 內史庫가 정착되었다.63)

세종 7년(1425) 12월, 세종은 知申事 郭存中에게 『태조실록』이 하나
밖에 없어 遺失의 염려가 있으니, 하나를 더 베껴서 춘추관에 納本하고
하나는 세종 자신이 항상 볼 수 있도록 하라고 하였다. 세종의 의도는
한 질을 더 만들어 옆에 두고 언제든지 보려는 것이었지, 史籍分藏之策
은 아니었다. 그렇지만 知館使 卞季良의 반대로 성사되지 못하였다.64)
이유는 副本을 만들면 다른 사람들이 보게 되어 비밀스러운 내용이 누
설되고, 더불어 왕이 先王의 실록을 열람하면, 사관이 공정하게 실록을
편찬할 수 없다는 것이었다.65) 이때까지만 해도 사적분장지책을 통한

---

59) 『태종실록』 권10, 5년 10월 甲子
60) 공신의 영정을 안치한 집.
61) 사당이나 무덤 옆에 제사를 지내기 위하여 지은 집으로 재각(齋閣)·재실(齋室)·재
    전(齋殿)이라고도 한다. 또한 능이나 종묘(조선 왕실의 사당)에 제사를 지내기 위
    하여 지은 집을 가리킨다.
62) 『태종실록』 권25, 13년 5월 己亥. 조선시대 공신의 화상(畵像)과 동원비기(東園秘
    器)를 보관하던 곳이다. 비기는 관곽(棺槨)을 뜻하며, 동원은 중국 한(漢)나라 때
    관곽을 제조·보관하던 관서의 이름이다. 여기에서 왕실에서 쓰는 관을 미리 제작
    하여 보관했을 것으로 보인다. 1395년(태조 4) 궁궐 서쪽에 지어 개국공신들의 화
    상을 보관했다가, 1411년(태종 11) 수리해 사훈각(思勳閣)으로 이름을 바꾸었다.
    1433년(세종 15) 북부 관광방(觀光坊 : 지금의 서울특별시 종로구 중학동)으로 옮
    겨 지으면서, 본래 이름인 장생전으로 환원되었다. 〈대전통편〉에 의하면, 관원으
    로 도제조(都提調) 1명, 제조 3명, 낭청(郎廳) 3명을 두었는데, 도제조는 영의정이,
    제조는 호조·예조·공조의 3판서(判書)가, 낭청은 호조·예조·공조의 낭관(郎官)이
    겸임했다고 한다.
63) 『세종실록』 권89, 22년 4월 丙戌.
64) 『세종실록』 권30, 7년 12월 庚午.
65) 이에 앞서 세종은 『태조실록』이 거의 완성되었을 때 보고자 하였다. 그 때 우의정
    孟思誠도 이와 같은 이유로 반대하였고, 세종 역시 더 이상 고집하지 않았다. 『세
    종실록』 권51, 13년 3월 甲申 ; 『增補文獻備考』, 권221, 職官考 8, 館閣 2, 春秋館,

실록의 보존은 거론되지 않았던 것이다.

그런데 화재로 인한 사책의 소실 우려, 내사고의 잦은 이동, 고려시대 외사고 운영 등이 참조되어 세종 21년(1439) 6월 사헌부에서 사적분장 지책을 건의하게 되었다.

> 史籍의 저장을 널리 하지 않을 수 없습니다. 그러므로 예전에 사마천이 『사기』를 짓고 말하기를, '(정본은) 名山에 간직하고 副本은 서울에 둔다.'고 하였습니다. 우리 동방은 단군 조선이 唐堯 때에 시작하였고, 기자 조선은 周武王 때에 봉하였으니, 君臣上下와 禮樂文物을 유지하여 서로 전한 것이 오래되었습니다. 그러하오나 文籍을 전함이 대개 적고 고려의 사적도 잃은 것이 또한 많습니다. 이는 반드시 널리 간직하지 아니하여 兵火를 만난 까닭이니 진실로 한탄할 만합니다. 또 지금 史庫는 충주에만 있는데 閭閻과 섞이어 있어 실로 염려스럽습니다. 바라건대 祖宗의 실록과 前朝의 사적 및 經書·諸子書·經濟條章書 등을 몇 本씩 만들어서 각도 명산에 나누어 간직하고, 해마다 돌려가면서 포쇄하여 不虞에 대비하게 하소서.[66]

한 마디로 史籍을 여러 본 만들어 각 도의 명산에 보관하자는 것이다. 한 곳에만 실록을 보관했다가 소실될 경우에는 영원히 복구할 수 없다는 인식이 분명하고, 명산을 추천하고 있음을 알 수 있다.

그 뒤 춘추관에서 기존의 충주와 함께 경상도 星州와 전라도 全州를 새로운 사고로 추천하였고, 세종은 이에 따랐다.[67] 충주는 고려 때부터 외사고가 있었던 곳으로 조선이 개국된 이후에도 계속해서 고려의 사적을 보관한 곳이라는 점이 참작되었을 것이다. 전주는 조선왕조의 발상지로 태조의 御眞이 봉안되어 있었으며,[68] 성주는 고려시대 처음으로 외사고가 설치된 해인사와 인접한 지역으로 그 전통을 이어 선정된 것으로

朝鮮.
66) 『세종실록』 권85, 21년 6월 壬寅.
67) 『세종실록』 권85, 21년 7월 己酉.
68) 태종 10년(1410)에 이루어졌다.

볼 수 있다.69)

고려와 달리 山中의 사찰이 아닌 지방의 중심지인 읍치의 官衙 근처에 사고를 설치한 것은 官軍이 수호하며 운영하는 것이 효율적이라고 판단한 때문이었을 것이다. 다만, 한양 이북지역에서 한 곳도 선정하지 않은 것은 明과의 使行에 있어서 沿路의 고을들이 지는 부담을 고려하였거나 북방에 대한 불안요소가 해소되지 않은 시대적 상황에 기인한 것으로 보인다. 그러나 보다 더 큰 이유는 조선의 집권자들이 갖고 있던 불교에 대한 불신이었다. 抑佛崇儒로 표현되는 조선의 불교정책은 다분히 부정적이었다. 이런 곳에 막중한 國史를 보관하는 것은 논리적 모순까지 낳을 수 있었던 것으로, 사찰이 처음부터 고려되지 않은 핵심적인 이유였던 것이다.

한편 조선전기에 설치 운영된 사고에 관한 遺址나 遺構는 찾기가 쉽지 않지만,70) 현존하는 사료를 통해 사고의 위치를 살펴보면 다음과 같다.

충주사고는 客館 근처 동남쪽에, 성주사고는 城內에 있는 객관의 동북쪽에, 전주사고는 府城의 남문 안에 있는 慶基殿 동쪽 담장 안에 있었다.71) 이로 보아 조선전기의 사고는 춘추관을 비롯하여 모두 지역의 중심지인 읍치의 城內에 있었음을 알 수 있다. 이는 고려시대의 외사고가 외침을 피해 깊은 산중의 사찰이나 외딴 섬에 설치된 것과 다른 점이다.

조선전기에 세워진 사고의 구조는 성주사고 화재사건에 관한 기록을 참고해서 유추할 수 있다. 사고는 높이 솟은 2층 樓閣으로 아래층은 넓

---

69) 『동문선』 권6, 七言古詩, 「送秋玉蟾曬史海印寺」. 高麗嘗藏歷代實錄于此寺中 令史官乘驛 三年一曬 本朝移藏于星州.

70) 이에 대해서는 국사편찬위원회에서 1986년에 발간한 『史庫址調査報告書』에 종합적으로 정리되어 있다.

71) 『新增東國輿地勝覽』, 권14, 忠淸道, 忠州牧, 宮室. 實錄閣. ; 권28, 慶尙道, 星州牧, 宮室. 實錄閣. ; 권33, 全羅道, 全州府. 宮室, 實錄閣.

게 띄었으며, 2층은 사다리를 통해 올라갈 수 있도록 하였다. 사각 주위
는 담으로 쌓았으며, 담 밖에는 화재를 예방하기 위해 풀을 불살라버린
巢草가 있었고, 수직인의 초소는 담의 문 밖에 설치되어 있었다.[72] 성주
사고의 이와 같은 구조는 충주와 전주사고도 비슷하였을 것이다.

외사고에 실록이 분장된 것은 세종 27년(1445)이었다. 동년 11월에
『태조실록』15권·『정종실록』6권·『태종실록』36권을 각 4질씩 淸書하
여 1질은 춘추관의 實錄閣에, 나머지 3질은 충주·전주·성주의 사고에
나누어 분장토록 하였는데,[73] 동년 12월 각지에 봉안되었다. 전주사고에
는 仁順府尹 安止가 奉安使로 파견되어 실록을 봉안하였고,[74] 충주와
성주사고에는 禮賓少尹 金吉通이 겸하여 파견되었다. 조선시대 실록 봉
안은 대체로 한 곳에 한 명의 봉안사가 파견되었으나, 상황에 따라 1명
의 봉안사가 2곳을 겸하여 다녀오기도 하였는데, 처음부터 이러한 전례
가 생긴 것이다.[75]

조선전기 사고 운영에 관한 지침은 확인되지 않는다. 따라서 외사고
의 운영과 관리를 구체적으로 누가 어떤 방법으로 했는가에 대해서는
사료의 부족으로 만족할만한 결과를 얻기가 쉽지 않다. 춘추관사고를
비롯하여 외사고가 같은 조건으로 운영되었는지 확인되지 않지만, 충
주사고에는 사고를 수호하는 관원이 따로 배치되었다. 즉 守護官 5員,
別色戶長·記官·庫直 각 1員 등이 사고 수호를 위해 배치되었는데,[76]
이들의 임무는 주로 화재나 漏水 그리고 盜賊의 침입에 대비하는 것이

---

72) 김홍수, 「성주사고의 연혁과 사고지현황」, 『사고지조사보고서』, 국사편찬위원회,
    1986, 69~70쪽.
73) 『세종실록』권110, 27년 11월 庚寅.
74) 『세종실록』권110, 27년 12월 丁巳.
75) 『중종실록』권9, 4년 9월 庚寅. 『연산군일기』를 외사고에 봉안할 때에도 충주와
    성주사고에는 봉안사 한 사람이 다녀왔다. 한편 실록의 봉안 뿐 아니라 포쇄의 경
    우에도 한 명의 사관이 2곳을 다녀오기도 하였다.
76) 『세종실록』「지리지」, 충청도, 충주목.

었다.[77]

조선전기 사고 운영에 관한 인식은 梁誠之의 건의에서 찾아 볼 수 있다. 세조 12년(1466) 11월, 대사성 梁誠之는 文獻의 편찬과 보존에 관련된 10개조의 상소를 올렸다. 실록의 편찬과 보존, 희귀 서적과 문헌의 복본 작성 및 보존에 관한 건의였다. 그 중 史籍分藏과 이에 따른 외사고의 深處移建에 관한 내용은 다음과 같았다.

> 외방의 3사고는 서적을 收藏하는 곳인데 모두 官舍에 붙어 있어서 매우 엄밀하지 못하니, 다만 화재가 염려될 뿐 아니라 또 후일 外寇의 염려도 있습니다. 빌건대, 관원을 보내어 자세히 살피게 하고 인구가 서로 떨어진 곳을 가려서 이를 옮기도록 하소서. 혹은 全州의 사고를 南原의 智異山에 옮기고 星州의 사고를 善山의 金鰲山에 옮기며 忠州의 사고를 淸風의 月岳山에 옮기게 하되, 모두 寺刹에 의하게 하며 이에 位田을 주고 또 가까운 마을의 民戶로 하여금 이를 지키게 한다면, 이는 진실로 名山에 收藏하는 뜻이 될 것입니다.[78]

그 당시 외사고는 지역적으로 분산되어 있었으나 모두 읍내에 있는 官舍와 인접해 있어 화재의 위험을 비롯하여 급작스런 병화가 닥칠 경우에는 더욱 위험하다고 본 것이다. 따라서 읍치가 아닌 지리산이나 금오산 그리고 월악산과 같은 深處로 사고를 옮기고, 位田을 지급하여 守護 寺刹을 두며, 부근의 민호를 정속시켜 지키도록 하자는 것이다.

이 내용은 조선후기 사고 설치와 운영에 그대로 반영되었는데, 그 당시 조정에서 왜 이를 받아들이지 않았는지 의문이지만, 다음과 같이 추정할 수 있다. 그것은 먼저 읍치사고만으로도 보존이 가능하다고 여긴 때문이었을 것이다. 즉 수호 인력을 따로 배치하여 숙직을 두는 등 관리에 만전을 기하고 있었기 때문에 방비가 되었다고 볼 수 있다. 사실 임

---

77) 최일성, 앞의 논문, 107~111쪽.
78) 『세조실록』 권40, 12년 11월 乙酉.

진왜란 이전에는 성주사고에서 뜻밖의 화재가 발생한 것을 제외하고 외
사고에서의 화재나 약탈 등은 발생하지 않았다. 다른 하나는 고려와 다
른 시대적 환경을 생각해 볼 수 있다. 익히 알다시피 고려 때 출판문화
의 중심은 사찰이었다. 그러나 조선전기에는 사찰보다 국가 또는 鄉校나
書院과 같은 官이나 지배층이 주도하였다. 더욱이 국초 崇儒抑佛이 강화
되던 시기에 승려와 사찰을 이용한 사고의 수호와 관리는 논의될 사안이
아니었을 것이다. 양성지의 건의가 실효를 거두지 못한 것은 위와 같은
시대 분위기 때문이었을 것이다.

조선전기 사고 운영 실태를 파악할 수 있는 사료는 극히 적은데, 그
이유 중의 하나는 임진왜란으로 인해 다수의 사료가 소실된 때문이다.
그나마 외사고의 운영과 관리의 일부는 성주사고 화재사건의 처리 과정
을 통해서 유추할 수 있다.

중종 33년(1538) 11월 6일, 성주사고에서 불이 나 보관하고 있던 실
록의 다수가 불에 타 버렸다. 화재 원인은 숙직인들이 凍死를 면하려 불
을 지폈는데, 이것이 잘못되어 巢草에 옮겨 붙었고 연이어 사각이 불에
탔다는 것이었다.

그러나 이와 같은 진술은 성주사고 주변 정황79)을 놓고 볼 때 설득력
이 약한 것이었고, 수령을 모함하기 위한 지역민의 소행으로 추정되면서
그와 관련된 정황들이 제시되고 기정사실화되었다. 여기에 사고의 화재
는 '국가의 변란과 같다.'는 인식 아래 철저한 조사와 그에 따른 처벌이
제시되었다. 또한 당일 숙직자가 숙직을 서지 않고 다른 자가 숙직하는
등 수직관리가 부실하였음도 확인되었다. 결국 京官을 파견하여 조사하
였는데, 결과는 官奴 父子가 비둘기를 잡으러 한 밤에 사각에 올랐다가

---

79) 사각 주위를 담으로 쌓았으며, 담 밖에는 화재를 예방하기 위해 풀을 불살라버린
    巢草가 있었고, 수직인의 초소는 담의 문 밖에 설치되어 있었다. 김홍수, 「성주사
    고의 연혁과 사고지현황」, 『사고지조사보고서』, 국사편찬위원회, 1986. 69~70쪽.

횃불을 잘못 건드려 화재가 났다는 것이었다.

　이 사건은 다음과 같은 사고 수호의 문제점을 보여준다. 먼저 사고 수호인에 의한 숙직체계가 부실하게 운영되었다. 화재 당일 숙직자는 記官 呂還과 監考80) 裵貴孫이었는데, 본래 당일 숙직자가 闕直하고 다른 사람을 대신 세운 것이었다. 또한 최종적으로 官奴 부자가 失火한 것 역시 수호 기강이 무너졌음을 보여 준다. 관노가 사사로이 한밤중에 비둘기를 잡으려 史閣에 올라간 것이다.

　이와 같은 화재에도 불구하고 조선전기에는 별다른 事故없이 실록을 보존했을 뿐 아니라 춘추관사고에 보관 중인 실록을 底本으로 하여 復舊함으로써81) 史籍分藏의 효과를 확인할 수 있었고, 중앙의 적극적인

---

80) 조선시대 각종 업무에서 현장 책임을 맡은 사람. 감고는 '책임자'·'감독자'라는 뜻으로 여러 경우에 설치되었다. 진휼, 답험, 양전 사업에서의 감고는 지역 책임자 역할을 하며, 봉화대 순시를 맡은 감고는 일종의 순회감독관이다. 그러나 많은 경우 감고는 작업책임자나 조장역으로 같은 부서에서 실무를 맡은 관원이나 서리, 같은 역을 지고 있는 사람 중에서 선발되어 명령수발, 감시, 작업책임의 임무를 맡았다. 또 산직감고(山直監考)같이 관리인에 해당하는 감고도 있었다. 감고가 설치되는 경우를 유형별로 보면 다음과 같다. ① 재정관계 사무 : 중앙과 지방관서의 창고 관리와 수납, 조세·공물의 징수와 수납 등이다. 중앙관서의 창고는 담당 관리 중에서, 지방은 색리(色吏)나 평민을 임명했다. ② 군사 : 순찰, 봉화대 관리, 파수. ③ 역제(役制) 운영 : 축성(築城), 공사(工事), 공물생산(貢物生産), 각종 역호(役戶) 관리와 선상(選上). ④ 진휼, 답험, 양전. ⑤ 향촌사회 운영 : 호구(戶口) 관리, 권농, 각종 사역인 차정(差定), 제언·산림천택 관리, 범죄자 신고 등으로 이 경우는 향리의 작폐를 방지하기 위해 한 마을 안의 평민으로 임명했다. ⑥ 기타 : 도적체포, 호랑이 사냥, 사민(徙民)대상 선정, 특정 지역이나 물품관리 등이다. 따라서 감고는 하급관원·군인·향리·서리·서원(書員)·평민·승려·천예 등 평민 이하의 계층이 주로 담당했다. 다만 진휼이나 답험 같은 사무는 사업성격상 품관임명을 권장했으며, 그외 조세수납이나 향촌사회 운영과 관련된 업무에서도 향리나 모리배의 작폐를 방지하고, 감고의 권위를 높이기 위해 품관 임명을 시도하기도 했다. 그러나 이런 경우 감고는 수령의 직접 지휘를 받았으므로 사족(士族)은 이를 천시하여 회피하는 경우가 많았다.

81) 세종·성종 兩代의 실록은 그 분량이 많았으므로 印出하고 나머지는 兼春秋 가운데 글씨를 잘 쓰는 사람에게 正書하여 복원하였다. 『중종실록』 권91, 34년 6월

관심과 대처를 통해 실록의 중요성에 대한 인식이 대단하였음을 알 수
있다.

한편 실록 奉安使行을 통해 사고 운영 실태의 일부를 확인할 수 있다.
즉 사고가 소재한 지역과 使行이 통과하는 沿路에 있는 고을에서 담당
하는 역할에서 사고 운영의 실태를 일부나마 볼 수 있다.

실록을 봉안할 때에는 포쇄할 때와 달리 사관과 함께 반드시 춘추관
堂上이 봉안사로 파견되었다.[82] 그리고 이들을 수행하는 관원으로 봉안
일을 택일하는 觀象監 관원과 書吏·庫直·使令·군졸 등이 있었다. 한편
「實錄奉安形止案」 뒤 부분에는 실록의 봉안에 참여한 관리들의 직책이
수록되어 있는데, 胥吏·庫直·營吏·馬頭·成造色·禮房·都色·中房 등의
직책이 나오는 것으로 보아 이들이 실록 봉안에 공식 수행원으로 참여하
였음을 알 수 있다.[83]

실록 봉안사행에는 사고가 소재하고 있는 지역의 觀察使나 사행이 통
과하는 고을의 수령들이 陪行하였고, 지방군도 수호군으로 동원되었으
며, 백성은 徭役으로 이들에 대한 식사 제공과 잡역을 담당하였다. 이처
럼 봉안사행에는 연로의 관원과 백성이 동원되었는데, 이는 다른 한편
으로 民弊의 우려도 있었다. 따라서 실록 봉안은 농사에 지장을 주지
않는 이른 봄이나 늦은 가을에 집중되었다. 또한 흉년이 드는 경우나
사행이 빈번하게 파견되는 경우에는 백성의 부담을 줄이기 위해서 봉안
을 미루는 경우도 있었다.[84] 반면에 봉안사 일행이 사행중 최고의 대우

辛亥.

82) 예외적인 경우도 있었다. 『광해군일기』는 공식적으로 실록이 아닌 일기였기 때문
　　에 봉안사가 파견되지 않았다. 그리고 정족산사고의 경우에는 『현종실록』를 비롯
　　하여 19세기 실록의 봉안에는 봉안사가 파견되지 않았다.
83) 신병주, 「조선왕조실록의 봉안의식과 관리」, 『한국사연구』 115. 한국사연구회,
　　2001, 93쪽.
84) 『선조실록』 권5, 4년 4월 辛酉.

를 받은 것은 王命을 수행하는 중앙의 고위 관리라는 점이 작용되었고, 한편으로 실록의 보존에 대한 철저한 인식이 있었음을 보여주는 것이라 할 수 있다.[85]

조선전기에 있었던 봉안사를 맞이하는 정황은 柳希春의 『眉巖日記』[86]에 나온다. 선조 4년(1571) 4월 27일에서 5월 16일까지의 『미암일기』에는 전주사고에 실록을 봉안하러 오는 봉안사 일행을 맞이하는 정황과 접대 그리고 奉安儀禮 등이 기록되어 있다. 이를 통해 봉안사행을 맞이하는 지역의 정황을 구체적으로 파악할 수 있고, 더불어 그 당시의 풍습과 관행을 살펴 볼 수 있다.

실록 편찬 후 춘추관에 실록을 봉안할 때는 물론 외사고 봉안 때에도 吉日을 택해서 하였고, 춘추관에 봉안 후 洗草宴을 하였으며, 외사고에 도착한 후에도 곧바로 봉안하는 것이 아니라 택일에 맞추어 하게 됨으로써 여러 날이 소요됨을 알 수 있다.

또한 실록의 봉안 일정이 정해졌더라도 뜻하지 않은 상황의 변화, 예컨대 흉년과 같은 자연재해로 인해 봉안 시기가 미루어지는 경우가 있었음을 알 수 있다. 즉 『명종실록』의 봉안 일정은 정해졌으나 3도에 흉년이 들어 백성의 고통이 심할 것이 염려되어 외사고 봉안을 미룬 적이 있다. 그런데 사정이 변해 다시 본래의 계획대로 시행하게 되는데, 이때 선조는 따로 전라관찰사에게 사행 접대와 관련해서 민폐가 발생되지 않도록 당부의 글을 따로 보냈다.[87] 이처럼 실록의 보관은 국가의 중대

---

85) 신병주, 「『조선왕조실록』의 봉안의식과 관리」, 『한국사연구』 115, 한국사연구회, 2001, 105쪽.

86) 『미암일기』는 봉안사행을 맞이하는 정황을 자세히 기록하고 있다는 점에서 매우 중요한 사료적 가치를 갖는다. 특히 당시 전라도관찰사 유희춘이 봉안사를 맞이하기 위해서 미리부터 준비하는 것에서부터 떠나갈 때까지 봉안사와 그 일행의 편의까지 챙기고 있다는 점에서 봉안사행에 따른 지역 책임자의 준비와 배려, 그리고 부담감을 알 수 있다.

87) "실록이 내려갔을 때에 先王의 寶典을 받들어 맞는 일이니 소홀히 해서는 아니

사이지만 백성의 삶과 직결되는 경우에는 무리하지 않거나 백성의 부담
에 대한 배려가 뒤따랐다.

한편 『미암일기』를 통해 여러 사실을 확인 할 수 있다. 즉 봉안사를
맞이할 때에는 監司 뿐 아니라 兵使와 水使까지 모두 모여 봉안사를 위
한 잔치를 벌였으며, 각 읍에서 봉안사행을 맞이할 때에는 문밖에 채색
비단을 내걸었다. 또한 여러 고을에서 광대들을 불러 모아 말을 동원한
광대놀이를 하였으며, 술과 고기를 성대히 마련하고 원근에서 소리하는
妓生을 불러 큰 잔치를 벌였다. 봉안사를 위해서 이처럼 성대한 잔치가
베풀어졌던 것이다.

유희춘은 봉안사 朴淳(1523~1589)을 맞이하기 위하여 비를 무릅쓰고
전주를 출발해 三禮驛을 거쳐 저녁 무렵에 礪山郡에 당도하여 군수를
만났다. 그때 직접 봉안사를 만나기 위해서 全羅兵使의 軍官과 부안현감
과 용안현감 등이 각기 움직였다. 그와 함께 금번 봉안사행을 기회로 봉
안사가 外祖父의 묘소를 찾을 것을 미리 짐작하고, 분묘 祭床을 列邑에
서 준비하도록 지시하였다. 봉안사의 여정에 편의를 제공하는 것 뿐 아
니라 祭床을 열읍에서 챙기도록 한 것이다.

봉안사가 皇華亭[88]에 이르렀다는 말을 들은 유희춘은 都事와 수령들

되거니와 때 마침 거년에 흉년이 들어서 백성들의 굶주린 바가 얼마나 많은가. 만
약 부득이한 일이 아니라면 결단코 舊例란 핑계를 대고 民力을 상해서는 아니 될
것이다. 들리는 바에 의하면 전년 봉안사가 내려갔을 때에 監司뿐만 아니라 兵使·
水使까지 모두 한 군데 모여 잔치를 베풀고 위한을 했다 하는데, 이런 짓은 비록
평상시 일지라도 아니 될 일이거늘 하물며 이렇게 큰 흉년의 뒤에 백성의 굶주림
이 극에 달하고 농사일이 시급하고 海寇가 걱정스러움이랴. 各邑에서 奉迎 할 즈
음에 문밖에 채색비단을 내거는 정도는 上을 공경한데 관계되는 式事이니 없앨
수가 없겠지만, 列邑의 광대들을 불러 모아 馬前에서 희롱을 하게 하는 따위는 있
으나 없으나 관계가 없을 듯하니, 우선 미룬들 무슨 해로움이 되겠는가. 그리고
酒肉을 많이 마련해 가지고 遠近의 聲妓를 불러 모아 큰 잔치를 벌인다는 것은
큰 폐단이니, 卿은 일체 정지하고 개혁하여 백성으로 하여금 一分의 혜택이라도
받게 하라."고 하였다.

을 거느리고 朝服으로 갈아입은 뒤 五里亭에서 기다리며 실록을 맞이하
였다. 실록의 史櫃가 올 때마다 모두 祗迎으로 맞이하였고, 四拜의 예를
행하였다. 봉안사가 醫員을 시켜 감사에게 인사하였는데, 이를 통해 긴
여정에 혹 있을지도 모를 봉안사 일행의 건강을 위해서 의원을 동행시켰
음을 알 수 있다. 감사 역시 審藥을 시켜 종사관에게 문안을 한 점도 같
은 맥락으로 보인다. 봉안사는 正二品이었고 그 당시 전라감사는 從二品
이었으며, 從事官으로 宗簿正과 奉敎가 동행하였다.

봉안사 일행과 함께 삼례를 거쳐 전주에 도착하니, 성벽과 집집마다
結綵를 설치하여 번화하고 화려함이 서울에 못지 않았다. 실록을 모시
고 온 봉안사는 정문을 통해 들어가고 감사는 서헌의 서문으로 들어갔
다. 전주에 도착한 11일부터 13일까지 봉안사, 전라감사, 전주부윤, 종
사관 2명 등이 모두 모여 풍악을 울리며 기생을 불러 술자리를 마련하
여 즐겼다.

한편 지방의 수령이 행하는 망궐례는 원칙적으로 객사에서 행하였는
데, "실록이 대청에 꽉 차서 망궐례를 행할 수 없을 것 같다."는 기록으
로 보아 실록을 사고에 봉안하기 전에는 객사에 보관하였음을 알 수 있
다. 時官이 봉안 일시를 정하고, 奉安儀禮 참여자 모두 冠帶를 갖추고
'假奉安'이라는 예행연습을 하였다.

실록을 사각에 봉안할 때에는 봉안사와 종사관 등 공식 수행원만 참
여하였고, 춘추관직을 겸대하지 않은 監司 이하 지방관은 참여하지 못하
였다. 봉안식은 아침 일찍 준비하였는데 午時에 마친 것으로 보아 적지
않은 시간이 소요되었음을 알 수 있다.[89)]

---

88) 충남 논산시 연무읍 고내리 봉곡서원 근처. 황화정은 서원에서 400m쯤 북쪽에
   있던 정자이다. 조선시대 수령이 관찰사를 맞고 배웅을 하던 곳이다. 전에는 전라
   도에 속하였다.

89) 이른 아침에 일어나 정장을 하고 봉안사 박공과 함께 慶基殿으로 가서 봉안사는
   殿의 동편 史庫의 아래 뜰로 나아가고 나는 春秋館職을 兼帶하지 않은 사람이기

유희춘은 봉안식을 하는 날 아침에 油芚·狀紙·붓·먹·갈모·부채 등을 종사관 등의 路資로 챙겨 주었다.[90] 공무로 인한 京官의 지방 출장에 지방관이 旅費를 챙겨주었음을 알 수 있다. 이처럼 지방관들이 봉안사 일행을 극진히 챙긴 이유는 왕명을 수행하는 관원이라는 점이 가장 컸고, 귀환 후 왕에게 복명할 때 지역의 실정까지 보고한다는 점이 작용되었으며, 친분을 쌓기 위한 의도도 다분히 있었을 것이다.

현존하는 가장 오래된「實錄曝曬形止案」은 1588년 9월 1일 전주사고 실록을 포쇄한 후 작성된「全羅道全州史庫實錄曝曬形止案」이다. 예문관 검열 金弘徽가 8월 22일 拜辭하고, 8월 27일 전주에 도착한 후 9월 1일에 포쇄하였다.

또 다른 하나는 예문관 검열 李光庭이 1591년 8월 20일 배사하고, 8월 24일 전주에 도착한 후 8월 28일에 포쇄한 후 작성한 것이다. 비록 2종류에 불과하지만 형지안을 통해서 전주사고실록은 3년을 주기로 포쇄하였음을 알 수 있고, 서울에서 전주까지 여정은 4~5일 정도 걸렸으며, 사관은 전주에 도착한 뒤 4~5일 지나서 포쇄하였고, 음력 8월 말경 가을을 포쇄의 적기로 여기고 있었음을 알 수 있다. 또한 전주사고「실록포쇄형지안」은 조선전기 실록 포쇄에 관한 주기와 시기 등을 알려주는 유일한 사료이다.[91]

때문에 神門안의 뜰로 물러나 있다가 곧 西廊의 처마 밑으로 옮겨 앉아 參奉 梁子徵과 林芸을 불러 보았다. 午時에 실록의 봉안을 마치고 봉안사와 종사관 등이 나왔다.

90) 油芚 狀紙, 붓, 먹, 갈모, 부채 등으로 從事官 2명과 李翰林 山甫에게 노자로 줬다.

91) 신병주,「실록형지안을 통해 본 조선왕조실록의 보존과 관리」,『국사관논총』102, 국사편찬위원회, 2003. 30~31쪽.

제3장

임진왜란과 유일본 실록의 내장산 보존

1. 유일본 실록의 내장산 이안

1) 임진왜란과 실록의 燒失

조선은 전기부터 사적분장지책史籍分藏之策을 마련한 뒤 내·외사고를 설치하여 실록을 보존하였다. 외사고가 행정·교통상의 중심지인 읍치邑治에 위치함으로써 '화재火災와 외적外敵의 침입이 우려된다.'[1]는 양성지梁誠之의 지적이 있었지만, 중종中宗 때 일어난 성주사고 화재를 제외하고는 별다른 사고事故없이 유지되었다.

그런데 임진왜란이 일어나면서 사고 설치와 운영에 커다란 전환점을 맞게 되었다. 공교롭게도 지역의 중심지에 설치된 4대 사고 중 전주사고를 제외한 세 곳의 사고가 일본군의 북상로北上路에 있었던 관계[2]로 전쟁 초기에 사고는 소실되고 실록은 멸실滅失되었다. 이에 따라 전시戰時라는 극한 상황에서도 유일본이 된 전주사고본 실록을 지켜야 된다는 절박함 속에서 인식의 전환이 이루어진 것이다. 즉 사고의 위치와 운영방식이 바뀌게 된 것이다.

한편 조선전기부터 설치·운영된 외사고에는 충주사고에서처럼 수호관守護官이 배치되었다.[3] 그러나 이와 같은 조치도 제대로 지켜지지 않았던 것으로 보인다.

---

1) 『세조실록』 권40, 12년 11월 乙酉.
2) 『선조실록』 권26, 25년 5월 경신. ; 김성우, 「조선시대 대구 읍세邑勢의 팽창 과정」, 『대구사학』 제75집, 2004, 83쪽.
3) 『세종실록』 「지리지」, 충청도, 충주목.

춘추관春秋館이 아뢰기를, "임금께서 '사고史庫는 막중한 곳이므로 전부터 사관史官이 지켜왔다. 영변寧邊도 또한 그렇게 하고 있는데, 강화江華는 겸춘추兼春秋로 수직하게 하는 것이 어떻겠는가? 사관이 부족하면 차출하는 것이 합당할 듯하다.'는 것으로 전교하셨습니다. 사고의 수직은 참으로 막중한 것입니다. 평시에는 비고秘庫에 사적史籍이 있었고 또한 외방 세 곳에도 나누어 보관했기 때문에 외방에는 수직하는 관원을 두지 않았었습니다. 그러나 지금은 이 한 질의 실록實錄만이 만세토록 전할 문헌의 징거徵據가 되었으니, 수직에 관한 일을 한층 더 신중하게 해야 합니다.[4]

사고의 수직은 막중하지만 춘추관사고와 외방의 세 곳 등 모두 네 곳에 실록을 나누어 보관하고 있어, 일시에 모든 실록이 멸실滅失될 것으로 여기지 않아 평시에는 수직하는 관원을 두지 않았다는 것이다. 즉 성주사고 화재 당시에도 수호관이 배치되어 밤에는 사고에서 숙직宿直을 섰는데, 그 사이 수직 관원을 두지 않게 되었다는 것이다.

이와 같은 사실을 놓고 볼 때, 조선전기의 사고 관리는 사적분장지책이라는 효율적인 정책을 통해 뒷받침되었으나 평화가 지속되면서 소홀한 부분이 있었던 것으로 보인다. 특히 임진왜란으로 인해 춘추관과 성주 그리고 충주사고에 보관 중이던 실록이 소실된 것은 전쟁이라는 특수성과 전란의 급박성도 원인이 되었겠지만 실록 보존 체계의 허술함을 보여준다. 위의 사료처럼 사적분장지책에 따라 실록을 보관한 것이 오히려 수호관 배치의 소홀 등 방심을 불러 왔고, 전란과 같은 유사시를 대비한 피난대책조차 준비되지 않았던 것이다.

선조 25년(1592) 4월 14일, 정명가도征明假道를 내세운 일본이 조선을 침략함으로써 임진왜란이 발발하였다. 그 당시 일본은 조선의 수도 한양漢陽을 점령하고 임금 선조만 사로잡으면 전쟁이 끝날 것으로 여기고, 곧바로 서울로 진격하는 작전을 수립하였다.

---

4) 『선조실록』 권173, 37년 4월 4일(甲申).

4월 14일 부산진이 함락당하고, 다음날 동래부마저 일본군에 넘어갔다. 4월 23일에는 성주가 함락당하고 성주사고에 보관 중이던 실록이 불에 타버렸다. 4월 28일 신립申砬이 탄금대에서 배수진을 치며 일본군에 맞섰으나 패배하였고, 충주사고마저 불에 타면서 실록이 소실되었다. 전쟁 초기에 성주와 충주에 보관 중이던 실록이 소실된 것이다. 5월 2일 한강전투에서 조선군이 일본군에 패배하면서 한양마저 일본군에게 점령당하였다. 그전에 선조가 백성과 도성都城을 버리고 몽진蒙塵에 나섰다는 소문이 퍼지면서 성난 백성이 경복궁을 비롯한 관서와 춘추관 등을 불태우는 참사가 벌어졌다. 이때 춘추관에 보관 중이던 실록이 불에 타버렸다.[5]

성주사고의 실록은 일본군에 의해 약탈당한 뒤 불태워진 것으로 알려졌다.[6] 그러나 일본군의 방화로 성주사고본 실록이 소실되었다고 보기에는 석연찮은 점이 있다.

성주가 일본군에 함락될 당시의 정황은 다음과 같이 전한다.

　　23일. 중도中道로 오는 대부대의 왜적은 인동仁同을 불태워 버리고, 우도右

---

5) 이때의 상황이 다음과 같이 기록되어 있다. "도성의 궁성宮省에 불이 났다. 거가가 떠나려 할 즈음 도성 안의 간악한 백성이 먼저 내탕고內帑庫에 들어가 보물寶物을 다투어 가졌는데 이윽고 거가가 떠나자 난민亂民이 크게 일어나 먼저 장례원掌隷院과 형조刑曹를 불태웠으니 이는 두 곳의 관서에 공사 노비公私奴婢의 문적文籍이 있기 때문이었다. 그리고는 마침내 궁성의 창고를 크게 노략하고 인하여 불을 질러 흔적을 없앴다. 경복궁景福宮·창덕궁昌德宮·창경궁昌慶宮의 세 궁궐이 일시에 모두 타버렸는데 … 역대의 보완寶玩과 문무루文武樓·홍문관에 간직해 둔 서적書籍 춘추관의 각조 실록各朝實錄 다른 창고에 보관된 전조前朝의 사초史草[고려사高麗史를 수찬할 때의 초고草稿이다] 승정원일기承政院日記가 모두 남김없이 타버렸고 내외 창고와 각 관서에 보관된 것도 모두 도둑을 맞아 먼저 불탔다."『선조수정실록』 26권 25년 4월 14일(경인).

6) 배현숙, 배현숙,『조선실록 연구서설』, 태일사, 2002, 104쪽 ; 이성무, 이성무,『조선왕조실록 어떤 책인가』, 동방미디어, 2000. 216쪽.

道의 왜적은 현풍玄風으로 해서 길을 나누어 낙동강을 건너서 성주를 불태워 버리니, 성주판관 고현高晛은 도망쳐 달아났고, 목사 이덕열李德悅은 겨우 몸만 살아남아서 끝까지 고을을 떠나지 않고 있었다. 적적賊이 성 안에 들어와 점거하고 있으면서 목사牧使를 가칭假稱하며 우매한 백성들을 꾀어 모으고, 궁박해진 백성들은 의지할 곳이 없어 적적賊에게 항복하고 부동附同하는 자들도 많았다.[7]

성주가 함락될 당시 성주판관 고현은 도망가 버렸다. 반면에 성주목사 이덕열은 성이 함락된 후에도 성주의 경계를 벗어나지 않고 탈환의 기회를 엿보고 있었지만,[8] 실록을 지키기 위해서 노력했다는 기록은 보이지 않는다. 성주를 점령한 일본군은 목사牧使를 사칭하며 백성을 안무시켰다. 이에 전란으로 살길이 막막해진 백성들은 의지할 데가 없는 처지가 되어 일본군에게 굴복하였는데, 이들이 관官에서 보관하던 식량의 일부를 나누어 주니 더욱 복종하게 되었다고 한다.

이와 함께 성주가 함락당할 당시 성주사고에 보관 중이던 실록도 사고와 함께 소실된 것으로 알려져 왔다. 그런데, 그 당시 상황을 전하는 기록을 보면, 다른 측면이 있었음을 알 수 있다.

> 성주星州 사각史閣은 그런대로 남아있지만 땅 구덩이 속에 이안移安한 사궤史樻를 다 꺼내어 불태워버렸으니 지극히 비통합니다.[9]

성주가 함락되기 전에 실록을 사궤에 담아 구덩이를 파고 넣어 보관하였으며, 사각은 일본군이 성주를 점령한 뒤에도 온전한 상태는 아니었지만 그런대로 남아 있었고, 땅속에 묻어 놓은 실록을 누군가 모두 꺼내

---

7) 조경남, 『난중잡록』권1(上), 4월 23일.

8) 『선조실록』권27, 25년 6월 28일(丙辰).

9) 『선조실록』권27, 25년 6월 28일(丙辰). 星州史閣則猶存 而地坑移安史樻 盡出以焚 極爲慘痛.

서 불에 태워버렸다는 것이다.

여기에는 다음 두 가지가 설명되어야 한다. 하나는 실록을 사각 밑 땅을 파서 그 안에 묻어 놓았다면, 이는 공개적이라기보다는 비밀리 진행되었을 것이다. 언제 적이 침입해 올지 모르는 상황에서, 국가의 존엄과 기밀을 담고 있는 실록을 땅에 묻어 보관하는 것은 공개적으로 할 수 없기 때문이다. 다른 하나는 꺼내서 불에 태웠다고 하는데, 누가 했느냐이다.

이와 같은 정황은 두 가지 측면에서 설명이 가능하다. 하나는 이 같은 사실을 아는 누군가가 일부러 꺼내서 불태운 경우이고, 다른 하나는 누군가가 일본군에 밀고하여 불태워진 경우이다. 전자는 국가의 중대한 기록을 일본군에게 넘겨주지 않으려 성주가 일본군에게 함락당하기 전에 관원官員이 먼저 불에 태운 것으로 볼 수 있다. 후자는 일본군이 성주를 점령한 뒤에 취한 일련의 선무공작宣撫工作에 말려든 누군가가 일본군에게 알림으로써 꺼내어져 불태워졌을 것이다. 그러나 후자의 경우는 설득력이 약하다. 실록을 획득한 일본군이 이와 같은 국가적 귀중품을 불에 태워버리지는 않았을 것이기 때문이다. 따라서 여러 정황을 놓고 볼 때, 국가의 중대한 기록을 일본군에게 넘겨주지 않으려 관원들이 먼저 불에 태웠을 가능성도 무시할 수 없다.[10]

충주사고의 실록 역시 언제 어떻게 누구에 의해서 소실되었는가에 대한 구체적인 기록은 전하지 않는다. 다만 충주가 점령당한 뒤 일본군에게 불태워진 것으로 정리되고 있다.[11] 1592년 4월 28일 신립申砬이 일본군의 북상을 저지하고 충주성을 지키기 위해서 탄금대에 배수진을 치자, 충주 인근 백성들은 신립을 믿고서 피난을 떠나지 않았다.[12] 그런데

---

10) 박대길, 「조선시대 사고관리의 변화」, 『국학연구』, 한국국학진흥원, 2009, 530쪽.
11) 이성무, 앞의 책, 216쪽.
12) 『선조수정실록』 권26, 25년 4월 4일(癸卯). ; 조경남, 앞의 책, 4월 27일.

신립이 전투에서 패전하고 자결하는 급박한 상황이 벌어지고 그 와중에
충주성이 일본군에게 함락당하였다. 이와 같은 급박한 정황은 충주사고
에 보관 중이던 실록의 이안移安이 고려되거나 시행되지 않았음을 암시
한다. 따라서 충주사고의 실록은 일본군의 충주성 점령 때 불태워진 것
으로 보아 무리가 없다.

춘추관사고의 실록은 일본군이 도성都城을 점령하기 이전에 성난 백
성에 의해 여러 궁관宮館과 함께 불에 타서 잿더미가 되어 버렸다.[13] 4
월 30일 백성과 도성을 버리고 몽진蒙塵길에 오른 선조와 관료들에 대
한 배신감 등이 더 해 경복궁을 비롯한 궁궐과 관서官署에 불을 지를
때 문무루文武樓와 홍문관弘文館에 소장된 서적, 춘추관의 각조 실록,
다른 서고書庫에 소장된 고려시대 사초(草稿)와 『승정원일기』 등이 모두
불에 타 버렸다.[14]

그런데 이처럼 세 곳의 사고에 보관중인 실록이 보존되지 못하고 멸
실되었음에도 불구하고 실록을 수호해야 할 관할지역의 수령을 비롯하
여 그 누구도 문책을 받지 않았을 뿐 아니라 책임추궁이 이루어졌다는
기록조차 전하지 않는다.[15]

더욱이 몽진蒙塵 중에 임금과 사초史草를 버리고 도망간 사관史官에
대한 징계도 보이지 않는다. 사초와 임금을 버리고 도망한 사관에 대한
기록을 실록에서 찾으면 다음과 같다.[16]

---

13) 『성호사설』 권13, 인사문, 분지고례적焚地庫隸籍.
14) 『선조수정실록』 권26, 25년 4월 4일(癸卯).
15) 성주목사 이덕열은 성주성 함락 이후에도 성주 경계를 벗어나지 않고 성주성 수
복을 위해 노력했다는 이유로 오히려 승진하였다. 충주목사 이종장은 정조 때에
武剛이라는 시호를 받았다. 그 당시 이종장이 贈判書였던 것으로 보아 이덕열과
마찬가지로 이후 승진한 것으로 보인다. 『정조실록』 권 12, 5년 11월 戊午.
16) 『선조수정실록』 26권, 25년 6월 己丑.

사관史官 조존세趙存世[17]·김선여金善餘[18]·임취정任就正·박정현朴鼎賢 등[19]
이 도망하였다. 존세 등은 좌우左右 사관으로서 처음부터 호종하면서 침문寢
門을 떠나지 않았으므로 상이 자제子弟처럼 대우하였다. 이날 밤 네 사람은
상이 요동으로 건너갈 것을 의논하여 결정하자 도망칠 것을 몰래 의논하고는
먼저 사초책史草冊을 구덩이에 넣고 불을 지른 뒤 어둠을 타고 도망하였다.
상이 길에서 자주 돌아보며 사관은 어디 있느냐고 물었는데 모두 보지 못하
였다고 대답하자, 상이 이르기를, "김선여가 탄 말이 허약한데 걸어서 오느라
뒤에 쳐졌는가."하였다.

새벽이 되어서야 그들이 도망한 것을 알고는 사색辭色이 참담하였다. 따르
는 자들이 모두 격분하며 매도하기를 '뒷날 상이 환국還國하시면 이 무리들이
어떻게 살아나겠는가.'하였다. 네 사람이 각각 영남과 호남 사이에서 가족을
찾았는데 주현州縣에서 먹을 것을 구하며 핑계대기를 '상이 물러가라고 허락
하였기 때문에 왔다.'고 하였다.

[네 사람은 모두 이산해李山海의 문하인門下人이다. 선여는 김첨경金添慶의
아들로 가장 문망文望이 있었다. 취정은 임국로任國老의 아들이고, 정현은 박
계현朴啓賢의 종제從弟이고, 존세는 조사수趙士秀의 손자로서 모두 명문의 세
신世臣이었다. 상이 도성에 돌아온 뒤 네 사람이 돌아와 모였는데, 다시 사관
으로 주의注擬하자, 상이 '어찌 도망한 자들에게 다시 사필史筆을 잡게 할 수
있겠는가. 백집사百執事의 경우는 가하다.'고 하였는데 이 때문에 모두 외직外
職에 벼슬하였다. 선여는 일찍 죽고 존세·취정 등은 광해조光海朝에 귀척貴戚
을 빙자하여 진용되어 대관大官이 되었다.]

실록에서 확인할 수 있듯이 그 당시 사관의 도망에 대해서 선조를 따
르던 이들이 모두 격분하며 "뒷날 상이 환국하시면 이 무리들이 어떻게
살아나겠는가."라고 하였다. 즉 죽음을 면치 못할 것으로 예견되었던 것
이다. 그렇지만 이들은 모두 명족의 세신(皆名族世臣)들로 관직에 복귀
하였고, 광해군 때에는 대관大官까지 지낸 인물도 있다.[20]

---

17) 예문관 봉교兼 춘추관 기사관.

18) 검열兼 춘추.

19) 승정원 주서.

20) 『선조수정실록』 권26, 25년 6월 기축己丑. 김선여는 종전終戰 직후인 1599년 예

이처럼 국왕을 시종侍從해야 하는 사관史官마저 국왕을 버리고 도망하였을 뿐 아니라 훗날 이들에 대한 징계조차 제대로 이루어지지 않을 정도로 기강이 무너져 버린 상황에서 목숨을 걸고 실록을 지키는 일은 쉽지 않은 일이었을 것이다.

2) 유일본 실록의 내장산 이안 배경

임진왜란 발발 후 불과 20여일 만에 수도 한양이 점령당하고, 임금 선조는 개성과 평양을 거쳐 의주로 피난을 가는 위기상황이 초래되었으며, 4곳에 보관 중이던 실록 중 3곳의 실록이 멸실되었다. 이제 전주사고본 실록만이 유일하게 남게 되었다.

전라도의 수부首府인 전주에 전쟁 소식이 알려지자, 전라도관찰사겸순찰사全羅道觀察使兼巡察使 이광李洸을 중심으로 곧바로 전시체제로 돌입하면서 관군의 출동준비와 함께 의병 모집이 진행되었다. 전주방어사全州防禦使 곽영郭嶸은 4월 27일 조방장助防長 이지시李之詩와 함께 군사 5천을 거느리고 영남嶺南을 지키기 위해서 남원南原과 운봉雲峯을 거쳐 함양咸陽으로 갔으며, 30일에는 김천역金泉驛과 김산金山(지금의 김천시) 일대에서 일본군 35명의 목을 베었다.[21] 또한 전라 조방장助防

문관 검열로 복귀하였고 이후 대교·봉교를 역임하고 예조좌랑에 이르렀다. 또한 조존세는 1599년 예문관 대교에 복직되었고, 이후 승진하여 광해군 때에는 한성부우윤·동지의금부사·오위도총부부총관·장례원행판결사를 지냈으며, 1618년에는 공조참판이 되었다. 임취정은 선조가 환조還朝한 뒤 겨우 외직에 수차 임용되었을 뿐 크게 쓰이지 못하였으나 광해군 재위 때 형조참의·좌승지·이조참판·동지경연同知經筵·예조판서 등 요직을 두루 거쳤다. 박정현은 환도 후 계속해서 탄핵을 받았으나 1601년 정월 예조좌랑이 되어 서장관으로 명나라에 다녀왔으며, 이후 강원도관찰사·동지중추부사·공조참판, 1625년(인조 3)에는 사은사겸진위사謝恩使兼陳尉使로 다시 명나라를 다녀왔고 이후 무과의 시관·형조판서·지중추부사 등을 역임하였다.

21) 조경남,『난중잡록亂中雜錄』.

將 이유의李由義는 신립을 도우라는 명을 받고 군사 2천 명을 거느리고 충청도 연산에 이르렀으나, 신립이 패했다는 소식을 듣고 다시 전라도로 돌아왔다.

전라감사 이광은 4월 29일과 5월 14일 두 번에 걸쳐 여러 고을에서 근왕병勤王兵을 모집하였다. 수만 명에 이르는 군사들을 이끌고 선조를 구원하려 출발하였으나 공주公州에 이르러 한양이 함락당하고 대가大駕가 서쪽으로 거둥했다는 소식을 듣고 철수하였다. 그 후 용인전투(5. 28~6. 6)에 참가했지만 패배하고 6월 15일 전주로 돌아왔다.[22]

전쟁 개시 후 파죽지세破竹之勢로 진격한 일본군은 조선의 수도 한양漢陽을 점령했지만, 관군官軍의 전열정비와 더불어 각지에서 의병義兵이 일어나 반격을 가하는 바람에 후방이 위험에 빠지게 되었다. 이에 5월 초부터 점령지를 분할해서 지배하는 전략으로 작전을 변경하여 이미 북방으로 올라갔던 일부 군대를 남쪽으로 돌려 각 지역으로 파견하였다.

그러던 5월 중순경, 고바야카와 다카카게小早川隆景가 서울을 출발하여 선산과 영동을 거치며 남하하고, 그의 심복인 안코쿠지 에케이安國寺惠瓊가 창원을 출발하여 선산과 영동을 거쳐 무주茂朱와 금산錦山 등 전라도 동북방으로 공격해 왔다.

결국 6월 23일에 금산錦山이 함락당하면서 전주가 풍전등화의 위기에 봉착하였으며, 금산에 있던 일본군은 6월 말 진안鎭安을 점령하고 웅치熊峙를 넘어 전주를 공격하려고 하였다. 이에 전라감사 이광의 지시로 웅치와 전주부성에서 방어태세를 갖추게 되었다.[23]

이처럼 전황이 급박해지자 전라감사 이광은 관원官員[24]과 함께 전주

---

22) 전주부윤 권수도 5월 19일에 이광과 함께 출동하였지만 중도에 전주로 돌아온 듯하다.

23) 이상은 하태규, 「임진왜란 초기 호남방어와 웅치전투의 역사적 의의」, 『임진왜란 웅치전투와 그 전적지』 전라문화총서 23, 전북대학교 전라문화연구소, 2006, 참조.

사고에 보관 중인 실록과 경기전慶基殿에 봉안되어 있는 태조 어진의 수호에 대해서 논의하였다.[25] 그 당시 전라도 지역이 비록 일본군의 위협 아래 놓이기는 하였지만 행정체계는 유지되고 있었다.

태조 어진은 조선 건국의 정통성과 태조의 신성함을 보여주는 상징적 의미를 가진 것이기에 더욱 중요할 수밖에 없었다. 또한 선대 국왕의 어진은 전란 중에도 국왕이 친히 지영祗迎하고 사배四拜를 올려야 하는 대상이었다. 1593년 정월, 선조가 왕세자와 일관日官을 거느리고 태종대왕太宗大王의 수용晬容을 궐문闕門 안에서 지영하고 네 번 절하는 예를 행하였다는 데에서 이를 확인할 수 있다.[26] 이처럼 어진의 중요성이 컸기 때문에 경기전에 봉안되어 있는 어진만 전담해서 지키며 관리하는 참봉 2명이 배치되어 있었던 것이다. 또한 실록은 평시에도 사고史庫에 보관할 뿐 아니라 사관史官이 아니면 함부로 열고 닫지 못할 정도로 엄격히 통제·관리되고 있었는데, 임금마저 임의로 볼 수 없었다.

실록과 어진의 수호를 위해서 이광 등은 먼저 실록을 땅에 묻으려 실록각實錄閣의 마루 밑을 파 놓았다. 그런데 경상도 김산현金山縣에서 방어사 곽영이 생포한 왜적의 행장行裝에서 성주사고에 보관 중이던 실록 2장이 나왔다는 말을 듣고, 아주 험준한 지역을 골라서 보관하자는 계책으로 바꾸었다.

그 당시 전라도 지역의 정세는 다음과 같았다.

> 왜적의 형세가 승승장구하여 이미 전주를 핍박하며 성을 포위하는 환란患

---

24) 이때 자리를 함께 한 관원은 전주부윤全州府尹 권수權燧, 제독관提督官 홍기상洪 麒祥, 도사都事 최철견崔鐵堅, 삼례찰방三禮察訪 윤길尹趌, 경기전 참봉慶基殿 參 奉 오희길吳希吉·유인柳訒. 등이었다.

25) 『鞱庵先生文集』 「上壬辰處變首末疏」 ; 『頤齋遺藁』 卷23, 「傳鞱庵吳公傳」 ; 『頤 齋遺藁』 卷25, 「雜著/本朝祖宗眞殿事實辨」 丙午 ; 양만정, 「전주사고본 조선왕조 실록의 보존에 관한 고찰」, 『전라문화연구』 2, 전북향토문화연구회, 1988.

26) 『선조실록』 권34, 선조 26년 1월 22일(정축).

亂이 조석朝夕으로 가까워지자, 온 도내의 인심이 지극히 놀라고 두려워하고 도망하여 숨을 계책을 하지 않는 자가 없었습니다. 집안에 있던 물건들은 수레에 실어 산골짜기에 실어 나르고, 남녀와 귀천을 (가리지 않고) 모두 나무숲에 가득하여 주군州郡이 온통 비고, 마을(里落)까지 조용해졌습니다. 심지어 전주성을 지키던 군졸들도 성의 기계까지 동원해 뛰어넘어 달아날 지경이었으니, 그 형세는 급하다 아니할 수 없었습니다.[27]

일본군이 전주성을 점령하기 위해서 들이닥치고 있다는 소문이 나돌자 전라도 일대 민심이 동요되었고, 도망하거나 피난을 떠나려는 움직임이 주류를 이루고 있었다. 남자와 여자를 가리지 않고 모두 피난 짐을 꾸린 뒤 산골로 피난을 떠남으로써 마을까지 텅텅 비어버렸다. 더욱이 전주성을 지켜야 할 군사들마저 장비를 이용해서 성을 뛰어넘어 달아나는 상황이었다. 이 기록은 약간의 과장이 섞여 있지만, 곧 일본군이 들이닥칠 거라는 불안감이 팽배하였음을 알 수 있다.

이에 이광의 지시에 따라 경기전慶基殿 참봉參奉 오희길吳希吉과 무사 김홍무金弘武, 그리고 경기전 수복守僕 한춘韓春 등이 서둘러 실록과 어진의 피난처를 찾게 되었다. 그 결과 배편을 이용해서 해로海路로 피할 수 있는 부안 변산邊山과 깊은 산중인 정읍 내장산內藏山을 두고 최종 선택을 하게 되었다. 이때 도사 최철견과 삼례찰방 윤길, 제독관 홍기상 그리고 경기전의 또 다른 참봉 유인 등이 직접 현장을 확인하였다. 이들은 용굴암(대)龍窟庵에 도착한 후 주변을 살펴보았다. 은적암隱寂庵은 가히 바라볼 수는 있으나 올라갈 수 없었는데, 윤길이 뛰어 올라가서 보고 적소適所로 정하였다.

그 당시 내장산은 숲이 칙칙하고 아주 위태롭고 험난하며 외진 곳으로 알려져 사람들의 접근이 어려웠는데, 은적암은 위는 바라볼 수 없고 오직 높고 높은 하늘이 보일 뿐이라는 험지險地에 있었다. 더욱

---

27) 吳希吉, 도암선생문집, 권2 소, 재수 후릉참봉 내진상 임진처변수말소(선묘계사).

이 은적암에 가려면 사다리로 길을 이었다 끊었다 이었다 할 정도로 험준한 형세였다.

그 즈음 일본군은 무주와 진안 방면으로 진출해 있었기 때문에, 실록과 어진의 피난처로 내륙은 검토 대상이 될 수 없었다. 반면에 부안 변산과 정읍은 일본군이 점령하고 있는 경상도 지역과 멀리 떨어져 있었다. 또한 변산에는 내소사來蘇寺를 비롯한 큰 절과 비교적 큰 암자들이 있었으며, 내장산에는 영은사靈隱寺와 같은 큰 절과 함께 은적암·용굴암·비래암과 같은 암자가 있었다. 또한 그 당시 상황에서 실록과 어진을 보관할 건물은 새로 신축新築할 수 없었으며, 수직守直할 인력을 확보하는 것도 쉽지 않은 일이었다. 따라서 일본군이 쉽게 접근할 수 없는 험지는 물론 실록과 어진을 안정적으로 보관할 수 있는 기존 건물이 있고, 이를 지킬 수 있는 인력 확보가 용이한 지역을 선정할 수밖에 없었다.

그 당시 경기전에 봉안되어 있는 태조 어진의 전담 관리자는 경기전 참봉인 오희길과 유인이었다. 또한 실록을 보관하고 있는 사고史庫의 관리 책임자는 지역의 수령이었다. 그런데 전쟁으로 인해 어진과 실록을 책임지고 전담하며 지켜낼 조치가 필요해졌다. 전라감사와 전주부윤에게는 어진과 실록의 보존보다는 일본군의 침략에 대비하는 일이 우선될 수밖에 없었던 것이다.

본래 실록 수호 책임은 사고가 설치되어 있는 지역의 수령에게 있었고, 그 아래 전담 수호인守護人이 배치되어 있었다. 즉 수호관守護官 5원員, 별색호장別色戶長·기관記官·고직이庫直 각 1원員 등이 사고 수호를 위해 배치되었는데,[28] 이들의 임무는 주로 화재나 누수漏水 그리고 도적盜賊의 침입에 대비하는 것이었다.[29] 그런데 전시戰時라는 특수상황으로 인해 전라감사를 대신하여 오희길과 유인이 책임자가 되어 태조

---

28) 『세종실록』「지리지」, 충청도, 충주목.
29) 최일성, 앞의 논문, 107~111쪽.

어진은 물론 실록까지 수호하게 된 것이다.

이러한 사실에 대한 인식 부족으로 오로지 안의安義와 손홍록孫弘祿이 실록을 지켜낸 것으로 알려지기도 하였다. 즉 "일본군의 침입으로 전주가 위급해졌으나 참봉 오희길 등이 어찌할 바를 모르자, 안의와 손홍록이 주도적으로 태조 어진과 실록을 내장산 용굴암으로 옮겼다."[30]는 것이다. 그러나 이것은 앞서 지적한 바와 같이 일반 선비가 임의로 주관할 수 있는 일이 아니었다. 또한 오희길이 실록과 태조 어진을 내장산에 옮겨 지키던 중 임기가 만료되어 교체된 후 "행재소에 이르러 조정의 명령에 의하지 않고 어용과 실록을 옮겨 봉안한 일을 아뢰고 죄의 심문을 기다렸으나 …"라는 기록에서 확인할 수 있다. 즉 급박한 전시 상황과 경기전 참봉이라는 관원 신분, 그리고 전라감사의 지시를 받아 수행했음에도 불구하고 조정의 명령을 받지 않고 태조 어진과 실록을 옮긴 책임을 스스로 지겠다는 태도에서, 일반 선비가 임의로 실록과 태조 어진을 옮길 수 없다는 점을 확인할 수 있다.

다만, 이 일에 관여된 인물들의 관계를 살펴보면 이러한 주장이 가능한 배경은 추정해 볼 수 있다. 경기전 참봉 오희길은 전라도 고창高敞에서 생장生長하였으며, 하서河西 김인후金麟厚(1510~1560)와 일재一齋 이항李恒의 문인門人이었던 금강錦江 기효간奇孝諫[31]에게 수학受學하였다. 그리고 안의와 손홍록은 일재 이항의 문인이었다. 따라서 안의와 손홍록은 오희길보다 한 연배가 높다. 또한 이들의 관계에서 일정한

---

30) 『奉安御容實錄事蹟』.

31) 기효간(1530-1593)은 본관은 행주, 자는 백고伯顧, 호는 금강錦江으로 기준의 손자이다. 김인후金麟厚와 이항李恒 문하에서 수학하였으며 당숙인 기대승奇大升에게서도 학문을 배웠다. 일생동안 관직에 나아가지 않고 학문 연구와 제자 양성에 힘썼다. 임진왜란 때 장성 남문창의南門倡義에 참여하여 주도적으로 활약하여 선무원종공신宣武原從功臣에 봉해졌다. 오항녕, 「일재 이항의 학문과 사상사적 위상」『호남의 큰 학자 일재 이항 연구』, 정읍시·민족문화연구소, 2012, 67쪽. 참조.

역할을 한 것으로 전해지는 손승경孫承憬[32)]은 손홍록의 당질堂姪이자 기효간의 문인이었다. 즉 오희길과 손승경은 동문관계였던 것이다.

전라감사 이광에게서 실록과 태조 어진의 수호 책임을 부여받은 오희길은 함께 일할 인물을 찾게 되었고, 그것은 전시戰時라는 다급함과 비밀을 요하는 상황에서 당연히 인맥人脈과 학맥學脈을 통해 진행될 수밖에 없었을 것이다. 이에 따라 오희길은 동문인 손승경과 상의하고, 손승경은 당숙인 손홍록과 연결되면서 안의가 자연스럽게 참여하게 된 것으로 보인다. 이처럼 학맥과 인맥을 통한 연결이 이루어지면서, 한 연배가 높은 안의와 손홍록에 대한 예우와 그들의 목숨을 내놓고 실천한 지대한 공헌에 대한 존중에서, 실록과 어진의 내장산 이안과 보존이 두 사람에 의해 이루어진 것으로 전해진 것으로 보인다.

3) 유일본 실록을 내장산으로 옮긴 사람들

전주사고본 실록이 내장산에 이안되기 전 춘추관과 충주·성주사고의 실록은 모두 멸실된 상태였다. 전주사고본 실록은 유일본이 된 것이다. 이러한 사실을 전해들은 전라감영내 관원들의 책임은 막중해졌다.

이처럼 급박한 정세를 감안해 실록과 어진을 이안할 적지로 현장 확인을 거쳐 내장산이 선정되었다. 그 당시 전주사고본 실록은 본래 806권 577책이었으나 임진왜란 이전에 『문종실록文宗實錄』 한 책이 없어졌기 때문에 805권 576책으로 쪽염색 비단 표지에 내지를 밀랍처리한 상태였다.[33)] 그리고 실록을 포함해서 운반해야 할 물량은 약 60여 궤[34)]에 이르

---

32) 손승경(1540~1592. 9. 5). 자는 사오士悟, 호는 초은楚隱, 본관은 밀양. 손홍록의 당질. 정읍 태인 출신. 이광이 실록과 어진을 이안시키고자 인력을 확보하려고 할 때 안의와 손홍록을 오희길에게 추천하고 자신은 의병장이 되었다. 진안鎭安 영모사永慕祠에 배향되었다.

33) 이상찬,「전주사고본 실록의 보존과 관리」『규장각奎章閣』39, 2011. 그런데 국사

는 등 많은 인력과 물자가 필요하였다.

따라서 그 당시 경기전에 소속된 인원만으로는 부족한 숫자였을 것이고, 당연히 증원된 인력과 그에 따른 물자 확보가 선행되어야 하였다. 더욱이 전라감사를 비롯한 관원과 관군은 1차적으로 일본군의 전주성 침공을 방어해야 했기 때문에 어진과 실록 보존에 전력을 다할 수 없었다. 그리하여 태조 어진은 경기전 참봉인 오희길과 유인이 전담하며 실록까지 총괄하되, 실록을 전담해서 지켜낼 사람이 필요하였다.

이에 따라 전라감사 이광은 학문과 덕행이 있으며 지략을 겸비한 유사儒士 2명을 선발하게 되었다.[35] 이때 태인현泰仁縣의 선비 안의와 손홍록이 자원하였는데, 이들은 의곡衣穀과 가동家僮을 이끌고 전주에 왔다. 안의와 손홍록은 자원하기 이전부터 몸을 돌보지 않고 사재私財를 털어 군량미軍糧米를 모아 의주에 있는 행재소와 의병진에 보냈음은 물론 건장한 가동家僮마저 의병진에 보내고 있었다.[36]

안의와 손홍록이 어떤 과정을 거쳐 어진과 실록 수호를 자원하게 되었는지는 확인되지 않는다. 일본군의 전주 침략이 목전에 다다른 상황에서 어진과 실록을 드러내놓고 피난시키기 위해서 적임자를 공개적으로 선발하지는 않았을 것이다. 당연히 전라감영 주변에서 은밀하게 적임자

편찬위원회에서 제공한 자료에는 805권 260책으로 되어 있다.

34) 오희길, 도암선생문집 권1에서는 말 50여태에 실었다고(載馬五十餘駄)되어 있으며, 실록에서는 말 20마리의 분량이었다고 기록되어 있다.

35) 『壬癸記事』, 癸巳七月十一日 陪行差使員 井邑縣監爲相考事.

36) 안의와 손홍록이 의곡 도유사都有司가 되었을 때 별록別錄에 의하면, 계사년 9월에 백미 500섬, 목화 400근, 세목 1필, 흰 명주 1필, 장지 20권을 모취募取하였는데, 스스로 백미 102섬 2두, 목화 100근을 출연하였다. 그 안에 백미 338곡斛 7두斗, 목화 500근, 흰 명주 1필, 세목 1필, 장지 20권을 전라도 다른 곳에서 의곡義穀을 아직 보내지 않았을 때 의주義州 행재소에 보냈다.[물목 성책物目成册에 본현本縣 관인官印을 찍었는데, 호조戶曹에 있다.] 나머지는 나누어 고경명高敬命, 최경회崔慶會, 민여운閔汝雲 세 명의 의병대장에게 보냈다. 또한 용감하고 건장한 사내종 3명을 각기 고경명과 최경회에게, 또한 사내종 2명은 민여운에게 보냈다.

를 선발하고자 했으나 여의치 않았던 듯하다.[37] 이에 전라감사의 지시
를 받은 오희길이 자신의 인맥과 학맥을 통해 적임자를 수소문하게 되었
고, 이러한 사정을 접한 안의와 손홍록이 자원하게 된 것으로 보인다.

일재 이항의 문하에서 동문수학한 인물들이 임진왜란의 국가 위기상
황에서 적극적으로 나서서 구국救國활동을 한 점에 비추어 볼 때, 이들
의 의병 참여는 어쩌면 당연한 것일 수 있다. 그러나 그 당시 56세와
64세의 고령에 속하고 평생 유업儒業에 종사한 이들이 의병에 가담해서
군사적 활동을 하기에는 무리가 따를 수밖에 없었을 것이다. 그리고 어
진과 실록의 보존이 군사적 활동 못지않은 의미있는 일로 판단될 수 있
었다. 특히 안의는 세종 27년(1445) 12월에 전주사고가 처음으로 설치되
고 실록이 봉안될 때, 봉안사奉安使로 전주에 와서 실록을 봉안한 인순
부윤仁順府尹 안지安止의 후손이었다.[38]

실록을 전담해서 이안하고 수호하기 위해서 안의와 손홍록이 자원함
으로써 실록의 내장산 이안 책임자가 결정되었다. 이와 함께 실록을 내
장산으로 옮기기 위한 준비에 들어갔다.

> 이내 맡아 간수하기를 자원하고 같이 의논하여 붉은 비단과 명주로 만든
> 보자기와 약장기, 명주포대기는 그대로 부중에 남겨두고 다만 실록만 내장산
> 으로 옮기기로 하였습니다.[39]

실록을 보존하기 위해서 사용되던 붉은 비단과 명주로 만든 보자기

---

37) "… 연전 6월에 내장산으로 옮겨 봉안할 때 깊고 험한 산골짜기를 찾아 참봉 한
두 명을 시켜 지키려고 하였는데, 모실 사람이 없다고 하여 …" 『壬癸記事』 癸巳
七月十一日 陪行差使員 井邑縣監爲相考事 / 年前六月分內莊山移安 時深山幽谷 參
奉一二人 以侍奉無人.
38) 이때 『태조실록』 15권·『정종실록』 6권·『태종실록』 36권이 처음으로 봉안되었다.
38) 『세종실록』 권110, 27년 12월 丁巳.
39) 오희길, 『韜庵先生文集』 권2, 疏 再授 厚陵參奉 仍陳上 壬辰處變首末疏.

그리고 실록의 보존을 위해서 사용하던 창포와 같은 물품을 보관하던 상자 등은 그대로 둔 채 실록만 내장산으로 옮길 준비를 한 것이다. 이것은 분량을 최소화하기 위한 조치로 보인다.

그런데 내장산에서 수직할 때 인원이 어느 정도 드러난 것과 달리 전주사고에서 실록을 인출한 다음 내장산으로 이안 할 때 참여한 사람들에 대해서는 확인하기 어렵다. 그나마 기록에 의하면 다음과 같이 정리된다.

먼저 관원으로는 총책임자 전라감사 이광이 있고, 도사 최철견, 삼례 찰방 윤길, 경기전 참봉 오희길과 유인이 있다. 이들은 모두『임계기사』에 기록된 인물들이지만, 내장산까지 함께 한 인물은 오희길과 유인이었다. 다음으로 참여한 사람은 정읍 태인의 유생으로 자원한 안의와 손홍록을 들 수 있다. 이때 손홍록의 가동 30여 명이 함께 하였다. 그리고 무사 김홍무, 경기전 수복 한춘, 사복寺僕으로 기록된 강수姜守와 박야금朴也金과 김순복金順卜[40] 등이 있었다. 그러나 이들만으로 실록을 내장산까지 이안할 수는 없었다. 바로 근방에서 모집한 정재인呈才人[41] 100여 명도 함께 한 것으로 보인다.

---

40) 오희길『도암선생문집』권3 도암선생전.

41) 안의 손홍록 등과 함께 실록을 지킨 정재인呈才人에 대해서『이재난고頤齋亂藁』에는 "고려사에는 양수척揚水尺 또는 화척禾尺이라고 하며 조선시대에는 산척山尺 자정自丁이라고도 하였다."라고 기록되어 있다. 양수척은 "후삼국과 고려 시대, 일정한 거처가 없이 떠돌아다니면서 천한 직업에 종사하던 무리. 대개 여진의 포로 혹은 귀화인의 후예로서, 사냥이나 도살屠殺을 하거나 고리를 만들어 팔며 생활하였다. 이들에게서 광대·백정·기생들이 나왔다고 한다."로 정의되며, 화척은 "버드나무를 세공細工하거나 소 잡는 일을 하던 천민 또는 판소리·가면극·곡예 따위를 업으로 하는 사람을 통틀어 이르던 말"이라고 한다. 이로 보아 양수척 또는 화척은 사냥이나 도살에 종사하거나 고리를 만드는 천민에 속하였고, 이들에게서 광대·백정·기생 등이 파생되었다는 것이다. 그런데 조선시대에는 화척 또는 자정이라 불렸는데, 사냥이나 약초 캐는 일을 업으로 하는 화척으로 또는 자정으로 변하였음을 알 수 있다. 따라서 정재인은 사냥꾼 또는 약초 캐는 일을 업으로 하는 심마니 등을 가리킨 곳으로 추정된다.

이상으로 살펴 본 바와 같이 어진과 실록의 내장산 이안에는 전라감
사를 비롯한 관원들, 특히 참봉 오희길과 유인 등의 관인官人, 안의와
손홍록 등 지역의 선비, 김홍무와 한춘 등의 무인과 수복 등의 역할이
컸다. 그리고 영은사 의승장義僧將 희묵熙默을 비롯한 승려와 근방에서
모집한 정재인呈才人 100여 명이 함께 하였다.[42] 이처럼 전주사고실록
은 전라감사를 비롯한 관원과 경기전 참봉 오희길과 유인 등 지방관, 손
홍록·안의와 같은 지역의 선비, 그리고 희묵을 비롯한 의승과 지역민이
힘을 모아 지키게 되었다.

전주사고실록의 보존은 다른 3곳에 보관하던 실록의 멸실滅失과 비
교해 볼 때, 일본군의 북상로北上路에서 벗어나 있었다는 공간적인 여유
와 함께 실록을 다른 곳으로 옮길 수 있는 시간적 여유가 있었다. 그러
나 보다 더 중요한 점은 실록을 보존하는 과정에서 보여준 지역민과 관
원의 역할 분담 등 적절한 대응책이다. 즉 전주사고실록의 보존은 어느
특정인의 노력에 의해서라기보다는 실록의 중요성을 인식한 전라감사
이광을 비롯한 관원官員과 손홍록·안의와 같은 지역의 선비, 그리고 지
역민의 노고에 의해 가능했던 것이다.[43]

한편 그 당시 실록과 어진의 이동은 신속하게 진행되어야 했다. 일본

---

[42] 안의가 기록한 『壬癸記事』에 따르면, 임진년 6월 22일 '구적寇賊'을 피해 실록을
전주부에서 정읍현 내장산 은봉암隱峰庵으로 이안移安하였고, 그 때 관여한 인물
로 관찰사겸순찰사 이광·도사 최철견·삼례찰방 윤길·참봉 오희길과 유인, 그리고
수직유생守直儒生으로 안의와 손홍록 등이 기록되어 있다. 무인 김홍무와 수복
한춘 그리고 승려 희묵은 『이재유고』에 나온다.

[43] 전주사고실록의 보존에 관한 연구는 瀨野馬熊, 「李朝實錄所在の移動に就いて」, 『靑
丘學叢』 4, 청구학회, 1932 ; 丸龜金作, 「朝鮮全州史庫實錄の移動と 宣祖の實錄復
印」, 『史學雜誌』 49-6, 동경제대문학부사학회, 1938 ; 中村榮孝, 「全州史庫とその
藏書について」, 『日鮮關係史の研究』 中, 길천홍문관, 1964 ; 백린, 「全州史庫와 同
藏書의 疎開經緯에 對하여」 『한국비블리오』 집1, 한국비블리아학회, 1972 ; 양만
정, 「전주사고본 조선왕조실록의 보존에 관한 고찰」,(『전라문화연구』 2, 전북향토
문화연구회, 1988.) 등이 있다.

군이 금산을 점령하고 진안을 거쳐 전주를 위협하고 있는 상황이라 급박
하게 이루어질 수밖에 없었던 것이다. 따라서 어진과 실록을 경기전과
사고에서 인출한 뒤 이안하는 의례나 형식을 갖출 형편이나 시간적 여유
는 없었을 것이다. 또한 국가적 위기 상황에서 이러한 움직임으로 인해
민심民心이 동요될 수 있었고, 일본군에게 들어가게 해서는 아니될 뿐
아니라 혹 내부의 약탈에 대비해서 은밀하게 진행될 수밖에 없었다. 특
히 제사용祭祀用 은기銀器는 귀중품으로 약탈의 대상이 되기 쉬웠다.

또한 전시라는 특수상황이 감안되어 어진과 실록의 이안은 간소화될
수밖에 없었다. 그 당시 다급한 상황은 다음과 같았다.

> 이내 맡아 간수하기를 자원하고 같이 의논하여 … 성진은 부득이 축軸은
> 위가 한자쯤, 좌우로 몇 촌을 남기고 나머지는 버리고 이것은 유둔油芚·油紙
> 과 같은 것으로 싸서 일상적인 물건과 같이 하여 이어 내장산에 봉안하였습
> 니다. 이렇게 한 것은 민심을 동요시킬까 염려되어서일 뿐만 아니라 소문이
> 왜적의 귀에 전파되면 그들이 더럽힐 것을 염려해서였으며, 제사에 쓰는 은기
> 는 더욱 왜적의 마음을 쏠리게 할까 염려되어 몰래 받들고 간 것입니다.[44]

어진과 실록을 평시처럼 이안할 수 없었기 때문에, 이동하기 쉽게 짐
을 꾸렸고, 그것도 일상적인 물건처럼 위장하고 몰래 이동했음을 확인할
수 있다. 이렇게 한 까닭은 민심의 동요와 일본군의 약탈에 대비하기 위
한 것이었다.

따라서 전주에서 내장산까지 이안은 샛길(間道)을 통해 신속하게 진
행되었다.[45] 또한 이러한 방법은 내장산으로 이동하는 과정에서 생각지
않은 일이 생기는 것을 미연에 방지하기 위한 것이기도 하였다. 따라서
잘 알려진 관도(官道)보다는 사람들이 잘 다니지 않는 샛길을 이용하였

---

44) 오희길,『韜庵先生文集』권2, 疏 再授 厚陵參奉 仍陳上 壬辰處變首末疏.
45) 趙鎭寬,『柯汀集』, 縣監吳公(希吉)墓表.

을 것이다. 그런 까닭에 그 당시 이안길에 대해서는 확인하기가 어렵다.

다만 그 당시 상황을 염두에 두고 사잇길을 추측해 볼 수는 있다. 조선시대 전주에서 내장산에 이르는 길은 전주에서 김제시 금구면, 정읍시 태인면과 정읍시내를 거쳐 내장산으로 가는 관도官道 즉 역로驛路가 있었다. 그리고 완주군 구이면, 정읍시 산외면과 칠보면, 내장산으로 가는 길 등이 있었다. 이중 어느 길을 택했는가는 확인되지 않으나 관도가 아닌 길을 택했을 것으로 여겨진다.

조선왕조실록 목록46)

순서 (왕대)	표 제	권수	책수	편찬연수	원제/비고
1	태조실록	15	3	1413(태종 13)	太祖康獻大王實錄
2	공정왕실록	6	1	1426(세종 8)	恭靖王實錄
3	태종실록	36	16	1431(세종 13)	太宗恭定大王實錄
4	세종장헌대왕실록	163	67	1454(단종 2)	世宗莊憲大王實錄 * 志 36책 포함
5	문종대왕실록	13	6	1455(세조 1)	文宗恭順大王實錄 (단, 제11권은 소실)
6	단종대왕실록	14	6	1469(예종 1)	魯山君日記 * 附錄 있음
7	세조혜장대왕실록	49	18	1471(성종 2)	世祖惠莊大王實錄 * 志(樂譜) 2책 포함
8	예종양도대왕실록	8	3	1472(성종 3)	睿宗襄悼大王實錄
9	성종대왕실록	297	47	1499(연산군 5)	成宗康靖大王實錄
10	연산군일기	63	17	1509(중종 4)	燕山君日記
11	중종대왕실록	105	53	1550(명종 5)	中宗恭僖…誠孝大王實錄
12	인종대왕실록	2	2	1550(명종 5)	仁宗榮靖…欽孝大王實錄
13	명종대왕실록	34	21	1571(선조 4)	明宗大王實錄
		805	260		
14	선조소경대왕실록	221	116	1616(광해군 8)	宣祖昭敬大王實錄
"	선조소경대왕수정실록	42	8	1657(효종 8)	宣祖昭敬大王修正實錄
15	광해군일기(중초본)	187	64	1633(인조 11)	光海君日記(태백산본)
"	광해군일기(정초본)	187	40	1653(효종 4)	光海君日記(정족산본)
16	인조대왕실록	50	50	1653(효종 4)	仁祖大王實錄
17	효종대왕실록	21	22	1661(현종 2)	孝宗大王實錄

18	현종대왕실록	22	23	1677(숙종 3)	顯宗…彰孝大王實錄
"	현종대왕개수실록	28	29	1683(숙종 9)	顯宗…彰孝大王改修實錄
19	숙종대왕실록	65	73	1728(영조 4)	肅宗顯義…元孝大王實錄 * 卷末에 補闕正誤篇 附錄
20	경종대왕실록	15	7	1732(영조 8)	景宗…宣孝大王實錄
"	경종대왕개수실록	5	3	1781(정조 5)	景宗…宣孝大王改修實錄
21	영종대왕실록	127	83	1781(정조 5)	英宗…顯孝大王實錄
22	정종대왕실록	54	56	1805(순조 5)	正宗…莊孝大王實錄
23	순조대왕실록	34	36	1838(헌종 4)	純宗…成孝大王實錄
24	헌종대왕실록	16	9	1851(철종 2)	憲宗…哲孝大王實錄
25	철종대왕실록	15	9	1865(고종 2)	哲宗…英孝大王實錄
		1089	628		
	합계	1894	888		태백산본 실록 전체는 총 1,707권, 848책
26	고종실록	52	52		高宗…太皇帝實錄
27	순종실록	22	8		純宗…孝皇帝實錄
	합계	74	60		태백산본 실록 전체는 총 1,707권, 848책

2. 유일본 실록의 내장산 이안과 보존터

1) 실록의 내장산 이안 시기와 수직

실록과 어진의 내장산 이안이 결정된 후 언제 어떻게 어디에 이안되었는지는 구체적으로 확인하기가 쉽지 않다. 이에 대해서 각기 다른 여러 기록이 전해지고 있기 때문이다. 먼저 이안시기와 장소를 표로 정리하면 다음과 같다.

---

46) 국사편찬위원회. http://sillok.history.go.kr/intro/intro_info.jsp

〈표 8〉 실록과 어진의 내장산 이안시기와 장소

이안 일시	내 용	전 거
1592. 6. 3	실록·어진(안의 손홍록 오희길) - 용굴암	「奉安御容實錄事蹟」 宣廟實錄 抄出
1592. 6. 9	실록·어진(안의 손홍록 손승경) - 은적암	양응수 讚 「寒溪 孫先生 行狀」
1592. 6. 14	실록·어진(안의 손홍록) - 용굴암	『여지도서』 보유편 전라도 정읍고적 용굴암
1592. 6. 22	6. 22 실록(내장산) / 7. 1 어진(용굴암)	『탐진안씨 족보』
1592. 6. 22	6. 22 실록(내장산) / 7. 1 어진(용굴암) 6. 23 안의·손홍록·오희길·유인 용굴암에서 수직	『壬癸記事』守直相遞日記
1592. 7. 9	어진을 옥구를 거쳐 용만(의주)로 옮김	『亂中雜錄』(조경남)
1592. 미상	6월에 일본군이 금산에 들어오고 그믐에 관군이 대패한 이후에 옮김.	『頤齋遺藁』 권23, 傳 庵吳公傳
1592. 미상	먼저 실록을 옮기고 7월 9일에 어진과 기타 서적을 용굴암에 같이 모심.	『頤齋亂藁』 권41, 경신년 3월 28일
1592. 미상	6월에 실록을 용굴암에 옮기고 7월에 어진을 같이 봉안	『頤齋遺藁』 권17 행장
1592. 미상	웅치에서 패하고 난 뒤에 실록을 용굴암에 옮김	『湖南節義錄』 眞殿扈從諸公事實 오희길

이처럼 어진과 실록의 이안 일자는 6월 3일, 6월 9일, 6월 14일, 6월 22일(어진은 7월 1일 혹은 7월 8일), 7월 9일, 6월 중 등으로 여러 설이 있다. 이 중 어느 날짜가 정확하다고 단정을 짓기는 어렵다. 이외에도 의병장 조헌趙憲(1592. 7. 10)과 고경명高敬命(1592. 8. 18)이 사망한 이후, 혹은 웅치(1592. 7. 7)[47]에서 패하고 전주가 위기에 처하게 되었을 때, 또는 진주성에서 일본군과 교전이 한창일 때(1592. 10. 5~12) 실록과 어진을 옮기게 되었다는 기록도 있다.

조헌의 사망이나 웅치전투는 7월에 있었으며, 고경명의 사망은 8월인데도 불구하고 이러한 사건이 있은 뒤인 6월에 옮겨졌다고 하는 앞뒤가

---

47) 하태규, 「임진왜란 초기 전라도 관군의 동향과 호남방어」, 『한일관계사연구』26, 2007.

뒤바뀐 기록이 전한다. 이러한 기록들은 당시의 기록이 아니라 임진왜란이 끝난 뒤에 과거의 기억을 회상하면서 기록한 때문에 나타난 현상이다. 그러나 실록과 어진의 보존에 가장 큰 공을 세웠을 뿐 아니라 하루도 빠지지 않고 직접 수직守直한 안의 또는 손홍록이 기록했다는 『임계기사壬癸記事』[48]가 가장 확실한 기록으로 보인다. 이에 따르면 실록은 6월 22일에, 어진은 7월 1일에 내장산으로 이안되었다.

「임계기사」에 의하면 실록은 1592년 6월 22일에 일본 흉적凶賊을 피해 전주부에서 정읍현 내장산 은적암隱寂庵으로 이안되었다. 이때 관계된 관원官員은 전라관찰사겸순찰사 이광, 도사 최철견, 삼례찰방 윤길, 경기전 참봉 오희길과 유인, 수직유생守直儒生 안의·손홍록이었다. 그리고 당일 수직은 안의와 손홍록이 함께 하였다. 이어서 7월 1일에 태조어진이 전주부에서 용굴암龍窟庵으로 이안되었으며, 9월 28일에는 어진을 다시 비래암飛來庵으로 옮겼는데, 이때 오희길이 시위侍衛한 것으로 되어 있다. 즉 실록이 이안된 후 9일 뒤에 어진이 용굴암으로 따로 이안된 것이다.

이어지는 「수직상체일기」에 의하면, 실록이 은적암에 이안된 다음날 (6월 23일) 오희길과 유인은 산에서 내려갔으나 안의와 손홍록은 함께 용굴암에서 수직을 섰다. 이후 수직은 안의 혹은 손홍록이 혼자 혹은 같

---

48) 표지는 『난중일기亂中日記』로 되어 있고, 내용은 「임계기사壬癸記事」와 「수직상체일기守直相遞日記」라는 제목으로 구분되어 있으며, 그 당시 상황이 일자별로 꼼꼼히 기록되어 있다. 표지의 난중일기는 후손이 기입한 것이라고 한다. 이 기록물의 저자는 손홍록이라는 설과 안의라는 설이 있으나 그 당시 실록과 어진을 수직한 상황을 구체적으로 알려준다. 안의와 손홍록의 저술인 『임계기사』에는 실록과 어진의 내장산 용굴암·은적암·비래암으로의 이안과정과 6월 23일부터 매일 수직한 내용이 기록되어 있다. 마지막에는 안의와 손홍록이 1593년에 올린 시무 시책, 이산보와 유탁의 포상을 바라는 장계, 안의와 손홍록이 의병진에게 보내는 의곡 등의 물목과 의곡을 모집하기 위한 통문 등의 필사본으로 되어 있다. 안의 후손이 소장하다가 2012년 정읍시에 위탁관리를 맡겨, 현재 정읍시립박물관에 보관되어 있다.

이 한 것으로 되어 있다. 오희길과 유인은 용굴암 혹은 대사(大寺·영은사, 現내장사)에 머문 것으로 되어 있다. 그 동안 안의와 손홍록의 총 수직 일수는 370일로 안의와 손홍록이 함께 수직한 일수는 53일, 안의 단독 수직은 174일, 손홍록 단독 수직은 143일이다. 즉 안의는 총 227일, 손홍록은 총 196일을 수직하였다.

「임계기사」에는 어진이 7월 1일에 용굴암으로 옮겨진 것으로 되어 있으나 「수직상체일기」에는 이날 안의 혼자 실록을 지키기 위해서 수직한 것으로 되어 있고(손홍록은 6월 24일에 귀가하였다가 7월 5일에 돌아왔다), 7월 8일에는 오희길이 산으로 올라 와서 용굴에 머물렀다고 되어 있다. 이로 보아 안의와 손홍록은 어진보다는 실록의 보존에 더 많이 관여하고 있음을 알 수 있다. 어진을 누가 이안했는지 명확하지 않으나 다른 기록[49]에 의하면 오희길이 직접 한 것으로 되어 있으므로 어진의 이안에 안의나 손홍록이 직접 관여하지 않은 것으로 보인다.[50]

7월 14일에는 오희길·안의·손홍록 등이 함께 논의한 뒤, 실록을 은적암에서 비래암으로 옮겼다. 이후 안의와 손홍록은 교대로 집에 다녀오면서 수직을 담당하였다. 오희길은 전주를 왕래하였다.

한편 권율은 1592년 7월 22일에 전라도 관찰사겸순찰사觀察使兼巡察使로 임명되었다.[51] 권율은 태조 어진과 실록이 내장산에 잘 보존되고 있음을 평안도 의주로 피난 가 있는 선조에게 알렸다.

---

49) 이유원李裕元, 『임하필기林下筆記』 제14권 「문헌지장편文獻指掌編」 / 경기전慶基殿.

50) 안의와 손홍록은 6월 22일부터 용굴암에서 수직하며 실록을 지키고 있었으며, 그러던 7월 1일에 어진이 용굴암으로 이안되었다. 따라서 안의와 손홍록이 어진 이안에 직접 관여되지 않았음을 알 수 있다. 또한 오희길과 유인은 경기전 참봉으로 어진의 보호와 관리가 최우선 임무였음으로 당연히 어진의 이동에는 이들이 함께 해야 한다.

51) 『선조실록』 28권, 25년 7월 22일(기묘) 權慄爲全羅道觀察使. 以全羅道觀察使權慄稱兼巡察使.

오희길·안의·손홍록이 함께 논의한 뒤, 어진을 용굴암에서 비래암으로 옮긴 것은 9월 28일이었다. 이후 오희길은 용굴에 주로 기거하면서 전주를 왕래하였는데, 10월 5일 전주에 갔다가 16일에 산으로 돌아와 용굴에 있다가 28일 집으로 돌아갔다.

한편 11월 11일 선조는 "우리나라의 실록·동국사東國史·동문선東文選 등과 기타 동국의 서적들은 모름지기 깊은 산 험한 곳이나 혹은 절도絶島 산중에 나누어 깊이 파고 매장해서 뜻밖의 변에 대비하도록 다방면으로 지휘하라."[52]는 전교를 내렸다. 이처럼 실록이 내장산에 보관되는 중에도 선조는 실록의 보존에 많은 관심을 기울이고 있었다.

경기전 참봉 유인이 내장산에 들어와 대사大寺에 머무른 것은 11월 12일이었다. 오희길은 11월 15일 산에 들어왔으나 다음날 11월 16일이 임기가 끝나는 까닭에 교대하고 돌아갔다. 11월 20일에는 병조좌랑兵曹佐郎 신흠申欽이 대사大寺에 왔고, 다음날 21일에 어진을 봉심奉審하였는데 유인이 참여하였다. 이때 신흠이 실록도 살펴보았는지는 기록이 없어 알 수 없다. 11월 26일에는 오희길을 대신하여 참봉 구정려仇廷呂가 내장산에 들어와 대사大寺에 머무르며, 집을 왕래하였다.

이듬해(1593) 3월 4일, 유인의 임기가 만료되어 새로 임명된 이도길李道吉이 대사大寺에 왔다. 유인이 언제 교체되었는지 알 수 없지만, 이도길도 대사大寺에 머무는 한편 전주를 왕래하며 참봉직을 수행하였다.

이처럼 어진과 실록을 지키는 데에는 안의와 손홍록을 비롯하여 여러 사람이 관계하였다. 참봉 오희길과 유인, 이들과 교체된 구정려와 이도길도 영은사 혹은 용굴에 머물면서 안의나 손홍록과 같이 수직하거나 전주를 왕래하며 함께 한 것이다.

한편 내장산에서의 수직 인원 중 관원官員을 제외한 사람은 안의와 손홍록, 그리고 무사 김홍무와 경기전 수복 한춘, 영은사靈隱寺 주지 희

---

52) 『선조실록』 32권 선조 25년 11월 11일(정묘).

묵熙默과 4~5명의 승려, 인근에서 모집한 산척山尺(정재인呈才人) 100 여 명으로 정리된다. 이들은 돌을 주워 모아 요새를 만들고 수비태세를 갖추며 무기를 지니고 숙직을 섰다. 이와 함께 오희길의 아들 오이정, 손홍록의 가동 30여 명, 희묵 휘하에 있는 1천여 명의 승려가 언급된다.

그런데『호남절의록』53)에 기록되어 있는 '가동家僮 30여 명'54)과 같은 책에 기록된 "희묵은 의병 승장으로 무리 1천여 명을 거느리고 각자 칼과 창을 소지하고 돌을 많이 쌓아놓고, 손홍록·안의와 힘을 합하여 호위하며 뜻하지 않은 사태에 대비하였다."55)는 기록을 어떻게 해석하느냐에 따라 수직 규모가 달라진다. 또한 어진과 실록을 내장산에 이안한 뒤, 또는 이안 과정에서 오희길 단독으로 수직 인원을 어떻게 모집했느냐도 설명되어야 한다.

가동 30여명이 함께 했다는 기록은『호남절의록』에만 나온다. 그리고 안의에 관한 기록에서는 이에 대한 언급이 없다. 그러나 손홍록의 가동이 전주에서부터 내장산 수직까지 함께 했을 가능성은 높다. 또한 실록을 전주에서 내장산으로 이안할 때, 함께 한 다른 사람들에 대해서 전혀 언급되지 않는 것으로 보아, 이들이 함께 했을 가능성은 매우 높다고 하겠다. 그러나『호남절의록』에만 나오는 "희묵이 승려 1천여 명과 함께 수직하였다."는 기록은, 희묵을 비롯하여 4, 5명의 승인이 함께 하였다는 기록으로 인해 신뢰도가 부족한 것으로 보인다. 또한 임진왜란 초기에 1천여 명의 의승을 모집할 수 있었는지도 의문이다.

내장산에서 어진과 실록을 지키기 위해서 지역민을 어떻게 모집했는가에 관한 기록은 전하지 않는다. 다만 오희길에 관한 기록에서 이에 관

---

53) 眞殿扈從諸公事實/孫弘祿.

54)『호남절의록』/眞殿扈從諸公事實/孫弘祿 / 孫弘祿/從吳希吉 移奉御容及祭器實錄 隱避于井邑內藏山龍窟菴 使武人金弘武 僧熙默 及家僮三十餘人.

55)『호남절의록』/眞殿扈從諸公事實/義僧將熙默 / 時熙默以義兵僧將 率其徒千餘名 各 持刀槊 多聚石磚 與孫弘祿 安義 協力扈衛 以備不虞.

해 유추해 볼 수는 있다. 지역민 모집을 주도한 인물은 오희길이었다. 그런데, 사전에 이들을 모집하여 수직할 수 있도록 전라감사에게 요청하였는지 아니면 모집한 뒤에 승인을 받았는지는 확인되지 않는다. 그러나 오희길 단독으로 모집하지는 않았을 것이다. 따라서 이들의 모집과 수직에 관해서는 사전에 전라감사의 승인을 얻은 뒤에 이루어졌을 가능성이 크다. 또한 지역민 모집이 강제성을 띤 징발이었는지는 확인되지 않는다.

한편 봉교奉敎 조존성趙存性이 1593년 5월 28일 비래암에 왔다. 선릉宣陵과 정릉靖陵56)의 묘지墓誌 관계로 실록에 실려 있는 글을 고출考出57)하기 위해서 온 것이다. 실록을 보관하고 있는 궤를 열고 닫고, 실록을 꺼내서 베끼는 데 안의와 손홍록·구정려가 참관하였다. 날이 저물어 모두 같이 머물렀고, 다음날 29일 조존성은 돌아갔다. 7월 3일에는 차사원差使員 정읍현감 유탁俞濯이 어진을 봉심奉審하였는데, 이때 손홍록이 함께 하였다.

2) 실록의 내장산 보존터

내장산으로 옮겨진 실록과 어진은 처음 용굴암에서 은적암으로 그리고 비래암으로 옮겨져 보존되었다. 이들 세 암자를 문헌을 통해 확인하면 다음과 같다.

---

56) 선릉은 성종과 정현왕후 윤씨貞顯王后尹氏의 능이고, 정릉은 이성계의 두 번째 부인인 신덕왕후(?~1396) 강씨의 능이다. 이 두 능은 임진왜란이 일어난 뒤에 일본군에 의해 도굴되었다. 이 일은 이해 5월 5일에 선릉과 정릉을 개장할 때에 지석誌石과 옥책玉冊을 써야 하는데, 그 당시의 등록謄錄은 이미 산실되었으나 그 기록이 내장산에 보관 중인 전주사고본 실록에 실려 있으므로 춘추관春秋館 관원을 급히 내려 보내 개장할 때까지 등서해 오려는 것이었다. 『선조실록』38권 선조 26년 5월 5일(무오)

57) 참고로 살펴보기 위해 내어 봄.

용굴암龍窟菴은 용굴대龍窟臺 또는 용굴사龍窟舍[58]라 기록되어 있다. 용굴암에 실록과 어진이 이안되었다는 기록은 다수가 있다. 그런데 실록과 어진이 한꺼번에 또는 순차적으로 용굴암에 이안되었다가 은적암과 비래암으로 이안된 것으로 되어 있어 이안 과정이 명확하게 정리되지 않는다. 그렇지만 지리적으로 볼 때, 은적암을 가려면 용굴암을 거쳐서 가야 하기 때문에 실록이 은적암으로 이안되는 과정에서 용굴암을 경유하거나 일시적으로 봉안되었을 가능성은 충분하다.

실록과 어진을 용굴암에 이안했다는 기록은『이재유고頤齋遺藁』[59]와『호남절의록』,[60] 그리고『탐진안씨족보』에 나온다. 모두 후대에 기록된 것이나 실록과 어진의 이안에 직접 참여한 안의와 오희길 그리고 윤길에 관한 행장에 나오는 것으로 경시할 수는 없다.

반면에『수직상체일기』를 보면, 실록은 6월 22일 은적암에 이안되었고, 어진은 7월 1일 용굴암에 이안된 것으로 기록되어 있다. 실록은 용굴암을 거치지 않고 곧바로 은적암에 이안된 것이다. 이와 달리『일성록日省錄』[61]에는 어진이 용굴에 이안된 것으로 기록되어 있다.

이처럼 실록과 어진이 함께 또는 따로 용굴암과 은적암으로 이안된 것으로 전한다. 그런데 실록과 어진을 은적암에 이안하기로 결정하고 용굴암에 올라가서 살펴보았다[62]고 한 것으로 보아, 은적암으로 가기 위해서는 용굴암을 거쳐야 한다. 따라서 실록과 어진 모두 용굴암을 거쳐 이안된 것으로 보아야 할 것이다.

---

58)『頤齋亂藁』吳鞱庵有事.
59) 卷17 行狀 有明朝鮮國故宣敎郞活人署別提勿齋安公行狀·卷23 傳 鞱庵吳公傳.
60) 眞殿扈從諸公事實 尹趌.
61) 정조 10년 2월 26일.
62)『頤齋遺藁』卷23 傳 鞱庵吳公傳. 乃與公及守僕韓春等 日夜奔走 竟得一山於井邑縣南三十里內藏山中 其絶頂則隱寂庵也 亦曰隱峯庵 (중략) 至龍窟臺 亦曰龍窟庵 可望不可上 惟趌超上視之 議乃定.

그런데 정조正祖 때, 실록과 어진을 보관한 봉안처를 찾기 위해서 현지조사를 실시한 기록이 전한다. 이에 따르면, 그 당시 정읍현감 정동보鄭東輔는 영은사를 거쳐 용굴암까지 실사를 마쳤다. 그 결과 용굴암은 백여 년 전부터 나무꾼조차 다니지 않는 폐허가 되었지만 그 터는 영은사에서 서쪽으로 7리쯤에 있고, 건물은 무너졌으나 20여척이 되는 정상에 위치하고 있으며, 바로 주변에 3·40명이 들어갈 수 있는 석굴이 있다[63]고 하였다. 이러한 점으로 보아 용굴암은 현존하는 용굴 주변에 위치하고 있었음을 알 수 있다.[64]

은적암隱寂菴은 정읍현에서 남쪽으로 30리 떨어진 내장산 절정에 있었고, 은봉암隱峯庵이라고도 하였다. 실록과 어진을 내장산으로 옮기려할 때 맨 처음 거론된 곳으로 용굴암에서는 가히 바라볼 수는 있으나 오를 수 없는 험지였다. 그러나 "실록과 어진을 처음에 용굴(암)에 이안했다가 뒤에 실록은 은적암으로 옮겼다."[65]는 기록이 있어, 실록과 어진이 맨 처음 은적암으로 이안되었다고 단정짓기도 어렵다. 그러나 위치로 보아 용굴암→은적암→비래암으로 이동하는 것이 자연스럽기 때문에, 용굴암을 거쳐 은적암으로 이동하였다는 추정도 가능하다.

그렇지만 무엇보다 실록의 수직 상황을 매일 매일 기록한 『수직상체일기』에 "용굴(암)에서 수직하다가 7월 14일에 은봉암으로 옮겨 수직하였다."는 기록으로 보아, 용굴암을 거쳐 은적암으로 이동하였을 가능성

---

63) 『日省錄』정조 13년 4월 23일. 全羅監司徐龍輔狀啓 興德幼學 李喬漢上言內 龍窟菴事蹟分付地方官 井邑縣監鄭東輔 馳進看審 則靈隱寺 在本縣東南三十里 寺西七里許 有龍窟菴古址 僅爲二十餘尺 在絶頂上 線路盤回 樵夫亦不往者 已百餘年 傍有石窟 可容三四十人 或因此而稱以龍窟 實所未詳云 曾於甲辰年.

64) 현재의 용굴(넓이8.5m, 길이8m, 높이2~2.5m)은 내장산 금선계곡 내의 기름바위 못 미쳐 오른쪽 절벽 위 까치봉으로 오르는 산벽 위에 있다. 2013년 정읍시에서 (재단법인)전라문화유산연구원를 통해 발굴조사를 마친 결과, 건물지와 그에 따른 시설 및 생활도구가 확인되었다.

65) 『頤齋遺藁』卷23 傳 鞱庵吳公傳.

이 높다.

이처럼 실록과 어진을 처음부터 은적암에 봉안하였다는 기록과 실록만 은적암에 보관하였다는 기록, 처음에는 실록을 용굴암에 봉안하였으나 뒤에 은적암에 봉안하였다는 기록이 있다. 이러한 점으로 보아 은적암에 실록이 보존된 것은 확실해 보이나, 어진이 보관되었었는가의 여부는 좀 더 고증을 요한다. 안의와 손홍록은 용굴에서 수직하다가 은적암으로 옮겨 수직하기도 하였다.

은적암의 정확한 위치를 알려주는 기록은 없다. 단지 위의 『이재유고』의 기록과 같이 용굴암에 이르러 보니, "위는 바로 볼 수 없고 오직 높고 높은 하늘이 보일 뿐"이라거나 "가히 바라보이기는 하지만 올라갈 수는 없었다."는 곳에 위치에 있었다. 한편 정조 13년(1789), 정읍현감에게 실록의 내장산 보존터에 대한 사적지를 조사하라는 명을 내렸을 때, 정읍현감 정동보는 "영은사는 정읍현에서 동남으로 30리 떨어져 있고, 절의 서쪽으로 7리쯤 되는 곳에 용굴암의 터가 있다."고 하였다. 그러나 이때 정동보도 은적암까지는 가보지 못한 것 같다. 이처럼 문헌기록만 볼 때 은적암은 용굴암의 위쪽에 있으며 비교적 가까운 거리에 있었던 것으로 보인다.

비래암飛來庵은 실록과 어진이 함께 봉안되었던 암자이다. 실록의 이안 시기는 7월 14일과 7월 중으로 정리되는데, 7월 14일에 참봉 오희길과 논의한 뒤 은적암에서 비래암으로 옮겼다는 기록으로 보아 7월 14일 옮긴 것으로 보인다.[66] 또한 어진 역시 9월 28일과 9월 중에 이동한 것으로 기록이 전하는데, 이 역시 더욱 험한 곳을 찾아 어진을 옮겼다는 「수직상체일기」의 기록으로 보아 9월 28일 옮긴 것으로 보인다.

이와 같이 실록과 어진은 1592년 7월과 9월에 비래암으로 옮겨져 모

---

66) 『壬癸記事』 「守直相遞日記」 (7월)十四日 同議 移守隱峰庵 吳希吉同監 在龍窟庵 先王實錄 自隱峯菴 再移安于飛來菴.

두 봉안되었다. 이후 다음해 7월까지 실록과 어진은 비래암에 함께 있었다. 비래암의 위치를 알려주는 문헌 기록은 없다. 단지 이곳이 용굴암이나 은적암에 비해 더욱 험절한 곳이기 때문에 옮겼다[67]는 기록이 전한다.

이상으로 현존하는 여러 문헌을 살펴 본 결과, 실록의 이안 장소로 용굴암·은적암·비래암 3곳이 나온다. 다수의 사료는 실록과 어진 모두 용굴암을 거쳐 은적암과 비래암으로 이안된 것으로 기록되어 있고, 일부의 사료에서는 처음 어진은 용굴암에, 실록은 은적암에 따로 보관되었다가 실록과 어진이 각기 비래암으로 옮겨진 뒤 함께 보관된 것으로 기록되어 있다.

그러나 사료 분석과 현지 지형을 확인한 결과, 전주를 출발한 실록과 어진은 은적암 바로 아래 길목에 있는 용굴암에 도착한 것으로 보인다. 그런데 어진이 용굴암에 곧바로 봉안된 것과 달리 실록은 용굴암을 경유하거나 잠시 봉안된 후 은적암으로 옮겨진 것으로 보인다. 그 후 좀 더 험준한 곳을 찾아서 용굴암에 봉안되어 있던 태조 어진과 은적암에 보관 중인 실록을 비래암으로 옮겨 함께 보관한 것이다.[68]

---

67) 『頤齋遺藁』 卷17 行狀, 有明朝鮮國故宣敎郞活人署別提勿齋安公行狀. 七月御容以次偕安 實錄旋移隱峰庵 再相尤險絶處 移飛來庵 九月自龍窟移御容 復偕實錄安焉. ; 『壬癸記事』「守直相遞日記」, (9월) 二十八日 同議尤險絶處 眞殿自龍窟庵 在移安于飛來菴.

68) 전북대학교 박물관, 『조선왕조실록 보존터 문화유적 지표조사 보고서』, 2011. 55쪽.

3. 유일본 실록을 지킨 사람들

1) 내장산에서 江華로 이안

임진왜란 초반 파죽지세로 북진北進하던 일본군은 관군의 반격과 전국 각지에서 궐기한 의병의 활동에 견디지 못하고 이듬해(1593) 4월, 서울에서 철수하였다. 전쟁은 소강상태에 접어들었다.

그러던 6월, 진주성이 일본군에게 함락당하고 말았다. 진주는 영남에서 호남으로 들어오는 관문으로 전략적 요충지였다. 1592년 10월 5일부터 일주일간 지속된 제1차 진주성전투에서는 치열한 접전 끝에 조선군이 승리하였다. 바로 임진왜란 3대 대첩 중의 하나인 진주대첩이다. 그런데 이듬해 6월 20일부터 29일까지 지속된 전투에서 의병장 김천일金千鎰·최경회崔慶會·고종후高從厚, 충청병사 황진黃進·김해부사 이종인李宗仁 등이 사력을 다해 싸웠으나 끝내 패배한 것이다.[69] 이로 인해 전라도가 다시 침략의 위협에 처해졌다.

이 소식을 전해들은 전라도관찰사겸 전주부윤인 이정암李廷馣[70]은 의외의 변에 대비하기 위해서 어진과 실록을 행재소行在所 근처로 이안할 것을 주청奏請하였다.

이에 관한 기록은 실록에서 확인할 수 있다.

> 예조가 아뢰기를, "태조대왕太祖大王의 수용睟容과 선왕先王의 실록實錄

---

69) 충청병사 황진과 김해부사 이종인은 전투 중 전사했으며, 성이 함락되자 김천일은 아들 상건象乾을 안고 남강에 투신하여 자결하였으며, 최경회와 고종후 등도 남강에 뛰어내려 자결하였다. 또한 논개는 왜군의 승전 축하연에 기생으로 위장해 들어가 왜장을 안고 남강에 투신하였다.

70) 이정암은 권율을 대신하여 선조 26년(1593) 6월 7일에 전라도 관찰사겸 전주부윤에 임명되었다.

을 당초 본도 감사가 도내道內의 험고險固한 곳을 찾아 그곳에 간직해 두었는
데, 지금 왜적이 호남을 침범하려 하므로 전주부윤全州府尹 이정암李廷馣이 불
의의 변고가 있을까 염려하여 계청啓請하여 행재소行在所 근처로 옮기고자 한
다 합니다.

　그러니 급히 사관史官 한 사람을 보내어 감사와 상의하여 수용은 우선 관
원을 차출하여 올려 보내고 실록은 적세賊勢의 완급을 보아가면서 중도에 옮
겨다 놓거나 실어오거나 하는 것을 임시臨時하여 처리하게 하는 것이 어떻겠
습니까?" 하니, 전교하기를, "아뢴 대로 하라. 그러나 실록을 실어오는 것이
안전한 계책이니, 이런 뜻을 내려가는 사관에게 말하라." 하였다.71)

　정세가 급박하게 변하고 있으므로 만일의 경우에 대비해서 실록과 어
진을 행재소 근처로 옮길 것을 청하고, 이에 대해서 조정은 사관을 내려
보내기로 하였다. 덧붙여 사관은 전라감사와 상의한 뒤 일처리를 하되,
관원을 차출해서 어진을 먼저 올려 보내고, 실록은 일본군의 움직임에
따라 옮기도록 하였다.

　이와 같은 논의가 있는 다음날 춘추관春秋館에서 다음과 같은 구체적
인 대안을 제시하고, 이에 덧붙여 선조의 당부가 있었다.

　　"실록을 실어 오라는 성교聖教는 진실로 합당합니다. 대교待敎 조유한趙維
翰이 서책書册의 일로 남원南原으로 떠납니다. 남원에서 내장산內藏山이 멀지
않으니 조유한에게 예조 계사啓辭의 사연을 등서謄書해 주어 봉심奉審하여 시
행하게 하고, 쇄마刷馬와 인부를 내어 잘 정돈하여 실어 올 뜻으로 감사에게
하유下諭하소서." 하니, 상이 이르기를, "아뢴 대로 하라. 『고려사高麗史』·『동
국통감東國通鑑』·『여지승람輿地勝覽』·『동문선東文選』도 반드시 함께 싣고 오
게 하라."고 하였다.72)

　실록과 어진을 책임지고 이안할 사관으로 조유한을 추천하고 있는데,

---

71) 『선조실록』 40권, 26년 7월 9일(신유).
72) 『선조실록』 40권, 26년 7월 10일(임술).

이는 마침 조유한이 서책의 일로 남원으로 떠날 예정이었던 까닭이다. 더불어 쇄마刷馬[73]와 인부를 내어 주어 조유한이 실록을 이안해 오는 데 차질이 없도록 전라감사에게 지시해 줄 것을 청하였다. 이에 대해서 선조는 그대로 할 것과 함께 『고려사』·『동국통감』·『여지승람』·『동문선』를 반드시 함께 가져 올 것을 지시하였다.

그런데 실제 이와 같은 일은 진행되지 않았던 것으로 보인다. 즉 사관을 보내어 어진과 실록을 이안해 오도록 논의하고 결정되었음에도 불구하고, 1주일이 지난 7월 17일에도 조유한은 출발하지 않았던 것이다.

> 정원이 아뢰기를, "지금 적의 기세가 크게 성하고 있으니 내장산內藏山에 봉안奉安한 영정影幀과 사책史册을 이안移安하는 일은 일각이 급합니다. 전에 사관史官이 부족함으로 인하여 대교待敎 조유한趙維韓이 성모省母하러 가는 길에 부탁하였습니다. 그러나 먼 천리길에 공사公私를 병행하는 것은 아마도 전심專心할 수 없을 듯하니, 바라건대 사관 한 사람으로 하여금 역마로 달려 내려가서 영정과 사책을 옮겨 오게 하는 것이 어떻겠습니까?" 하니, 전교하기를, "승지의 말이 옳다. 사리로써 말하면 사관이 가야 마땅하지만 사관 혼자 간다면 너무 고단孤單한 것 같고 또 검거檢擧하는 일도 없지 않을 것이니, 부지런하고 성실한 선전관宣傳官과 함께 내려 보내라. 그리고 도로의 난이難易를 내가 실지로 알지 못하나, 육로陸路가 쉽지 않고 혹 선로船路가 가깝거든 배[船]에 싣고 충청·경기·해서海西 등지로 오도록 하라. 만약 선로로 오는 것이 안전하지 않다고 생각되면 꼭 나의 말에 구애받지 말고 정원에서 편의에 따라 처치하여 명을 받고 사관이 도착한 뒤에 임시하여 잘 처리하게 하는 것이 좋을 것이다." 하였다.[74]

앞서 7월 9일에는 조유한이 서책書册의 일로 남원에 간다고 하였는데, 17일에는 성모省母하러 간다고 하여 사적인 일로 남원에 가게 되었다고 기록되어 있다. 이에 사관을 따로 보내어 어진과 실록을 이안하도

---

73) 지방에 배치하여 관용官用으로 사용하던 말.
74) 『선조실록』 40권, 26년 7월 17일(기사).

록 하되, 혼자 힘으로 어려울 것을 염려해 선전관 1명을 딸려 보내고, 육로가 되었던 해로가 되었던 안전한 길로 요령껏 이안해 올 것을 지시하고 있다. 즉 이정암의 계청에 따라 어진과 실록의 이안이 논의되었으나 곧바로 시행되지 않았던 것이다. 최소한 7월 17일까지는 사관이 파견되지 않았고, 더욱이 7월 21일에는 승정원에서 진주성전투의 패배와 그에 따른 대책 마련을 논하면서 "내장산內藏山에 있는 영정影幀을 옮기는 일은 너무 늦은 듯 하여 성사成事되지 못할까 염려됩니다."[75]라고 한 것으로 보아, 이때까지도 실록과 어진이 내장산을 떠난 사실을 모르고 있었던 것으로 보인다.

이와 같은 까닭으로「수직상체일기」에 조유한의 이름이 나오지 않은 것으로 보이며, 대신 정읍현감 유탁과 참봉 구정려·이도길, 안의와 손홍록이 처음부터 끝까지 배행한 것으로 기록되어 있다. 즉 조정에서는 대교 조유한으로 하여금 실록의 이안을 책임지도록 하였으나 어찌된 까닭인지 조정의 일처리가 지체되면서 실록의 이안에 조유한이 관여할 수 없었던 것으로 보인다.

조정에서 이처럼 결정이 늦어진 것과 달리 안의와 손홍록은 끝까지 실록 보존에 나서기로 하고, 스스로 양식과 말을 준비하며 정읍현감 유탁과 함께 자원하였다.[76]「수직상체일기」에 따르면 이후 상황은 다음과 같았다.

정읍현감 유탁은 7월 9일에 어진과 실록을 비래암에서 정읍현으로 옮겼다. 손홍록은 집안 일로 집에 가고, 차사원 정읍현감 유탁은 실록과 어진을 정읍현으로 이안하는데 배행하고, 안의는 시위와 수직을 맡았으며, 구정려가 정읍현에서 맞이하였다. 다음날도 정읍현에 머물렀는데 이

---

75)『선조실록』40권, 26년 7월 21일(계유).

76) 癸巳七月十一日 陪行差使員 井邑縣監爲相考事,『壬癸記事』; 癸巳七月十九日 承政院開坼,『壬癸記事』.

때 안의와 손홍록이 함께 수직하였다. 「수직상체일기」에는 정읍현으로 옮겨졌다고만 기록되어 있는데, 실록은 정읍현의 객사客舍나 현청건물에 보관되었을 것이다.[77]

다음날 11일 정읍현을 떠난 실록은 태인현泰仁縣에 보관되었다. 이곳에서도 객사나 현청에 보관되었을 것이다. 유탁과 구정려가 태인에서 자고, 안의와 손홍록은 집안일로 돌아갔다. 12일에는 유탁과 구정려가 배행하며 폐현廢縣에 머물렀다. 이때 폐현이 어디인지는 정확하지 않으나 다음날 익산(지금의 익산시 금마면)에 머문 것으로 보아 전주부를 거치지 않고 가는 길이므로, 전주부의 서쪽에 있던 교통로인 이성伊成폐현[78]으로 추정된다. 13일에는 안의와 손홍록이 합류한 뒤 익산군(금마)에 머물고, 14일 용안현龍安縣(지금의 익산시 용안면), 15일 임천군林川郡(충남 부여군 임천면), 16일 부여현扶餘縣 은산역銀山驛(충남 부여군 은산면), 17일 정산현定山縣(충남 청양군 정산면), 18일 온양군溫陽郡(충남 아산시 온양동), 19일 아산현牙山縣(충남 아산시)에 도착하였다. 이때까지 유탁·구정려·이도길·안의·손홍록이 배행하며 숙식을 함께 하였다.

아산에서는 충청도검찰사겸이조판서忠淸道檢察使兼吏曹判書 이산보李山甫가 어진을 임시로 아산에 보관할 것을 주청하여 이곳에 보관하게 되었다.[79] 그리고 이때 이산보와 좌찬성左贊成 정탁鄭琢의 주청으로 안

---

77) 이러한 상황에 대해서는 조정에서의 결정 이전에 전라감사가 임의로 어진과 실록을 옮길 수 있는지 여부가 확인되어야 한다. 임진년에 전주에서 정읍으로 이안할 때에는 급박한 정세가 감안되었지만, 계년년 정읍에서 벌어진 일은 전년처럼 급박한 상황이 아니었고, 좀 더디기는 하지만 조정에서는 이 일을 담당할 사관을 선정하고, 그에 따른 조치를 취하고 있었기 때문이다. 그러나 뒷날 이에 대한 책임 추궁이 전혀 없었던 것으로 보아, 전시라는 특수상황이 감안된 것으로 보인다.

78) 이성폐현은 지금의 완주군 이서면 은교리 앵곡마을이다. 이곳은 익산이나 전주에서 태인·정읍 등 전라 우도지역으로 내려가는 교통로 상에 있어 역참이 있던 곳이다. 특히 고려 현종이 거란의 침입을 받아 나주로 몽진하는 과정에서 하루를 묵어간 곳이기도 하다.

79) 癸巳七月十九日 承政院開坼, 『壬癸記事』.

의에게는 선교랑활인서별제宣敎郞活人署別提가, 손홍록에게는 선무랑
사포서별제宣務郞司圃署別提80)가 제수되었다.

20일에는 임금이 머물고 있는 곳을 향해 아산을 출발하였고, 수원 가
솔(가소을) 오지리(水原 加乭 五地里)에 이르렀다. 이곳에서 영리營吏 신
제우申齊宇와 정읍에서부터 따라온 이영백李永白이 함께 숙직하였다.
그런데 21일부터는 안의와 손홍록이 숙직을 맡아 하였다. 21일 남양南
陽 다발리, 22일 인천仁川 비사毘徒 혹은 곤도昆徒 오이리五伊里, 23일
부평부富平府(인천 계양구 계산동), 24일 강화부에 도착하였다. 9일 정
읍을 출발해 15일만인 24일에 강화에 도착한 것이다.

2) 강화에서 묘향산으로 이안

강화에 이안된 실록은 다시 해주로 옮겨졌는데, 어떤 방법으로 옮겨
졌는지는 명확하지 않다. 그러나 해주에 보관되고 있음이 확인된다.

> "해주海州가 비록 연해沿海이기는 하지만 아직 조석의 경급驚急이 없습니
> 다. 실록實錄의 수가 말 20필에 실을 수 있는 분량이니 만일 위급한 일이 있
> 으면 옮기기가 어렵지 않습니다. 또 이렇게 큰일에 인마人馬의 폐해를 진실로
> 따질 수가 없겠으나 본도는 수운輸運으로 힘을 허비하기가 매우 어려우니 우
> 선 본주本州에 봉안奉安하였다가 서서히 사세를 보아가며 다시 의논하여 처치
> 하여도 늦지 않을 것입니다. 그러나 옮겨야 한다면 영변寧邊이 좋을 것 같으
> 나 길이 매우 멀기 때문에 처음에 감히 계청啓請하지 않았던 것입니다."하니
> 아뢴대로 하라고 전교하였다.81)

---

80) 손홍록은 을미(1595)년에 별가別加로 선교랑귀후서별제宣敎郞歸厚署別提에 제수
되었다.
81) 『선조실록』 53권 26년 7월 29일(신사). 萬曆二十二年甲午八月十六日 黃海道海州
史庫曝曬形止案.

이로 보아 7월 24일 강화에 도착한 실록은 곧바로 해주로 옮겨진 것으로 보인다. 또한 임금 선조는 "해주海州에 있는 실록은 깊은 산의 큰 사찰에 두어야 하니 아마도 영변寧邊 지역이 적당할 것이다. 혹시 변고가 있으면 반드시 잃어버릴 것이니 작은 일이 아니다. 향산香山에 보관해 두고 믿을 만한 승인僧人에게 승직僧職을 주어 그로 하여금 단단히 지키게 하라."[82]고 하였다.

이처럼 유일본이 된 실록을 온전히 보존하기 위해서 조정에서는 구체적인 방법을 제시하고 있었다. 임진왜란 이전 도심지에 설치된 사고史庫가 아니라 구체적으로 묘향산을 지목하고 있으며, 승려에게 승직을 주고 책임감 있게 지키도록 하라는 것이다.

이러한 변화는 임진왜란 이전에는 생각할 수 없는 일이지만, 다른 한편으로 숭유억불崇儒抑佛로 상징되는 조정의 불가佛家에 대한 인식이 바뀌고 있음을 보여준다. 뿐만 아니라 전란에 대비해 실록을 보존하는 데에는 도심지보다 험한 산의 큰 사찰에 두고 승려들에게 수호를 맡기는 것이 좋겠다는 의식의 변화가 시작되고 있음을 알 수 있다.

그런데 해주로 이안된 실록이 어디에 봉안되었는지는 확인되지 않는다. 다만 "지금 실록을 봉안한 곳이 다른 집과 연접되어 있어 뜻밖의 근심이 없지 않습니다. 관청의 동루東樓가 극히 견고하니 그 연달아 늘어선 집들을 철거하고 수리 영선營繕하여 실록을 옮겨 봉안하는 곳으로 삼으면 과연 편당하겠습니다. 해주에 명하여 춥기 전에 급속히 수치修治하게 하여 공사를 마치고 계문하기를 기다린 뒤에 별도로 춘추관 관원 1인을 보내어 봉심奉審하고 날을 가려 옮겨 봉안하도록 하소서."[83]라는 점으로 보아, 해주에 이안된 이후 점차 자리를 잡은 것으로 보인다.

해주에 실록을 봉안한 이후에도 실록 보존에 대한 논의는 계속되었

---

82) 『선조실록』 53권 27년 7월 20일(병신).
83) 『선조실록』 67권 28년 9월 9일(무인).

다. 해주에 산성을 쌓고 그 안에 사각史閣을 설치하려는 계획도 검토되었으나 반드시 인적이 닿지 않는 절험絶險한 곳에 보관해야 후환이 없을 거라는 방향으로 정리되었다. 이로 보아 해주는 실록 보존의 항구처가 아닌 임시 보관처였다. 한편 실록을 등사謄寫해 여러 본을 만든 뒤 각처에 나누어 보관하려는 사적분장지책史籍分藏之策도 검토되었으나 "실록을 가벼이 등사하는 것은 바람직하지 않을 뿐 아니라 할 수 없는 일이므로 후일을 기다려 해야 한다. 대신 단단히 간직해야 한다."[84]는 선조의 명에 따라 곧바로 추진되지는 않았다.

그렇지만 해주에 봉안된 실록은 "집이 낮고 좁아 국사國史를 간직할 곳이 못 됩니다. 그리고 관사官舍가 연접된 가운데 있으니 뜻밖의 화재의 폐단도 염려하지 않을 수 없습니다."[85]라는 지적과 함께 보다 안전하게 보존하기 위한 논의가 계속되었다. 그 결과 적지適地로 강화도가 다시 지목되었다.

실록이 해주에서 강화로 어떤 과정을 거쳐 이안되었는지 확인되지 않는다. 그러나 "선왕의 실록은 마치 선왕의 행행行幸과 같은 것이다. 창황할 때에는 오히려 괜찮지만 지금은 그렇지 않다. 강화로 건너올 때에 제사를 지내야 할 듯하다."[86]라는 점으로 보아 엄숙하고 존숭하게 이안되었음을 알 수 있다. 그리하여 선조 28년(1595) 11월 해주에서 강화로 옮겼고,[87] 이조판서를 보내 봉안절차를 진행하도록 한 후 사관을 보내어 관리하도록 하였다.[88]

강화에 있던 실록이 평안도 영변寧邊 묘향산妙香山에 있는 보현사普賢寺 별전別殿에 봉안된 것은 선조 30년(1597) 9월이었다.[89] 그러나 "적

---

84) 『선조실록』 53권 27년 9월 5일(경진).
85) 『선조실록』 68권 28년 10월 24일(계해).
86) 『선조실록』 69권 28년 11월 5일(계유).
87) 『선조실록』 69권 28년 11월 7일(을해).
88) 『선조실록』 69권 28년 11월 18일(병술).

지 않은 국사國史를 산승山僧의 손에 맡겨둔 것은 부득이한 데에서 나
온 계책이긴 합니다만, 수직守直하는 관리를 항상 그곳에 유치시킨다면
승도들의 복역服役이 자못 번거로울 뿐만 아니라 관부官府의 하인들이
드나들면서 침책侵責하는 길이 또한 많을 것입니다. 이 때문에 근거지가
없는 산승山僧들이 점점 염증을 가지게 된다면 뜻밖의 환란을 우려하지
않을 수 없습니다."90)라며, 보다 근본적인 대책수립을 강구하고 있었다.

한편 실록이 강화에서 영변으로 이안될 즈음, 안의는 병으로 귀가한
후 같은 해에 사망하였고, 손홍록은 강화에 계속 머무르며 묘향산으로
이안할 때 함께 하면서 수직하였다.91) 손홍록과 김홍무, 守僕 한춘, 守僕
강수姜守·박야금朴也金·김순복金順卜 등은 전주에서 묘향산까지 5~6
년간 배행하였다. 안의와 손홍록의 이와 같은 공적에 대해서 후세 사람
들은 "오희길과 유인을 대신하여 온 이도길과 구정려 4인은 교체하였으
니(끝까지 함께 하지 않았으니, 실록과 어진을) 보호한 공은 안의와 손홍
록이 최고라 할 수 있다."92)라고 하였다. 이처럼 후대에도 실록과 어진

---

89) 그 당시 묘향산에 대한 세간의 인식은 다음과 같았다. "묘향산이 있는데 단군이
내려온 곳이며 기자가 선양을 받은 곳으로, 봉우리는 뛰어나고 바위는 커서 골짜
기는 깊고, 길은 험하여 관서의 진산이며 가장 명산이라 일컬어지고 있습니다. 또
한 개울이 널리 펼쳐 있어서 그 안은 비록 평지이지만, 뾰족한 돌이 중첩하여 그
밖은 마치 성곽과 같고, 삼면은 작은 길도 없으며 서남으로 길하나가 있어 통할
수 있는데 물줄기를 따라 들어가면 단 한 사람씩만이 걸어서 들어갈 수 있습니다.
주구(舟寇; 일본군)가 다시 와도 침범할 수 없으며, 몽고 군사도 다섯 차례나 쳐들
어 왔어도 침범하지 못했으니 참으로 하늘이 만든 신산으로 어용을 봉안함에는
묘향과 같은 곳이 없을 것입니다. 여기에서 그 산까지는 180리인데 그 속에 큰
절이 있으니 이름을 보현이라 합니다. 관서에서는 최고로 웅장하고, 중들의 풍습
도 최고 두텁게 여깁니다." 이러한 점들이 참작되어 묘향산 보현사가 선택된 것으
로 보인다.『奉安御容實錄史籍』

90)『선조실록』90권 31년 2월 3일(무오).

91)『奉安御容實錄史籍』에는 손홍록이 주도해서 묘향산 보현사를 선택한 것으로 기
록되어 있으나, 조정의 결정에 따라 진행된 것이다.

92) 황윤석『이재난고』권 41 정미(1787) 12월 7일 記吳韜庵遺事(如吳柳以至代者 李

을 보호한 최고의 공로자로 안의와 손홍록을 꼽고 있음을 알 수 있다. 안의와 손홍록은 숙종 2년(1676)에 창건된 정읍 칠보면 남천사藍川祠[93] 에 배향配享되었다.

〈표 9〉『조선왕조실록』 및 어진의 이안과정

일 시	내 용	비 고
1592. 4. 16	오희길과 유인이 경기전 참봉으로 임명됨	선조 24년
4. 23	성주가 함락되고 성주사고본 실록 소실됨.	
4. 28	충주가 함락당하고 충주사고본 실록 소실됨	
5. 02	한양이 점령당하면서 춘추관사고본 실록 소실됨	
4.말~5. 초	어진과 조선왕조실록을 땅속에 묻을 것 논의	관찰사 이광, 전주부윤 권수, 도사 최철견, 전주부제독관 홍기상, 삼례찰방 윤길, 경기전 참봉 오희길, 유인 등이 참여.
5. 4~5. 19	경상도 김산에서 붙잡은 왜군 행장에서 성주사고본 실록 2장이 나옴.	
5.	보존 장소 물색 -정읍 내장산과 부안 변산	참봉 오희길, 수복 한춘, 무사 김홍무
6. 18 전후	실록 전주에서 출발.	관찰사 이광, 도사 최철견, 삼례찰방 윤길, 참봉 오희길·유인, 수직유생 안의 손홍록
6. 22	내장산 용굴암으로 실록 이안	안의·손홍록 용굴암에서 수직
7. 01	내장산 용굴암으로 어진 이안	오희길이 주도. 안의 수직
7. 05	손홍록은 6월 24일 귀가 후 5일에 돌아옴	
7. 08	오희길 수직(용굴암)	
7. 14	실록을 은적암에서 비래암으로 옮김.	손홍록, 안의, 오희길 논의,

道吉 仇廷呂 四人所疑審遞 而保其服勤之功 安孫二公爲最焉.

93) 2000년 6월 23일 전라북도 문화재 자료 제154호로 지정되었으며, 정읍시 칠보면 시산리 844번지에 있다. 안의 손홍록과 함께 임진왜란 때 장성 남문長城 南門에서 창의하여 공을 세우고 군자감軍資監 직장直長을 제수받은 김후진金後進과 김만정金萬挺이 배향되어 있다. 그런데 남천사는 고종 5년(1868) 서원철폐령에 따라 훼철되었고, 1926년 재건되었다.

9. 28	어진을 용굴암에서 비래암으로 옮겨 보관	손홍록, 안의, 오희길 논의,
11. 12	유인이 대사에 머뭄	
11. 16	참봉 오희길 임기 종료	
11. 26	오희길 후임 참봉 구정려가 대사에 머뭄.	
1593. 3. 04	참봉 유인의 임기가 끝나 교체된 이도길이 대사에 머뭄	
5. 28	봉교 조존성이 와서 실록의 선릉과 정릉 글을 참고함	안의, 손홍록, 구정려 참여
6. 07	이정암이 관찰사겸 전주부윤에 임명됨.	
7. 09	정읍현감 유탁이 어진과 실록을 정읍현으로 옮김	안의 참여/정읍현보다 객사나 현청 건물로 추정
7. 11	태인현	
7. 12	이성폐현	
7. 13	익산군(금마)	
7. 14	용안현(익산시 용안명)	
7. 15	임천군(충남 부여군 임천면)	
7. 16	부여현 은산역(충남 부여군 은산면)	
7. 17	정산현(충남 청양군 정산면)	
7. 18	온양군(충남 아산시 온양동)	
7. 19	아산현(충남 아산시)	
7. 20	수원 가솔 오지리	
7. 21	남양 다발리	
7. 22	인천 비라 혹은 곤도 오이리	
7. 23	부평부(인천 계양구 계산동)	
7. 24	강화부	
1593. 07.	실록을 해주로 옮김	
1595. 11.	실록을 강화로 옮김	
1597. 09.	실록과 어진, 묘향산 보현사 별전으로 옮김.	

3) 戰亂에서도 유일본 실록을 지킨 사람들

실록과 어진의 이안과 수호에 관련된 인물을 이안 과정별로 살펴보면 다음과 같다. 먼저 이안의 논의 과정에 참여한 인물은 전라감사겸순찰사 이광, 도사 최철견, 전주부윤 권수, 제독관 홍기상, 삼례찰방 윤길, 경기전 참봉 오희길과 유인 등이 있다. 실록 이안처 선정을 위해 1차로 현지를 다녀온 인물은 경기전 참봉 오희길과 무사 김홍무 그리고 수복 한춘이 있다. 이어서 이안처 최종 선정에는 도사 최철견과 참례찰방 윤길, 그리고 경기전 참봉 오희길과 수복 한춘, 그리고 무사 김홍무 등이 현장을 둘러봤다.

실록과 어진을 옮기는 과정에 참여한 인물은 경기전 참봉 오희길과 유인, 정읍 태인의 유생 안의와 손홍록, 그리고 무사 김홍무 등이 있다. 그리고 내장산에서 어진과 실록을 수호하는데 참여한 인물로는 경기전 참봉인 오희길과 유인이 있고, 이들의 임기가 만료된 뒤 후임 참봉으로 함께 한 구정려와 이도길이 있다. 그리고 안의와 손홍록은 물론 무사 김홍무와 경기전 수복 한춘, 영은사 주지이자 의승장인 희묵과 의승들, 그리고 지역의 정재인呈才人 100여 명 등이 있다. 내장산에서 아산으로 이안하는 과정에 참여한 인물로는 정읍현감 유탁과 경기전 참봉 구정려와 이도길, 그리고 안의와 손홍록, 희묵과 한춘 등이다. 이정암은 전라도 관찰사로서 내장산에 있던 어진과 실록을 행재소로 옮길 것을 주청하였다.

이 외에도 오희길의 아들인 오이정吳以精은 내장산에서 실록을 지키는데 참여하였으며, 이영백李永白은 정읍에서부터 따라와 아산에 있던 실록과 어진을 강화로 옮길 때 참여하였다. 그리고 사복寺僕 강수姜守·박야금朴也金·김순복金順卜 등이 전주에서 묘향산까지 실록을 옮기는데 많은 노력을 하였다. 신제우申齊宇는 「수직상체일기」에 영리營吏로써 아산에서부터 수원까지 옮기는데 참여하고 수원에서 같이 수직한 것으로 되어 있다. 어디 소속의 영리인지 분명치 않다.

실록과 어진의 보존을 위한 논의과정부터 묘향산까지 이안하는데 참여한 인물을 표로 정리하면 다음과 같다.

〈표 10〉 실록과 어진의 이안에 참여한 인물

구 분	참여자	비 고
논의 과정	이광, 최철견, 권수, 홍기상, 윤길, 오희길, 유인	
이안처 선정 1차 답사	오희길, 김홍무, 한춘	
이안처 최종 선정	최철견, 홍기상, 유인, 윤길, 오희길, 김홍무, 한춘	
전주→내장산	오희길, 유인, 안의, 손홍록, 김홍무, 한춘 강수·박야금·김순복	손홍록 가동 30여명
내장산에서 실록 수호	오희길, 유인, 구정려, 이도길, 안의, 손홍록, 김홍무, 한춘, 희묵, 의승 4~5인, 정재인 100여명 강수·박야금·김순복	오이정(오희길 子)
내장산→아산	유탁, 구정려, 이도길, 안의, 손홍록, 희묵, 한춘, 이영백 강수·박야금·김순복	전라감사 이정암 주청
아산→강화→해주	안의, 손홍록, 한춘 강수·박야금·김순복	
해주→강화	손홍록, 한춘 강수·박야금·김순복	
강화→묘향산(보현사)	손홍록, 한춘 강수·박야금·김순복	정유재란
전주→묘향산	손홍록, 한춘, 강수·박야금·김순복	

○ 안의安義(1529~1596, 9, 13)

본관은 탐진耽津, 자는 의숙宜叔, 초명은 충열忠烈, 호는 물재勿齋이
다. 병조판서 사종士宗의 후손이며,[94] 전주사고에 실록을 봉안한 인순부
윤仁順府尹 안지安止의 현손玄孫이다.[95] 태인현 동촌면 백천리(現정읍
시 옹동면 대천리)에서 출생하였고, 일재一齋 이항李恒의 문하에서 공부
하며 학덕을 갖추었다. 이때 자신의 행동에 대해서 스스로 깨우쳐 돌아

---

94) 有明朝鮮國故宣敎郎活人署別提勿齋安公行狀, 黃胤錫『頤齋遺藁』권17 行狀.
95)『조선왕조실록』은 처음에는 서울의 춘추관과 충주사고 두 곳에만 보관하였는데,
세종 21년(1439)에 사헌부와 춘추관의 건의로 성주와 전주 두 곳을 추가하여 네
곳에 분산 보관하게 되었다. 그러나 전주에는 실록각을 짓지 못하여 세종 27년
(1445)에는 부성안의 승의사僧義寺에 두었다. 이때 인순부윤 안지가 실록을 봉안
하였다.

보는 것을 생각하여 팔물잠八勿箴[96]을 만들고, 호를 물재라 하였다.

임진왜란 초기에 의곡계운장義穀繼運將이 되어 군량 300석, 목화 1,000근, 명주배와 종이 등을 모으고, 스스로 쌀과 포목을 내어 절반은 임금의 피난처인 의주 행재소에, 절반은 태인의 의병장 민여운閔汝雲(? ~1593)[97]의 진중에 보냈다.

1592년 6월, 일본군이 전주를 위협하자 경기전의 태조 어진과 전주사고에 소장된 실록이 염려되었다. 이에 전라관찰사 이광, 도사 최철견, 삼례찰방 윤길, 참봉 오희길·유인 등이 모여서 정읍현 내장산으로 옮겨 보관하고자 하였다. 이때 전라감사 이광은 학문과 덕행이 있고, 슬기로운 생각이 있는 선비 두 사람을 뽑아서 경기전 참봉과 함께 주선하도록 하였다. 이때 안의가 의연히 자신의 안위를 돌보지 않고 손홍록과 함께 자원하였다.

그리하여 동년 6월에 실록을 먼저 용굴암에 옮기고, 7월에 어진을 같이 보관하였다. 그 뒤 실록을 은적암으로 옮겼고, 뒤에 다시 더욱 더 험준한 비래암으로 옮겼다. 9월에는 용굴암에 있던 어진을 비래암으로 옮겨 실록과 함께 보관하였다. 그 동안 안의와 손홍록의 총 수직 일수는 370일로 안의와 손홍록이 함께 수직한 일수는 53일, 안의 단독 수직은 174일, 손홍록 단독 수직은 143일이었다. 즉 안의는 총 227일, 손홍록은

---

96) 허망한 말을 하지 않는다[勿妄言], 조급하게 성내지 않는다[勿暴怒], 술을 지나치게 마시지 않는다[勿酒], 지나치게 색에 빠지지 않는다[勿荒色], 제사를 게으르게 지내지 않는다[勿惰祀], 담장을 다투지 않는다[勿鬪墻], 가족을 소홀히 하지 않는다[勿疎族], 계집종을 건드리지 않는다[勿爲姘]는 것이다.

97) 본관은 여흥麗興, 음사蔭仕로 사복시첨정司僕寺僉正과 용담현령龍潭縣令을 지냈다. 임진왜란이 발발하자, 태인泰仁에서 의병을 일으켜 함안 등지에서 전과를 올렸고, 1593년에는 제2차 진주성 전투에 참여하였다. 전투 중 왼팔이 잘리고 오른팔이 부러졌음에도 불구하고 계속 군사들을 독려하다가 전사하였다. 사후 통정대부승정원좌승지通政大夫承政院左承旨에 추증되고 선무원종공신宣武原從功臣에 책록되었다.

총 196일을 수직하였다. 경기전 참봉인 오희길과 유인, 이들을 대신한 이도길李道吉과 구정려仇廷呂 등 4인은 교대로 하였으나 안의와 손홍록은 함께 하거나 따로 수직하며 현장을 떠나지 않았다.

1593년 6월, 일본군에게 진주가 함락당하였다. 이에 위협을 느낀 전라감사 이정암의 주청과 이를 받아들인 조정은 어진과 실록을 행재소로 옮기도록 하였는데, 이때 안의는 말과 식량을 모은 뒤 합류하였다. 그리하여 어진과 실록은 아산현 관사에 봉안되었는데, 이때 호서검찰사湖西檢察使 이산보와 좌찬성左贊成 정탁은 "안의와 손홍록은 본디 집안에 행실이 있으며, 변란 초기부터 진전을 배행하며 모셨고, 처음부터 끝까지 노력하였으며, 지금은 또 스스로 식량과 말을 갖추어서 천리를 호행하였으니, 충의가 가상하니 바라건 데 포장하고 상을 내려주십시오."하며 청하였다. 이때 안의에게는 활인서별제活人署別提가 제수되고, 손홍록에게는 사포서별제司圃署別提가 제수되었으나 벼슬에 나아가지 않았다. 대신 행재소에 나아가 중흥시무육책中興時務六策을 올렸다.

1593년 겨울에는 목화를 모아서 명나라 군영에 보냈다. 1595년 아산에 있던 어진을 강화로 옮길 때 함께 했으나 신병이 생겨 귀향한 후 1596년 9월 13일에 68세의 나이로 사망하였다. 9년 뒤 을사년(1605)에 왕명으로 호성선무扈聖宣武 2등 공신에 책봉되었다. 안의와 손홍록은 이때의 일들을 『임계기사壬癸記事』 수직상체일기守直相遞日記(亂中日記)로 남겼으며, 전라북도 정읍시 칠보면 시산리 844번지에 있는 남천사藍川祠98)에 배향되었다.

---

98) 전라북도 문화재자료 제154호. 1676년(숙종 2)에 창건하여 김후진金後進, 안의安義, 손홍록孫弘祿, 김만연金萬挺을 향사하다가 1868년 훼철되었으나 1926년 중건하고 김두현金斗鉉을 추배하였다.

○ 손홍록孫弘祿(1537~1610. 9. 25)

본관은 밀양密陽. 자는 경안景安, 호는 한계寒溪이다. 부제학을 지낸 비장比長의 종손이며, 한림을 지낸 숙로叔老의 아들이다.[99] 태인현 고현 내면古縣內面 삼리三里에서 출생하였다. 일재一齋 이항李恒에게 배웠으며, 임진왜란의 의병장 건재健齋 김천일金千鎰과 도의로 사귀었다.

임진왜란 초기 일본군이 전주를 위협하자 경기전의 태조 어진과 전주 사고에 소장된 실록이 염려되었다. 이에 전라관찰사 이광, 도사 최철견, 삼례찰방 윤길, 참봉 오희길·유인 등이 모여서 정읍현 내장산으로 옮겨 보관하고자 하였다. 이때 전라감사 이광은 학문과 덕행이 있고, 슬기로운 생각이 있는 선비 두 사람을 뽑아서 경기전 참봉과 함께 주선하도록 하였다. 이때 손홍록은 의연히 자신의 안위는 돌보지 않고 가동家僮 30여 인을 거느리고 안의와 함께 자원하였다.

그리하여 1592년 6월에 실록을 먼저 용굴암에 옮기고, 7월에 어진을 함께 봉안하였다. 그 뒤 실록을 은적암으로 옮겼고, 뒤에 다시 더욱 더 험준한 비래암으로 옮겼다. 9월에는 용굴암에 있던 어진을 비래암으로 옮겨 실록과 같이 보관하였다. 그 동안 안의와 손홍록의 총 수직 일수는 370일로 안의와 손홍록이 함께 수직한 일수는 53일, 안의 단독 수직은 174일, 손홍록 단독 수직은 143일이었다. 즉 안의는 총 227일, 손홍록은 총 196일을 수직하였다. 경기전 참봉인 오희길과 유인, 이들을 대신한 이도길李道吉과 구정려仇廷呂 등 4인은 교대로 하였으나 안의와 손홍록은 함께 하거나 따로 수직하며 현장을 떠나지 않았다.

1593년 6월, 일본군에게 진주성이 함락당하였다. 이에 위협을 느낀 전라감사 이정암의 주청과 이를 받아들인 조정은 어진과 실록을 행재소로 옮기도록 하였는데, 손홍록은 이때에도 함께 하였다. 어진과 실록은 아산현 관사에 봉안되었는데, 이때 호서검찰사湖西檢察使 이산보와 좌

99) 寒溪孫公行狀 楊應秀撰『密陽孫氏文徵錄』.

찬성左贊成 정탁은 "안의와 손홍록은 본디 집안에 행실이 있으며, 변란 초기부터 진전을 배행하며 모셨고, 처음부터 끝까지 노력하였으며, 지금 은 또 스스로 식량과 말을 갖추어서 천리를 호행하였으니, 충의가 가상 하니 바라건 데 포창하고 상을 내려주십시오."하고 청하였다. 이때 손홍 록에게는 사포서별제司圃署別提가 제수되었으나 벼슬에 나아가지 않았 다. 대신 행재소에 나아가 중흥시무육책中興時務六策을 올렸다.

1593년에는 명나라 장수의 의서별유사衣絮別有司가 되어 목화 650근 을 모아 전달하였고, 1596년에는 아산으로 가서 어진을 강화로 이안했 으며, 1597년에는 영변의 묘향산 보현사에 실록을 봉안하였다. 이때의 심정을 다음과 같이 시로 남겼다.[100] "의병은 창을 메고 눈과 비를 잊었 는데, 못난 선비는 충정으로 아침저녁으로 수직했네."

손홍록은 전쟁이 끝난 뒤 향리에 머물렀다. 조정에서 여러 차례 불렀 으나 나가지 않았고, 후학들에게 강학하는 것을 자기의 임무로 여겼다. 1676년 남천사南川祠에 배향되었다.

○ 손숭경孫承憬(1540~1592. 9. 5)

본관은 밀양密陽, 자는 사오士悟, 호는 초은楚隱이다. 예문관검열·대 교를 지낸 홍적弘積(1510~1549)의 아들이며, 기효간의 문하에서 수학 하였다. 재주가 뛰어났으나 을사사화乙巳士禍[101] 때 해를 입은 부친의 영향으로 출세를 단념하고, 어머니를 모시고 정읍현 초산의 동쪽 석산 (現정읍시 과교동)으로 옮겨와 살았다. 후에 참봉으로 제수되었으나 관 직에는 나가지 않았다.

임진왜란 당시 경기전과 전주사고에 보관 중이던 어진과 실록의 내장

---

100) 『호남절의록』/眞殿扈從諸公事實/孫弘祿. 義士荷戈忘雨雪 腐儒瞀膽守昏晨.

101) 1545(명종 1)년에 일어난 사화士禍. 윤원형尹元衡이 인종의 외숙인 대윤大尹의 거두 윤임尹任 일파를 몰아내는 과정에서 대윤파에 가담했던 사림士林이 크게 화를 입었다.

산 이안에 관여된 것으로 여겨지나 뚜렷한 행적은 나타나지 않는다. 손홍록의 후손에게 전해지고 있는 『밀양손씨문징록密陽孫氏文徵錄』에 있는 「한계손공행장寒溪孫公行狀」(양응수楊應秀 찬撰)에는 안의와 손홍록과 손승경이 직접 내장산 은적암으로 옮겼다고 기록되어 있다. 그러나 손승경이 참여했다는 것은 손홍록의 후손가에 전해지는 기록에만 나오며, 양응수의 문집인 『백수선생문집白水先生文集』에 있는 행장 등 여타 기록에는 나오지 않는다. 특히 실록의 이안과 관련된 다른 기록에는 전혀 나오지 않는다.

한편 경기전 참봉으로 어진과 실록의 이안과 보존의 책임자였던 오희길과 손승경은 일재 이항의 제자인 기효간奇孝諫(1530~1593)의 문하에서 동문수학한 사이였다. 그리고 실록 지킴이로 나선 안의와 손홍록은 일재 이항의 제자였다. 특히 손승경은 손홍록의 종질從姪이었다. 이러한 인맥과 학맥으로 오희길은 전라감영에 손승경을 추천하였고, 손승경은 다시 안의와 손홍록을 추천한 것으로 전해진다.

정황으로 보아 어진과 실록의 내장산 이안에 모종의 역할을 담당할 가능성은 있으나 기록이 뚜렷하지 않고, 의병을 모아 출전한 양성陽城(現경기도 안성시 양성면)전투에서 일본군과 맞서 싸우다 1592년 9월 5일 전사한 것으로[102] 보아, 더욱이 어진과 실록이 내장산에 이안된 이후에는 물리적으로 함께 할 수 없었다. 진안 영모사(永慕祠)에 배향되었다.

○ 오희길吳希吉(1556~1623)

본관은 나주羅州, 자는 길지吉之, 자는 도암韜庵이다. 나성군羅城君

---

102) 손승경도 어진과 실록을 내장산으로 옮겨 지키는데 참여하려고 했으나 "의병장 조헌趙憲(1544~1592)이 금산錦山전투에서 전사하였다는 소식을 듣고 의병을 모아 출전, 양성陽城(現경기도 안성시 양성면)에서 왜병에 맞서 싸우다 1592년 9월 5일 전사하였다."는 기록이 전한다.[두산백과] 그러나 조헌이 금산전투에서 전사한 것은 8월 18일로, 이때는 어진과 실록이 모두 내장산으로 이안된 후이다.

자치自治의 현손이며, 좌찬성 겸종謙從의 종손이다. 아버지 언기彦麒 때 고창으로 옮겨왔다. 성장해서는 하서河西 김인후金麟厚와 일재 이항의 문인門人인 기효간에게 수학하였다.

한때 정여립鄭汝立의 문하門下에 출입하였는데, 정여립이 이이李珥와 성혼成渾을 배척하는 것을 보고 장문의 편지를 보낸 뒤 절교하였다. 이로 인해 기축옥사己丑獄死[103] 때 화를 면했을 뿐 아니라 오히려 후릉 참봉에 제수되었고, 1591년 4월 16일에 경기전 참봉으로 전근되어 전주에 부임하였다.

1592년 임진왜란이 일어나고, 동년 5월부터 일본군의 전라도 침공이 예상되었다. 오희길은 임기가 4월에 끝났지만, 전시戰時 상황임을 감안해 소임을 다하고자 하였다. 그리하여 전라감사 이광이 주관한 전시 대처 방안과 어진과 실록의 이안을 위한 논의에 참여하였다. 그리고 이광의 지시를 받아 무사 김홍무, 경기전 수복 한춘 등과 함께 어진과 실록의 안전한 이안처를 찾기 위한 사전 조사로 전라도 일대를 답사했으며, 그 결과 전라도사 최철견, 제독관 홍기상, 삼례찰방 윤길, 경기전 참봉 유인 등과 함께 최종적으로 현장을 확인한 뒤 내장산을 적지로 결정하였다. 그리고 어진과 실록의 이안과 보존 책임자가 되어 내장산으로 옮겼다.

이때 실록의 이안과 수직은 안의와 손홍록이 전담하였으나 오희길과 유인은 어진을 전담하며 실록의 이안과 보존까지 총괄하였고, 먼저 실록을 내장산으로 이안한 뒤 어진을 옮겼다. 안의와 손홍록의 참여는 이들 스스로 원했던 바가 컸으나 일재一齋 이항李恒의 문하에서 동문수

---

103) 기축년己丑年인 1589년(선조 22) 정여립鄭汝立이 반란을 꾀하고 있다는 고변告變에서 시작해 그 뒤 1591년까지 그와 연루된 수많은 동인東人의 인물들이 희생된 사건이다. 동인과 서인西人의 대립과 갈등의 골이 깊어지는 계기가 된 사건이기도 하다. 이로써 동인이 몰락하고 서인이 정국을 주도하게 되었으며 호남 출신의 관직 등용에 제한을 가한 계기가 되었다.

학하거나 그 영향하에 있었던 것도 무시할 수 없다.

　오희길은 내장산 이안 이후 용굴암 또는 영은사에 머물거나 전주를 왕래하며 소임을 다하였는데, 이때 태인 유생 안의와 손홍록, 무사 김홍무, 영은사 주지 희묵 등 4·5명의 의승, 근읍에 거주하던 정재인呈才人 100여명이 밤낮으로 지켰으며, 아들 오이정吳以精도 함께 하였다. 그러던 1592년 11월에 임기가 만료되어 구정려와 교체되었다.

　1618년(광해군 10)에 위성공신원종1등衛聖功臣原從一等에 녹훈되었다. 그 뒤 전쟁의 참화를 수습할 쇄신책과 민심수습을 상소하였으며, 사근도찰방沙斤道察訪[104]과 평릉도찰방平陵道察訪,[105] 동부주부東部主薄, 태인현감을 지냈다.[106] 사후死後에 고창의 월계정사月溪精舍에 제향되었다. 저서로『도동연원록道東淵源錄』과『도암선생문집韜庵先生文集』이 있다.

　○ 유인柳訒·柳認

　임진왜란으로 인해 경기전과 전주사고에 보관중인 어진과 실록을 내장산으로 옮길 때, 논의 과정과 내장산에서 마지막으로 현장 확인을 할 때에도 참여하였다. 또한 경기전 참봉 오희길과 함께 어진을 전담하고 실록을 총괄하면서 내장산으로 이안하였으며, 오희길과 함께 용굴암 혹은 대사大寺에 머물며 수직하였다. 1593년 3월에 임기가 만료되어 이도길李道吉과 교체되었다. 1617년(광해 9) 3월에 유인柳訒의 아들 유경찬柳景纘이 포상을 요청하였으나 이루어지지 않았다.

---

104) 이때 호성선무이훈扈聖宣武二勳에 녹훈되었다.
105) 『광해』 48권, 3년 12월 27일(임진).
106) 오희길의 문집인 『도암선생문집』에는 을축乙丑년에 사망하고 나이는 70이라고 하였다.

○ 구정려仇廷呂[107]

본관은 창원昌原, 호는 봉암鳳岩, 직제학直提學 구종길仇宗吉의 8대 손이며, 진사 원愿의 아들이다. 김제 금구에 거주하였다.

일찍 사마시에 합격하였으며, 1592년 11월에 오희길을 대신하여 경기전 참봉이 되었고, 내장산에서 안의·손홍록 등과 함께 어진과 실록을 수호하였다. 1593년 7월에는 어진을 행재소로 옮기라는 명에 따라 차사원 정읍현감 유탁과 함께 내장산에서 아산으로 옮길 때에 배행하였다. 관직이 판관에 올랐으며, 호종한 공으로 선무원종공신이 되었다.

○ 이도길李道吉

임기가 만료된 경기전 참봉 유인을 대신하여 1593년 3월 4일에 내장산에 온 후로 영은사 혹은 용굴에 머물면서 안의나 손홍록과 같이 수직을 서거나 전주를 왕래하면서 참봉직을 수행하였다. 어진과 실록을 내장산에서 아산으로 이안할 때에도 함께 하였다.

○ 희묵熙默(? ~1597)

내장산內藏山 영은사靈隱寺 주지로 폐찰령廢刹令(1539)으로 소각된 영은사의 법당法堂과 요사寮舍를 1557년 수축하였다. 임진왜란 때 태인의 유생 안의와 손홍록 등이 전주에서 태조 어진과 실록을 내장산으로 옮겨오자, 1년 동안 의승義僧 4, 5인을 비롯하여 무사 김홍무 등과 함께 지켰다. 1593년에는 어진과 실록을 충청도 아산牙山으로 옮기게 되자 호종扈從하였다.

1597년 9월 15일경 일본군은 내장사에 모여 전략회의, 이른바 정읍회

---

107) 구仇씨가 구具씨로 성을 바꾼 것은 조선 정조(1791)에게서 사성賜姓을 받으면서 부터이다. 즉 후손 구시창仇始昌이 초관哨官의 후보자로 왕에게 천거되었는데, 왕이 이를 보고 "구성仇姓은 구성具姓만 못하니 구具로 고치라"고 했으며, 이때 부터 구具씨가 되었다.

의井邑會議를 가졌다. 이때 희묵은 그들을 회유하여 주연酒宴을 베풀면서 주위에 승군僧軍을 잠복시킨 후 기습하였다. 많은 왜적을 참살했으나 중과부적으로 감당하지 못하고, 바위에 올라 적을 꾸짖으며 최후를 마쳤다.108)

○ 오이정吳以精

오희길의 아들로 오희길과 함께 내장산에서 실록과 어진의 수호에 참여하였다.

○ 김홍무金弘武

임진왜란으로 인해 전주가 위험에 처하게 되어 맨처음 실록과 어진의 피난처를 찾을 때, 경기전 참봉 오희길과 수복 한춘 등과 함께 전라도 일대의 절험한 곳을 찾아다니며 내장산을 적지로 정하는데 공헌하였다. 또한 실록과 어진의 내장산 이안, 내장산에서의 수직뿐 아니라 아산·강화·해주·묘향산으로 이안하는데 함께 하였다.

김홍무에 대해서는 다른 사람보다 날래고 용감하며 담력이 있는 무사로 기록되어 있는데 이러한 점이 참작되어 인해 처음부터 끝까지 함께 하였다. 훗날 군공軍功으로 훈련원訓練院 도정都正이 되었다.

○ 한춘韓春

경기전慶基殿 수복守僕으로 처음 실록과 어진의 피난처를 찾을 때부터 경기전 참봉 오희길, 무사 김홍무 등과 함께 전라도 일대의 절험한 곳을 찾아다니며 내장산을 적지로 정하는데 공헌하였다. 또한 내장산에서 실록과 어진을 수직하였을 뿐 아니라 아산에 봉안되었던 어진을 받들고 영변에 있는 행재소로 이안할 때 함께 하였다.

---

108) 정읍시사편찬위원회, 개편 『정읍시사』(上), 2010. 200~201쪽.

이때 안의와 손홍록이 한춘에게 저간의 사정을 모두 알리도록 하였는데, 선조는 눈물을 흘리며 말하기를 "만일 너의 공이 아니었다면 성조聖祖의 어용御容을 내가 다시 뵈올 날이 없었겠다."하며 한춘에게 경기전 참봉을 제수하였다고 한다. 이에 한춘은 극구 사양하며 안의와 손홍록 두 사람이 처음부터 끝까지 어진과 실록을 수직한 상황을 모두 알렸다고 한다. 이에 선조는 한춘을 위로하고 효유하며 칭찬하고 장려하였다.

한춘은 물론 사복寺僕 강수姜守와 박야금朴也金과 김순복金順卜은 전주에서부터 보현사까지 5·6년간 함께 하였다.[109]

○ 이광李洸(1541~1607)

본관은 덕수德水, 자는 사무士武, 호는 우계산인雨溪散人이다. 사간원 사간 의무宜茂의 증손으로, 할아버지는 좌의정 행荇이고, 아버지는 도사 원상元祥이며, 어머니는 동부승지同副承旨 신옥형申玉衡의 딸이다.

1567년 생원이 되고, 1574년 별시別試 문과에 병과로 급제하였다. 이후 여러 관직을 역임하였고, 1589년 전라도관찰사가 되었다. 1590년 겨울 기축옥사로 인해 탄핵을 받아 삭탈관직을 당하였으나 1591년 호조참판으로 다시 기용되었고, 곧 지중추부사知中樞府事로 전라도관찰사를 겸임하였다.

이듬 해 임진왜란이 일어나자 관군과 근왕병을 이끌고 북상해 서울을 수복할 계획을 세웠으나 용인전투에서 패배한 뒤 전라도로 돌아왔다. 이때 경기전과 전주사고에 보관 중이던 태조 어진과 실록을 내장산으로 옮기는 과정에 최고 책임자가 되어 총괄 지휘하였다. 그 뒤 전주에 육박한 왜적을 이정란李廷鸞 등과 함께 격퇴시켰으나 용인전투 패전의 책임자로 대간의 탄핵을 받아 파직되었다. 말년에 처향妻鄕인 고부高阜로 낙향하였다. 저서로 『우계집雨溪集』이 있다.

---

109) 오희길 『도암선생문집』 권3 도암선생전.

○ **최철견崔鐵堅(1548~1618)**

본관은 전주全州, 자는 응구應久, 호는 몽은夢隱, 검열 해濚의 증손으로, 할아버지는 희증希曾이고, 아버지는 증호조참판 역櫟이며, 어머니는 희릉령熙陵令 이석李晳의 딸이다.

1576년 사마시에 합격하였고, 1585년 별시문과에 장원으로 급제하여 전적典籍·감찰·형조좌랑·사간원정언을 역임하였다. 1590년에는 병조정랑이 되어 서장관書狀官으로 명나라에 다녀온 뒤 전라도 도사가 되었다.

1592년 임진왜란이 일어나 일본군이 웅치를 넘어 전주를 압박하자 전라도 도사로 적극 나서 전주를 수호하는데 전력을 다하였다. 또한 전주사고에 있던 실록과 경기전의 태조 어진을 내장산으로 옮기는 과정에서 주도적인 역할을 하였다.

1597년 수원부사로 임명되고, 1599년 내자시정內資寺正, 1601년에 황해도관찰사가 되었다가 호조참의로 전임되었다. 1604년에 춘천부사에 제수되었으나 병으로 사임하고 고향에 돌아왔다. 1608년 선조가 죽자 풍수지리설로 산릉山陵을 정하지 못하고 있을 때, 그가 소를 올려 의논을 정하게 한 바 있다. 저서로는 『몽은집夢隱集』이 있다.

○ **윤길尹趌(1567~1615)**

본관은 파평坡平[110]. 자는 여직汝直, 호는 몽파夢坡, 거주지는 무안務安으로 선조 22년(1589) 문과에 급제하였다. 1592년에 삼례찰방으로 도사 최철견, 경기전 참봉 오희길과 함께 실록과 어진을 내장산 은적암으로 옮기는 것을 결정하는데 참여하였다. 또한 경기전 참봉 유인, 정읍 태인 유생 안의와 손홍록, 무인 김홍무 등과 함께 태조의 어진과 실록,

---

110) 『기축증광용호방목己丑增廣龍虎榜目』(국사편찬위원회[MF0001514]) 내의 급제 기록에는 본관이 영덕盈德으로 기록되어 있다. http://people.aks.ac.kr/front/tabCon/exm/exmView.aks?exmId.

그리고 제기를 정읍 내장산 용굴암으로 옮긴 뒤, 희묵을 비롯한 의승과 정재인呈才人 100여명을 모아 수비하도록 하였다.

○ 권수權洙(?~1592. 7. 2)

본관은 안동安東, 자는 학원學源이고, 호는 미상이며, 1592년에 전주 부윤으로 있으면서 6월에 경기전에 있던 태조의 어진과 전주사고에 있던 실록을 내장산으로 옮기는 과정에 참여하였다.

○ 홍기상洪麒祥(1551~ ?)

본관은 남양南陽. 자는 응화應和. 홍치상洪致祥으로 개명改名하였다. 1579년 식년시式年試에 합격하여 진사가 되었다.

임진왜란 당시 전주부 제독관으로 실록과 어진의 내장산 이안에 관여하였다. 1596년 황해도 어사,[111] 1599년 장단부사,[112] 강화부사江華府使, 사헌부 장령, 장악원 정掌樂院正·통례원 좌통례通禮院左通禮·군자감軍資監 정正을 역임하고, 내자시 정內資寺正·봉상시 정奉常寺正·성균관전적 등을 역임하였다.

○ 유탁兪濯(1544~ ?)

본관은 창원昌原, 자는 여신汝信, 호는 신곡新谷이다. 증조는 유세건兪世健이고, 조부는 유돈兪燉이며, 부친은 후릉참봉厚陵參奉 유필홍兪必弘이다. 형 유급兪汲과 동생 유열兪洌, 유발兪潑이 있다.

1573년 식년시式年試에 생원으로 입격되었고, 1582년 식년시 문과에 급제하였다. 정읍현감으로 1593년 7월 어진과 실록을 행재소로 옮길 때 배행하였다. 1593년에 경기도사京畿都事, 1601년에 예조좌랑禮曹佐郎

---

111) 『선조실록』 77권, 29년 7월 24일(기축).
112) 『선조실록』 113권, 32년 5월 6일(계축).

에 제수되었다. 삼사三司의 요직을 두루 거쳤으며, 관직이 승지承旨에 이르렀다.

○ 이정암李廷馣(1541~1600)

본관은 경주慶州, 자는 중훈仲薰, 호는 사류재四留齋·퇴우당退憂堂·월당月塘, 시호는 충목忠穆이다.

서울 출신으로 감정監正을 지낸 거필의 증손으로, 조부는 진사 달존達尊이고, 아버지는 사직서영社稷署令 탕宕이다. 어머니는 의성김씨義城金氏로 응진應辰의 딸이다. 이조참판을 지낸 정형廷馨이 동생이다

1561년 식년 문과에 병과로 급제하였다. 처음 승문원承文院에 들어가 권지부정자權知副正字를 역임하고 예문관 검열로 사관史官을 겸하였다. 이후 병조참의 등 여러 관직을 역임하였으며, 1592년 임진왜란이 일어났을 때 이조참의로 있었다. 선조가 평안도로 피난하자 뒤늦게 호종扈從했으나 이미 체직되어 소임이 없었다.

그 뒤 황해도로 들어가 초토사招討使가 되어 의병을 모집해 연안성延安城을 지킬 것을 결심하고 준비 작업을 서두르던 중 도내에 주둔한 왜장 구로다黑田長政가 침입하자, 주야 4일간에 걸친 치열한 싸움 끝에 승리해 그 공으로 황해도관찰사겸 순찰사가 되었다.

1593년 병조참판·전주부윤·전라도관찰사가 되었다. 이때 내장산에 있던 어진과 실록을 행재소로 옮길 것을 주청하였다. 이후 충청도관찰사, 지중추부사, 황해도관찰사 겸 도순찰사가 되었다. 정유재란 때에는 해서초토사海西招討使로 해주의 수양산성首陽山城을 지키기도 하였다.

1604년 연안 수비의 공으로 선무공신宣武功臣 2등에 책록되었으며, 월천부원군月川府院君에 추봉, 좌의정에 추증되었다. 연안 현충사顯忠祠에 제향되었다. 저서로 『상례초喪禮抄』·『독역고讀易攷』·『왜변록倭變錄』·『서정일록西征日錄』·『사류재집』 등이 있다.

제4장
사고 운영의 변화와 再設置

1. 임진왜란으로 인한 사고 운영의 변화

1) 사고 운영에 대한 인식의 변화

조선은 전란의 와중에도 마지막 남은 전주사고본 실록을 지키기 위해서 좀 더 안전한 장소를 선정하고, 수호할 관원을 배치하는 등 보전에 만전을 기하였다. 다음의 사료는 이를 위한 변화의 조짐을 보여준다.

> 충청도와 전라도는 이제 온전하고 경상도 역시 온전한 읍이 있다. 우리나라의 『실록』·『동국사』·『동문선』 등과 기타 동국의 서적들은 모름지기 깊은 산 험한 곳이나 혹은 絶島 산중에 나누어 깊이 파고 매장해서 뜻밖의 변에 대비하도록 다방면으로 지휘하라.[1]

이처럼 임진왜란 이전과는 달리 실록을 보관할 장소로 읍치가 아닌 깊은 산중의 험한 곳이나 외딴 섬의 산중을 찾게 된 것이다. 고려 때 전란을 피해 실록을 해인사 등의 산중 사찰이나 진도 등 외딴 섬에 보관한 사례를 고려한 것으로 보인다.

한편 내장산에 보관 중이던 전주사고본 실록을 해주로 옮기게 된 것은 일본군의 전라도 침입에 대비한 조치였다. 평안도 寧邊도 고려되었지만 선조 26년(1593) 7월에 海州로 이안하였고,[2] 선조 27년(1594) 8월에는 戰亂 중임에도 포쇄를 하였다.[3]

---

1) 『선조실록』 권32, 25년 11월 丁卯.
2) 『선조실록』 권40, 26년 7월 辛巳.
3) 『黃海道海州史庫曝曬形止案』. 萬曆二十二年甲午八月十六日, 포쇄는 우의정 兪泓,

비록 戰勢가 호전되어 선조를 비롯한 조정의 대신들이 한양으로 還都
하였지만, 전쟁의 혼란으로 인해 政事가 제 자리를 잡은 데에는 시일이
걸렸다. 그 당시 史書 등 역사기록물에 대한 관리 상태는 다음과 같았다.

> 국가가 史局을 설치하여 國史를 편수하는 일이 극히 중요한데도 불구하고
> 환도한 뒤에 온갖 政事를 새로 시작하느라 춘추관을 아직 설립하지 못하여
> 중대한 국사를 수정할 장소도 없습니다. 이미 수정한 국사도 승정원에 임시로
> 놓아두어 史局을 중시하는 뜻이 너무 없습니다. 이번에 겨우 대궐 안에 부서
> 진 집 두세 칸을 보수하여 史冊을 저장할 장소로 삼으려 하는데, 本館의 下人
> 이 거의 다 사망하여 생존자가 한 명도 없습니다. 史庫를 맡아 지킬 사람이
> 없을 뿐 아니라 모든 공무를 시킬 때에도 모양이 말이 아닙니다. 하인 4명에
> 게 給料를 지급하여 守直하도록 하는 것이 어떻겠습니까.[4]

이처럼 환도한 수도 한양의 모습은 國史를 수정하거나 보관할 장소와
이를 지킬 사람조차 없을 정도로 궁핍하였다. 그렇지만 사책을 지키는
것은 국가의 중대사였으므로 하인들에게 급료를 주어 전담해서 지키도
록 하였다.

한편 해주에 보관하고 있는 전주사고본 실록의 보존도 안심이 되지
않아 선조는 다음과 같이 전교하였다.

> 해주에 있는 실록은 깊은 산의 큰 사찰에 두어야 하니 아마도 寧邊 지역
> 이 적당할 것이다. 혹시 변고가 있으면 반드시 잃어버릴 것이니 작은 일이 아
> 니다. 香山에 보관해 두고 믿을 만한 僧人에게 僧職을 주어 그로 하여금 단단
> 히 지키게 하라.[5]

오위도총부 도총관 具思孟, 예문관 검열 成晋善이 하였다. 포쇄를 정승이 한 점은
유례가 드문 일로 그만큼 유일본이 된 실록의 보존에 국가의 관심이 컸음을 알
수 있다.

4) 『선조실록』 권52, 27년 6월 戊辰.
5) 『선조실록』 권53, 27년 7월 丙申.

이에 앞서 선조는 깊은 산의 아주 험한 곳이나 외딴 섬의 산중에 있는 땅을 깊이 판 뒤, 나누어 매장해서 뜻밖의 변에 대비하는 등 다방면으로 조치를 취하라고 지시한 적이 있다. 그 후 2년이 지난 선조 27년(1594)에 이르러 좀 더 구체적으로 실록의 보존을 지시한 것이다. 먼저 실록은 깊은 산의 큰 사찰에 두는데 영변지역을 적지로 보았다. 이것은 읍치사고만이 능사가 아니라는 인식의 변화를 반영하는데, 여기에는 전란이라는 특수 상황과 승려와 사찰에 대한 활용이 전제된다.

전란의 위기에서 나라를 지키는 데 지대한 공헌을 한 休靜과 惟政 등의 활약을 국왕이 인정하고, 이에 대한 믿음과 예우를 표현한 것으로 볼 수 있기 때문이다.[6] 이것은 이후 실록의 보존과 관리에서 사찰이 거론될 때마다 소극적이던 官僚들과 구분된다. 덧붙여 선조는 영변에 있는 香山에 실록을 보관해 두고, 믿을 만한 僧人에게 僧職을 주어 그로 하여금 단단히 지키게 하라고 함으로써 승려에 대해 믿음을 나타내 보인다. 그러나 이와 같은 선조의 의중은 그대로 반영되지 않았다. 그렇지만 읍치가 아닌 산성이나 깊은 산중에 보관해야 한다는 공감대는 형성되고 있었다.

> 史閣을 산성에 설치하는 것도 신들이 이미 헤아린 것이지만 이른바 名山이라는 것은 일반적인 산성을 가리킨 것이 아닙니다. 반드시 絶險하여 인적이 닿지 않는 곳을 가려야 후환이 없을 것입니다.[7]

위의 사료는 해주산성의 축성과 백성의 피난, 실록의 謄出 등과 함께

---

6) 이 점은 인조 때 남한산성 축성과 관련, 총섭을 두어 승군을 모집하는 것에 대해 이조판서 金璧가 반대의 입장을 밝히면서 그 이유로 "지난 날의 惟政과 같이 국가관이 확고하고 통솔력이 뛰어난 高僧"이라고 표현한 데서 확인할 수 있다. 유승주, 「남한산성의 行宮·客館·寺刹建立考」『한국사연구』120, 2003, 261쪽.

7) 『선조실록』권55, 27년 9월 庚辰.

비변사에서 건의한 내용이다. 이처럼 임진왜란 이전과는 달리 산성과 같은 곳에 사고를 설치하여 실록을 보관해야 한다는 인식이 공유되고 있음을 볼 수 있다. 더 나아가 실록을 보관하는 名山이란 예사로운 산성을 가리키는 것이 아니라 반드시 아주 험해서 인적이 닿지 않는 곳이어야 후환이 없다고 보았다.

해주에 보관하던 실록은 선조 27년(1594) 11월 7일 江華로 이안되었는데,[8] 그것은 해주의 상황이 미덥지 못하다고 여기고 적합한 곳을 찾아 실록을 영구히 收藏하려는 의도였다.

선조 28년(1595)에는 실록을 봉안한 강화에 史官이 常住하며 지키는 문제가 논의되었다. 그 때 선조가 堂上이 강화에 머물러 있는지를 묻자 예조에서 다음과 같이 답하였다.

> 좌의정 金應南은 '평상시 전주 등 읍은 별도로 머물러 호위하는 일이 없었으니, 강화에 봉안한 뒤에 해주의 사례와 같이 하는 것은 합당하지 않다.'고 하였으며, 본조의 의견도 서로 같습니다. 당상이 머물러 있을 필요가 없을 듯 하기에 감히 아룁니다.[9]

이를 통해 평상시 전주 등 외사고에는 별도의 수직하는 사관이 배치되지 않았으나, 임진왜란이 발발한 뒤 유일본이 된 전주사고본 실록을 해주에 보관할 때에는 사관이 머물며 지키고 있었음을 알 수 있다. 그러나 강화로 이안한 후에는 임진왜란 이전의 상황을 들어 사관의 배치를 고려하지 않고 있음을 확인할 수 있다. 이와 같은 예조의 답변에 대해서 선조는 "지금 이 실록은 가벼운 일이 아니니, 평소 전주 등 읍의 예와 비교하기는 어렵다. 사관을 보내어 머물러 지키며 檢飭하되 특별히 신중히 하도록 함이 합당할 듯하다."[10]고 하였다.

---

8) 배현숙, 『조선실록연구서설』, 태일사, 2002, 107쪽.
9) 『선조실록』 권69, 28년 11월 丙戌.

한편 실록을 사찰에 보관하려는 움직임은 선조 29년(1596) 말경에 이
르러 다시 보인다. 선조가 "(실록을) 반드시 香山에 두고 사관을 시켜 수
직하거나 別官을 차정하여 보내야 하겠다."[11]고 한 것이다. 구체적으로
香山의 어디를 지목하고 있지는 않지만, 보현사를 가리킨 것으로 보인
다. 그렇지만 別官을 차정해서 보내려 한 것으로 보아 '실록을 香山에
보관해 두고 믿을 만한 僧人에게 僧職을 주어 그로 하여금 단단히 지키
게 하라.'던 이전의 태도와 달라졌음을 알 수 있다.

그러나 급박한 정세는 실록을 사찰에 보관하도록 강제하였다. 선조
30년(1597) 9월에 실록을 강화에서 묘향산의 보현사 別殿에 이안한 것
이다.

> 先朝의 실록은 단지 1건이 있는데, 전년 9월에 강화에서 평안도 영변 향
> 산의 普賢寺 別殿에 옮겨 안치했습니다. 적지 않은 國史를 山僧의 손에 맡겨
> 둔 것은 부득이한 데에서 나온 계책이긴 합니다만, 守直하는 관리를 항상 그
> 곳에 유치시킨다면 승도의 服役이 자못 번거로울 뿐만 아니라 官府의 하인들
> 이 드나들면서 侵責하는 일이 또한 많을 것입니다. 이 때문에 근거지가 없는
> 山僧들이 점점 염증을 가지게 된다면 뜻밖의 환란을 우려하지 않을 수 없습
> 니다. 속히 傳書할 일에 대해 전일 禮曹堂上이 올린 장계를 상고해서 該司로
> 하여금 급히 조처하게 하소서.[12]

丁酉再亂이 발발하자 좀 더 안전한 묘향산 보현사의 별전에 실록을
안치하고 승려들에게 守護를 맡긴 것이다. 그렇지만 이것은 부득이한 상
황에서 나온 것으로, 승려들이 수호하는 데에는 문제가 야기될 소지가

---

10) 『선조실록』 권64, 28년 6월 己酉 ; 6월 癸亥) ; 이처럼 堂上과 史官을 파견하여
실록을 지키도록 하였는데, 뜻하지 않은 폐단이 발생하기도 하였다. 실록을 보관
하는 곳에 直軍을 정해 지키도록 하였는데, 당상과 사관이 수직하는 사람들을 필
요 이상으로 책정한 뒤에 放軍하면서 대가를 징수한 뒤 서로 나누어 가진 것이다.
11) 『선조실록』 권82, 29년 11월 己亥.
12) 『선조실록』 권97, 31년 2월 戊午.

있다고 보았다. 먼저 승도의 복역이 번거롭고, 官府의 하인들이 드나들면서 승도를 침책하는 사례가 많을 것으로 예상되며, 이로 인해 근거지가 없는 산승들이 흩어질 경우에는 뜻밖에 상황이 초래될 것으로 본 것이다. 이처럼 사찰과 승려에게 실록의 수호를 맡기는 것에 대해서 관료들은 선뜻 동의하지 않았고, 이후에도 계속되었다.

이러한 인식은 다음의 사례에서 확인할 수 있다. 전쟁이 끝나고, 선조 39년(1606)에 이르러 실록의 複印을 마무리하면서 각도 감사에게 적합한 사고지를 물색하라는 지시에 내려졌다. 이에 따라 강원감사 尹壽民은 오대산 일대를 면밀히 조사하였다. 그때 윤수민은 "막중한 선왕의 실록을 사찰에 보관하는 것은 未安한 것 같습니다."[13]라고 하며, 승려와 사찰에 대해 신뢰하지 않았다. 유일본이 된 전주사고본 실록의 안전한 보존을 위해서 "깊은 산의 큰 사찰에 안치하고 믿을만한 승인에게 승직을 주어 그들로 하여금 굳게 지키게 하라."는 임금의 지시에도 불구하고 관료들은 승려와 사찰에 대해 신뢰하지 않았던 것이다. 불교를 異端으로 배척하던 시대에, 국가의 귀중한 공식 기록물을 승려로 하여금 지키게 하는 것은 명분에 부합되는 바가 아니었던 것이다.[14]

그러나 전란으로 인한 실록의 소실을 목격하였을 뿐 아니라 유일본이 된 전주사고본 실록의 보존대책의 수립과 적지를 물색하는 과정에서 관료들의 생각도 바뀌게 되었다. 관료들은 외적의 進擊路에서 벗어난 험한 산중의 절험한 곳이 읍치보다 훨씬 유리하다는 점을 인식하게 되었고,[15] 이러한 곳에 사고를 설치하여 운영하는 것이 실록의 보존에 유리할 뿐 아니라 산중의 승려들을 활용해 僧役으로 대체할 경우에는 비용 절감차원에서도 효과적이라는 점을 인식하게 된 것이다.

---

13)『선조실록』권192, 38년 10월 己酉.
14) 김문식·신병주,『조선왕실 기록문화의 꽃 의궤』, 돌베개, 2005, 56쪽.
15)『선조실록』권55, 27년 9월 庚辰.

2) 읍치사고와 산중사고

사고가 설치된 후 조선전기 200여 년 동안 단 한 건의 화재가 발생하였다. 이러한 결과는 사고를 굳이 深山의 절험한 곳에 두지 않고 읍치에서도 충분히 실록을 보존할 수 있음을 보여준다.

그러나 임진왜란으로 인한 사고와 실록의 소실은 읍치가 아니라 절험한 산중을 선택하도록 하였다. 더욱이 임진왜란 때 보여준 의승의 활약은 그간 불교와 승려들에게 부정적이던 조선의 官僚들에게 인식의 변화를 주었다. 특히 선조는 서산대사와 사명당의 활약에 고무되었고,[16] 이들에게 파격적인 褒賞을 내림으로써 오히려 관료들의 질시를 초래하기도 하였다.[17]

사고의 위치를 深山의 험한 곳과 읍치 중 어디에 두느냐는 서로의 장단점이 있으므로 어느 곳이 유리하다고 섣부르게 단정할 수 없다. 이를 비교하면 다음의 〈표 11〉과 같다.

지리와 교통이라는 측면에서 볼 때, 읍치사고는 사각과 선원각 및 수호 인력을 위한 시설물의 건립에 따른 제반 조건, 즉 인부 동원은 물론 건축자재 조달 등 모든 면에서 산중보다 훨씬 유리하다. 봉안과 포쇄 등 사행에 따른 인력과 물자의 동원, 수직인의 배치도 산중보다 적은 숫자로 가능하다. 반면, 험한 산중은 수직인과 관리 인력의 동원과 물자 조달이 어려울 뿐 아니라 시설물의 건립과 보수 등에서도 읍치 사고보다 불리한 점이 많다. 그나마 산중 사고가 외적의 침입 경로에서 벗어난 경우에는 안전지대가 될 수 있다.

---

16) 조영록, 「오대산사고의 설치와 사명대사」, 『동국사학』 42, 동국사학회, 2006.
17) 휴정에게는 國一都大禪師禪敎都摠攝扶宗樹敎普濟登階尊者라는 존칭과 함께 정2품 당상관의 작위를 내렸고, 유정에게는 嘉善大夫同知中樞府事와 함께 慈通弘濟尊者라는 시호를 내렸다. 이에 대해서 관료들은 지나친 우대라 하며 반발하였다.

<표 11> 읍치와 산중사고 비교

구 분	읍 치	산 중
지리 및 교통	○ 봉안과 포쇄 등 사행에 편리. ○ 인력 동원, 물자의 조달과 이동 등 유리	○ 봉안과 포쇄 등 사행에 불편. ○ 인력 동원, 물자의 조달과 이동 등 불리
외침과 내란	○ 교통의 편리로 준비 여하에 따라 외적 침입시 대피 용이 : 전주사고본 실록 보존 ○ 사전 대비 없이 대응이 늦을 경우 위험 - 임진왜란 : 춘추관·충주·성주사고 소실. - 이괄의 난 : 춘추관사고 소실	○ 外敵의 공격로가 아닌 경우와 미리 대비할 경우에는 전란의 위험성에서 벗어나 안전. - 정묘호란 : 묘향산사고 - 병자호란 : 적상산사고 - 병인양요 : 정족산사고 ○ 험지에 위치한 관계로 대피 어려움 ○ 외적이 실록을 노리고 침입할 경우에는 고립되어 속수무책 -병자호란 : 정족산사고
화재	○ 관아와 민간에 섞이어 화재 발생 위험성 높음. ○ 화재 발생 시 진화 인력과 장비의 조달 용이 - 성주사고 화재 1건 발생	○ 인가와 떨어져 상주 인력 소수로 화재 위험부담 적음. ○ 화재 발생 시 진화 인력과 장비 수급 등이 어려움. - 마니산사고 화재 발생
약탈·도난	○ 관아 인근에 위치하여 최소 인력으로 수호 가능 ○ 전기에는 약탈이나 도난 사고 없음	○ 산중의 험지에 위치한 관계로 외부 침입에 고립 위험성 상존 - 적상산사고 : 袄僧 도난 - 오대산사고 : 보자기 도난
수직	○ 관아와 인접하여 관원이 직접 수직함으로 안전성 확보	○ 험한 산에 위치하여 수직인 모집과 관리에 어려움
사고 보수	○ 修改 등에 필요한 인력과 물자 조달 용이	○ 수개 등에 필요한 인력과 물자 조달 불리
수직인	○ 8명의 관원	○ 참봉 2, 승려 20, 민호 4
사고 관리	○ 건축 및 관리 유리	○ 건축 및 관리 어려움

외침과 내란에 의한 피해는 임진왜란과 이괄의 난, 정묘·병자호란과 병인양요 등이 있었다. 임진왜란 때에는 주지하다시피 4곳의 사고 중 3곳의 사고가 소실되고 실록은 멸실되었다. 정묘·병자호란 그리고 병인양요 때에는 승려와 胥吏 등의 노력으로 실록을 보존하였으나 오히려 內亂인 이괄의 난 때 춘추관사고가 소실되면서 다수의 사책이 멸실

되었다.

사고에서의 화재는 전기와 후기로 나누어 볼 수 있다. 중종 때 성주사
고의 화재는 단순한 失火로 결론이 났으나, 화재 예방은 사전 대비에 따
라 달라질 수 있다. 읍치 사고는 관아에 둘러 있고 많은 사람이 왕래함
으로써 화재의 위험성이 높다. 그러나 화재가 발생할 경우에는 진압에
필요한 인력과 물자 동원이 유리하다. 산간은 常駐 인력이 적음으로 인
해 화재의 발생 가능성은 적다고 볼 수 있으나 오히려 화재 발생시에는
이를 진압할 인력의 부족 등으로 인해 전소의 위험성이 크다. 조선전기
외사고제도가 정착된 이후 발생한 화재는 성주사고에서 발생한 1건이
유일하다. 임진왜란 당시에는 성주·충주·춘추관사고 등 3곳의 사고가
소실되었는데, 이는 전란이라는 특수상황에서 발생한 경우이다. 반면 조
선후기에 발생한 화재는 강화사고가 2건,[18] 춘추관 1건[19] 등 3건이 있
었다. 결과적으로 전기보다 후기에 화재가 더 많았다.

외부의 침입에 의한 약탈과 도난의 문제는 읍치보다 산간의 위험부담
이 더 크다. 읍치에 사고가 있을 경우에는 외부인의 사고 접근이 쉬울
수도 있으나, 守直人이 배치되고 관아 근처에 사고가 있음으로 침입하기
가 쉽지는 않았을 것이다. 또한 읍치 사고는 도적에 의한 도난에 대처하
기가 쉽지만, 산간에 고립되어 수직하는 것은 위험성이 더욱 높다. 즉
史庫만을 노리고 외부에서 침입할 경우에는 고립된 채 한정된 수직인으
로 지켜내기가 쉽지 않을 것이다.

이상에서 읍치 사고와 산중 사고의 장단점을 분석해 볼 때, 관리라는
측면에서 볼 때는 산간보다 읍치가 훨씬 수월함을 알 수 있다. 즉 관아
근처에 필요한 건물(사각·선원각·포쇄청 등)을 마련하고, 외부인의 접근

---

18) 광해군 때 도적의 방화가 있었고, 효종 때에는 마니산사고의 실록각 화재로 실록
    2권과 의궤가 불에 탔다.
19) 이괄의 난으로 춘추관사고에 보관 중이던 실록을 비롯한 다수의 사책이 소실되
    었다.

을 금지하는 조치를 취하고, 위급 상황에 대비한 移安 계획을 준비해 놓
는다면, 오히려 험한 산중보다 수호와 관리가 편리하다.

그렇지만 긴급 상황이 발생하였을 경우, 즉 전란과 같은 외침이나 내
란이 발생하였을 경우에는 읍치에 위치한 사고의 피해가 컸다. 임진왜란
과 이괄의 난 등이 바로 그러한 사례이다. 이와 같은 이유로 임진왜란
이후 조선의 관료들은 산중 사고를 선택한 것이다. 여러 곳에 분산하여
보관함으로써 滅失은 면했지만 교통이 편리하고 사람의 왕래가 빈번한
지역이 戰亂과 같은 상황에서는 오히려 보존하기가 훨씬 어렵다고 본
것이다.[20]

조선전기에는 사고 모두가 읍치에 설치되었으나 결과적으로 전란으
로 인해 전주사고실록을 제외하고 모두가 불에 타버렸다. 이와 같은 결
과는 사고를 다시 읍치에 설치하는 것 자체를 망설이게 하였을 것이고,
그 결과 험한 산중을 택하게 하였다.

한편 고려시대 사고가 설치된 이래 조선후기까지 사고에서 발생한 화
재와 도난 그리고 외침으로 인한 사고의 변화를 정리하면 아래의 표와
같다.

〈표 12〉 고려·조선시대 사고 관리 실태(화재·도난 등)

시기	보관처	원 인	결 과	관리자	비 고
고려					
인종	궁궐	이자겸의 난	보존	直史官 金守雌	국사
고종	궁궐	몽고의 침입	보존	관원	강화로 이안
충렬	궁궐	哈丹의 침입	보존	관원	강화로 이안
공민	궁궐	홍건적 침입	소실	관원	실록
조선					
정종	수창궁	수창궁 화재	보존	史官 盧異	사책

20) 김문식·신병주, 『조선왕실 기록문화의 꽃, 의궤』, 돌베개, 2005, 58쪽.

중종	성주사고	성주사고 화재	소실	관원	실록
선조	성주사고	임진왜란	소실	관원	실록
	충주사고	임진왜란	소실	관원	실록
	춘추관사고	임진왜란	소실	관원	실록
	전주사고	임진왜란	보존	官·民	실록
광해	강화사고	도적의 방화	보존	江華府使 權盼	실록
인조	춘추관사고	이괄의 난	소실	관원	실록
	춘추관사고	정묘호란 (도성 소개)	보존	춘추관 胥吏 홍덕인·한승선	초초·중초
	묘향산사고	정묘호란	보존	首僧	실록
	적상산사고	병자호란	보존	僧侶 상훈	실록
	적상산사고	도적의 침입	도난	수직인	선원각 袱侇 도난
효종	마니산사고	사각 화재	실록 2권 儀軌 燒失	수직인	정족산사고로 옮김
고종	정족산사고	병인양요	보존	胥吏 조희영 등	실록 등
	오대산사고	낙산사 승려	도난	수직인	책보

고려 때에는 3차례의 외침과 1차례의 내란이 있었다. 내사고의 경우, 이자겸의 난 때에는 직사관 김수자가 보존하였고, 몽고와 합단의 침략 때에는 강화도로 이안하여 보존하였다. 그렇지만 홍건적의 침입 때에는 미처 이안시키지 못하고 소실되고 말았다. 반면에 외사고의 실록은 산중의 사찰과 외딴 섬으로 적절히 이안시켜 보존되었다. 〈표 12〉 참조

조선전기에는 2차례의 화재가 있었는데, 수창궁 화재 때에는 보존하였으나 성주사고 화재 때에는 소실되고 말았다. 그리고 임진왜란 때에는 3곳의 실록이 소실되고 1곳의 실록만 보존되었다.

조선후기에는 모두 9차례의 事故가 있었는데, 4차례의 외침에도 불구하고 모두 보존하였으나 1차례의 내란 때에는 춘추관사고가 소실되었다. 이외 2차례의 도난과 1차례의 방화 및 失火가 있었다. 관리 소홀로 인한 실화는 1건에 불과하지만 도적의 방화가 있었다. 이와 함께 도적의

침입과 절도(腹帶) 그리고 수직승의 절도(책보자기)가 이전과 다른 특징
이다.

〈표 11〉에서 확인할 수 있듯이 외침과 내란 등 전란에는 읍치사고가
불리하고 산중사고가 유리함을 알 수 있다. 화재는 모두 4차례 있었으나
강화사고에 도적이 방화한 것을 제외하고는 모두 실화로 수직과 관리의
중요성을 알 수 있다. 특징적인 것은 조선후기 산중사고에만 도적의 침
입과 방화 그리고 수직승의 절도가 있었다는 점이다. 특히 도적의 침입
은 뚜렷한 목적이 전하지 않고, 강화사고의 방화와 적상산사고에서의 袱
帒 도난은 정황설명이 부족한 관계로 내막을 알 수 없다. 낙산사 승려가
오대산사고에서 선원보략을 싸는 붉은 보자기를 훔친 사건은 오대산사
고의 수호사찰인 월정사 승려 사이의 알력에서 발생한 것으로 그 당시
僧役制와 사찰간의 갈등을 엿볼 수 있다.

사고를 험한 산중에 설치하여 운영한 지 300여 년이 넘은 1910년, 宮
內府에서 오대산사고를 조사하였다. 평창군수 李愚晙과 궁내부 사무관
인 村上龍佶이 합동으로 조사하였고. 보고서는 궁내부대신 閔丙奭에게
보내졌다. 일본에 倂呑당하기 직전의 統監府 시기에 이루어진 것으로 조
사 목적과 이에 따른 보고도 불순한 의도를 가지고 있었다. 1910년 병탄
이 되자 정족산사고본 실록은 서울로 운반되었고, 이어 나머지 3곳의 사
고에 보관하던 실록도 京中으로 운반되거나 동경으로 이관된 사실이 이
를 증명한다. 하지만 사고를 산중이 아닌 京中으로 옮겨야 하는 이유는
나름대로 타당성을 갖는다. 보고서에서 사고를 경중으로 옮겨야 한다는
이유는 다음과 같았다.21)

① 막중한 실록을 수장한 사고는 성질상 일개 사찰의 관리와 수호에

---

21) 宮內府, 「五大山史庫調査報告書」, 융희 3년(1909) 12월. 궁내부 사무관 村上龍佶
과 평창군수 이우경이 합동으로 오대산사고를 점검하고 宮內府 大臣 閔丙奭에 보
낸 보고서이다.

일임할 것이 아니다. 왜냐하면 寺院은 쇠퇴하여 재산이 많이 감소되었는데도 정부의 보호는 극히 빈약하기 때문이다. 또한 往來가 무상한 승려에게 감독하고 수호하게 함은 극히 위험하다.

② 사고가 외딴 산중에 있는 데도 확실한 감독자와 수호자도 없는데다가 災害를 감당할 수 없는 木造家屋에 막중한 사책의 운명을 맡김은 시세에 부적합하다. 또한 화전민이 많은데 산불이 나면 소실될 것이므로 京中으로 운반하여 적당한 조치를 취함이 긴급하다.

사고를 산중에 설치하고 사찰과 승려들에게 관리를 맡긴 것이 시대 상황이 변함에 따라 인식의 차이를 갖게 되었다. 이러한 이유를 내세워 일본은 외사고에 보관 중인 모든 실록을 서울로 옮겼으며, 오대산사고본 실록은 아예 일본으로 강탈해 갔다. 결과적으로 산중사고를 설치한 근본적인 이유를 도외시하고, 산중사고의 취약성을 내세워 실록을 강탈해 간 것이다. 그러나 시대의 흐름과 인식의 변화를 읽지 못하고 방치한 관료들의 책임 또한 없다고 할 수도 없다.

2. 사고의 再設置와 운영

1) 실록의 復印과 사고의 재설치

전란으로 인해 4곳의 史閣이 모두 소실되고,[22] 3곳의 실록이 멸실되었으나 전주사고본 실록만 보존되었다. 유일본이 된 실록의 보존은 국가의 중대사가 되었다. 이와 함께 전란으로 인해 무질서해진 문서 관리체계를 바로 잡은 것도 시급한 일이었다.[23]

---

22) 전주사고의 사각은 정유재란 때 전주성 함락 당시 소실되었다.
23) 『선조실록』 권28, 25년 7월 庚辰.

전주사고실록이 유일본으로 보존되고 있었지만, 또 다른 변란에 대비할 수 있도록 실록을 複本해서 보관해야 된다는 위기의식이 구체적으로 나타난 것은 전란이 소강상태에 접어든 선조 27년(1594) 9월부터였다.

비변사가 아뢰기를, "신들의 생각에는 이런 無事한 때에 兼春秋 등 관원으로 하여금 小冊으로 여러 건을 謄出하여 각처에 나누어 보관하면 의외의 환난을 모면할 것입니다."하니, 답하기를, "실록을 가벼이 謄出해내면 事體가 未安할 뿐 아니라 불가한 점이 있으니, 잠시 후일을 기다려서 해야 한다. 그러므로 다만 십분 周密하고 굳게 간직할 뿐이다."라고 하였다.24)

그 당시 해주에 보관중이던 전주사고본 실록의 항구적인 보존 방안을 마련하기 위해 비변사에서 실록을 複本하여 각처에 수장함으로써 의외의 환난에 대비하자고 청한 것이다.

그러나 급박한 戰時상황은 실록의 複本을 지연시켰고, 유일본이 된 전주사고실록의 보존을 우선하게 만들었다. 그럼에도 불구하고 유일본을 근간으로 한 실록의 謄抄와 분장을 논의한 것은 실록 보존을 국가의 중대한 사안으로 인식한 때문이었다.

이와 동시에 춘추관은 전란으로 소실된 승정원일기의 복구를 건의하였다. 먼저 기억력이 좋은 관원을 대상으로 春秋를 겸하게 한 뒤 기록하게 할 것과 野史는 물론 그 당시의 朝報나 政目의 수집이 논의되었다. 그러나 기억으로 추록할 때 발생할 폐단과 野史의 신빙성, 그리고 '正史 이외는 믿을 수 없다.'는 선조의 지적으로25) 朝報·政目·상소 혹은 일찍이 史官을 지낸 자의 집에 간직된 일기 등을 수집하기로 하였으나,26) 시행되지는 않은 듯하다.

---

24)『선조실록』권55, 27년 9월 庚辰.
25)『선조실록』권60, 28년 2월 戊午.
26)『선조실록』권64, 28년 6월 戊申.

승정원일기의 보완이 제자리걸음을 하는 사이, 춘추관은 실록의 謄出
을 다시 건의하였다.

　　실록을 謄書·成册하는 것은 긴급한 일이니 늦출 수 없습니다. 그러나 이
　　일은 매우 중대하고 또한 며칠 동안의 작업으로는 용이하게 마칠 수 있는 것
　　이 아니니, 봄철 해가 길어질 때를 기다려 춘추관 관원을 많이 보내어 일시에
　　날짜를 계산해서 등서하게 하는 것이 무방하겠습니다.27)

　유일본 실록을 底本으로 하여 등서하는 일은 긴급한 일로 더 이상 늦
출 수 없다. 그렇지만 일은 매우 중대하고 하루 이틀에 마칠 수 있는 일
이 아니다. 따라서 봄을 기다렸다가 춘추관 관원을 동원하여 일시에 끝
내는 것이 마땅하다는 것이다.

　이와 같은 건의는 동년 12월에도 있었으나28) 실현되지 않았는데, 선
조 30년(1597) 정유재란이 발발하면서 급박하게 되었다. 이에 記事官 李
惟弘이 다음과 같이 건의하였다.

　　강화는 바다 가운데 있는 외딴 섬으로 혹시 失陷이라도 되면 한 곳에 비
　　치된 역사가 전부 散佚될 것이니, 무엇으로 선왕조의 治亂의 자취를 상고할
　　것이며, 후세에 신빙성 있는 典籍을 남겨 줄 수 있겠습니까? 신의 어리석은
　　생각으로는 급히 文臣 약간 명을 보내 謄書하게 하고, 현재의 史官으로 출납
　　케 해서 원래 수장된 실록 외에 두 질을 더 등사하여 한 질은 금강산에, 한
　　질은 묘향산에 비치하여 水災나 火災 또는 盜賊에 대비케 하소서.29)

　더 늦기 전에 원본을 합해 3질을 확보하여 강화와 금강산과 묘향산에
나누어 收藏하자는 것이다. 이처럼 복본에 대한 건의는 계속되었고,30)

---

27) 『선조실록』 권67, 28년 9월 戊寅.
28) 『선조실록』 권70, 28년 12월 丙寅.
29) 『선조실록』 권85, 30년 2월 癸酉.
30) 『선조실록』 권90, 30년 7월 庚子.

그 결과 겸춘추 관원 5명으로 등서할 것이 정해지기도 하였다.[31] 그렇지만 이러한 결정마저 시행되지 않았다.

終戰 후 3년이 지난 선조 33년(1600)에 춘추관의 領事·監事와 여러 당상들이 뜻을 모아 전란으로 소실된 춘추관의 일기를 비롯하여 사초의 보완에 적극 나설 것을 건의하였으며,[32] 이듬해에는 사헌부에서 실록의 영구 보존책을 건의하였다. 그 내용은 다음과 같았다.

임진왜란으로 인해 실록이 한 질밖에 남지 않았고, 정유재란 이후에는 묘향산의 사찰에 보관하고 있다. 그런데 수호가 너무 허술하여 뜻밖의 재난이 발생할 경우에는 수습할 길이 없다. 본래 춘추관원이 수호해야 하지만 인원이 부족하여 임시로 관직을 주어 지키고 있는데, 이와 같은 조치가 구차하다는 의견이 있었다. 이제 봄이 멀지 않았고 세상도 안정되었으니 춘추관원이 교대로 수직하고, 또 전에 결정한 바와 같이 서둘러 실록을 등서한 뒤 나누어 간직함으로써 영구히 보존하자는 것이었다.[33] 그렇지만 이러한 사헌부의 건의도 바로 시행되지 않았다. 그 이유는 물자의 부족이었다. 그 뒤에도 몇 차례 논의가 있었지만[34] 시행되지 않았다.

선조 36년(1603) 5월 3일에 이르러 마침내 실록의 謄書가 결정되었고,[35] 등서에 관한 사항은 5월 15일에 마련되었다.[36] 먼저 등서해야 할 실록은 통틀어 576책이었다. 20명에게 매번 일정한 분량의 책임을 지워 등서하게 하면, 한 달에 30권을 등서할 수 있을 것이므로, 이를 기본으로 계산하면 2년에 1질을 등서해 낼 수 있을 것으로 판단되었다. 그런데

---

31) 『선조실록』 권90, 30년 7월 癸丑.
32) 『선조실록』 권132, 33년 12월 庚午.
33) 『선조실록』 권133, 34년 1월 戊申.
34) 『선조실록』 권153, 35년 8월 戊申.
35) 『선조실록』 권162, 36년 5월 戊午.
36) 『선조실록』 권162, 36년 5월 庚午. ; 5월 辛未.

이를 위해서 파견된 兼春秋는 다른 업무를 겸하고 있기 때문에 전력을 다할 수가 없고, 등서할 시간이 많지 않을 것이므로 3년 내 1질의 완성도 보장할 수 없었다.

그 때 생각한 것이 바로 印出이었다. 즉 역대 실록이 모두 鑄字로 印出된 것을 생각해 낸 것이다. 그 당시 상황이 평상시와 같지는 않았지만, 校書館에 있는 주자와 新舊의 활자를 서로 보충하여 쓴다면, 5년 안에 3질의 인출을 끝낼 수 있다고 본 것이다.

선조의 인출 검토 지시에 따라 춘추관에서 실록의 인출을 준비하였는데, 다음의 사항이 고려되었다.37) 먼저 실록을 鑄字로 인출하기 위해서는 工匠을 잘 권면하고 감독해야 한다는 점, 실록이 봉안되어 있는 강화에 국을 설치할 경우 京畿道에서 이에 필요한 지원을 부담할 수 있느냐 여부,38) 均字·刻字 등 匠人들의 모집과 작업의 독려 등이었다.

이와 같은 정황이 참작되어 史局은 南別宮에 있는 조용한 방이나 兵曹의 널찍한 곳에 옮기는 것으로 의견이 좁혀졌다. 실록의 제 때 인출을 위하여 工匠을 관리하고, 지리적인 이점과 인력 및 물력의 원활한 제공을 위해서 강화보다는 서울의 남별궁이나 병조의 한 곳에 사국을 설치하는 것이 타당하다고 본 것이다. 또한 실록 전질을 서울에 옮긴 뒤 인출 작업을 하는 것에 문제가 있다면, 실록은 강화에 봉안해 놓고 인출에 필요한 양만큼씩 가져다가 인출한 뒤 다시 강화에 보관하는 것으로 정리되었다.

실록 인출을 위한 기본적인 방침이 정해진 뒤 이에 사용될 종이의 공납이 논의되었다.39) 終戰 후 어려운 시기였으므로 종이의 품질은 白紙

---

37) 『선조실록』 권162, 36년 5월 甲戌.

38) 감독할 堂上官 1명과 監校·監印·史官·兼春秋 등에 대한 뒷바라지이다.

39) 『선조실록』 권162, 36년 5월 戊寅. 본래 실록의 편찬 때에는 정선된 종이를 사용하였는데, 초기에는 白紙로 했다가 점차로 조금씩 좋게 하여 마침내는 아주 정결하고 두껍게 되었다.

중에서 조금 좋은 것을 가려 쓰기로 하였다. 다만 定例로 정하여 놓은 것 외에 하급 기관이나 백성에게서 지방의 산물을 따로 거두어들이는(別卜定) 폐단을 끼치기는 하지만, 달리 조치할 길이 없으므로 下三道에 각각 300권씩 우선 배정하여 貢納하는 대로 처리하도록 하였다. 이와 함께 인출되는 상황을 봐가며 소용될 종이의 多少를 살핀 다음에 다시 처리하는 것으로 결정하였다.

같은 날 板刻에 쓸 鑄字에 대한 논의가 있었다.[40] 그 당시 校書館에 보존되어 있는 주자 중에서 乙亥字가 수효도 넉넉하고 크지도 작지도 않아 실록을 인출하는 데 적당하였다. 그러나 글자가 腐蝕되어 흠이 많으므로 새겨서 보충하지 않는다면 일을 시작하기가 쉽지 않을 듯하였다. 이에 따라 황해도와 강원도에서 각각 큰 것으로 黃楊木을 40주씩 작벌하여 사용하도록 하였다.[41] 이와 같은 준비와 더불어 영변에 있는 실록을 강화로 이안하는 방법과 실록을 봉안할 장소도 사전에 준비하기로 하였다.[42]

이처럼 실록 인출을 위한 제반 준비가 갖추어졌다. 그렇지만 본래 의도한대로 진행되지 않았다.[43] 먼저 실록 인출에 필요한 工匠을 갖추지 못해 글자를 고르게 하기가 어려웠다. 그리고 실록을 인출하는 데에 쓰일 大內에서 하사한 활자와 平壤字는 모두 경진년(1580. 선조 13년)에 만든 것이고, 訓鍊都監字는 을해년(1575. 선조 8년)에 만든 것으로 크기와 모양이 서로 달라 섞어 쓸 수가 없었다.

실록 인출 작업이 진행되던 선조 37년(1604) 7월에는 諫院이 실록 인출작업에 참여하는 官員의 자격을 엄격히 할 것을 건의하였다. 즉 실록

---

40)『선조실록』권162, 36년 5월 戊寅.

41) 그 당시 교서관에서는 책을 인출하는 일이 없어 黃楊木이 매우 부족하였고, 갑자기 준비하는 것도 어려운 일이었다.

42)『선조실록』권162, 36년 5월 戊寅.

43)『선조실록』권164, 36년 7월 丁丑.

을 勘校하는 일은 직임이 매우 중하므로 전에 侍從을 지냈고 명망이 드러난 자가 아니면 함부로 兼職하여 秘史에 참여하여 볼 수 없다. 따라서 전에 시종을 지내지 않은 겸춘추를 변별하여 가려내고 엄밀히 선택한 뒤에 차출하였다.[44] 이처럼 부적합한 자에 대한 퇴출은 그 뒤에도 계속되었다.[45]

선조 36년(1603)부터 시작된 실록 復印은 본래 3질을 완성하는데 5년 정도가 소요될 것으로 예상되었다. 그런데 어려운 시기임에도 불구하고 국력을 집중하여 3년이 경과되는 선조 38년(1605) 10월에, 실록을 봉안할 새로운 사고지 선정이 진행되고 있음을 확인할 수 있다.

결과적으로 춘추관과 함께 강원도 五臺山, 경상도 太白山, 경기도 江華島, 평안도 妙香山에 사고가 설치되었다. 그러나 선정과정을 확인할 수 있는 곳은 오대산과 태백산사고뿐이다. 강화와 묘향산에 관한 기록은 찾을 수 없는데, 그것은 이미 실록이 봉안되었거나 전란 중에 실록이 봉안되었던 사실이 참작되어 내정된 때문으로 보인다.[46]

조선후기에 설치된 새로운 사고 선정과 관련하여 가장 먼저 볼 수 있는 사료는 선조 38년(1605) 10월에 있은 강원감사 尹壽民의 치계이다. 윤수민은 실록 봉안처를 찾기 위해서 오대산을 다녀왔고, 그 결과를 다음과 같이 보고하였다.

> 실록을 봉안할 곳의 지세를 살피는 일로 建閣差使員 旌善郡守 李汝機를 거느리고 오대산에 들어가 看審하였는데, 금년 水災에 이 산이 가장 많은 피해를 입어 곳곳이 무너져 내렸으므로 평탄한 곳이 없었습니다. 오직 상원사가 洞口에서 30리에 위치하는데, 지세도 평탄하고 여러 채의 家屋이 정결하므로

---

44) 『선조실록』 권176, 37년 7월 己巳.

45) 『선조실록』 권190, 38년 8월 庚申.

46) 조선후기 사람들은 만일 사변이 있을 경우, 육지로는 남한산성이 제일이고, 섬으로는 강화가 제일이라고 인식하고 있었다. 『인조실록』 권14, 4년 10월 壬寅.

> 임시 봉안하기에는 아마 편리할 것 같습니다. 그러나 생각건대 막중한 선왕의
> 실록을 사찰에 보관하는 것은 미안한 것 같습니다. 다시 該曹로 하여금 요량
> 하여 결정하게 하소서.[47]

윤수민은 당해 연도에 있었던 水災로 인해 실록을 항구적으로 보관할
수 있는 적합한 장소를 추천하지 못하고 임시 봉안처를 추천하였으며,
이마저도 사찰에 보관하는 것은 재고해 달라고 하였다.

한편 경상감사 柳永詢은 실록 봉안처로 태백산을 추천하였다.

> 경상감사 柳永詢이 실록을 봉안할 곳에 대해 태백산의 日峯 밑 깊숙한 곳
> 에 史庫를 짓는 것이 가장 마땅하고, 도내의 枝山들은 모두 합당치 못하니,
> 조정에서 결정하라는 것으로 馳啓하였으므로, 예조에 계하하였다.[48]

유영순은 실록을 봉안할 곳으로 태백산의 일봉 밑 깊숙한 곳을 추천하
였다. 이는 강원감사의 치계가 애매모호했던 것에 비해 좀 더 구체적
임을 알 수 있다.

이처럼 실록 봉안처로 오대산과 태백산이 거론되었음은 그 당시 기록
을 통해 확인할 수 있다. 결과적으로 새로 인출된 실록의 봉안처는 산중
3곳, 섬 1곳, 그리고 춘추관이었다. 그리고 뒷날에는 춘추관사고를 제외
하고 모두가 섬이나 험한 산의 산성 안이나 산중이었고, 모두가 수호 사
찰을 두었다. 이처럼 사고를 섬이나 험한 산중에 설치하고, 수호사찰을
두어 승려들에게 수호하도록 한 것은 조선후기 승려에 대한 국가의 정책
과 관련지어 생각해 볼 일이다.

조선시대 승려는 抑佛策과 더불어 國役을 담당하는 주 대상으로 파악
되어져 軍役이나 徭役에 투입되었고, 임진왜란을 계기로 義僧 조직이 강

---

47) 『선조실록』 권192, 38년 10월 己酉.
48) 『선조실록』 권192, 38년 10월 甲寅.

화되면서 전투뿐만 아니라 토목공사와 축성, 산릉역 등 각종 부역에 동원되었다. 그리고 17세기 이후에는 僧役의 강화와 함께 승려는 농민을 대신할 수 있는 부역 대상자가 되었다. 또한 농민과 달리 농사철에 관계없이 수시로 징발할 수 있다는 점과 노동력이 우수하다는 평가로 인해 부역 승군의 징발은 거의 상례화 되었고,[49) 승려의 度帖을 미끼로 한 부역제하의 동원도 용이하였다.[50)

한편 실록 인출을 위한 일련의 작업이 진행 중이던 선조 39년(1606) 3월, 실록 편찬과 관련하여 전통적으로 시행하던 洗草에 관한 논의가 있었다. 그런데 이전과는 달리 세초가 아니라 불에 태우는 것이 논의되었고 결국 불에 태워 없앴다.[51)

실록 인출이 마무리된 것은 선조 39년(1606) 4월이었다. 즉 "선왕조의 실록은 이제 이미 교정을 끝냈고 改補도 마무리 지었습니다. 舊件은 모두 576책인데, 이번에 새로 인출한 것은 4~5권을 합쳐 1책으로 하기도 하고 2~3권을 1책으로 합치기도 했으므로 新件은 모두 259책입니다. 따라서 신건과 구건을 통틀어 5건으로 계산하면 거의 1천 5백여 권이 됩니다."[52)라고 하여 교정은 물론 개보까지 마무리되었음을 알 수 있다.

이제 조정에서 할 일은 실록을 분장하는 일이었다. 이에 대해서는 다음의 사료를 통해 확인할 수 있다.

강화의 史閣은 작년(1605)에 이미 修築했고, 태백산·오대산·묘향산 등처

---

49) 장필기, 「임진왜란 직후 築城役 動員體系의 한 형태 - 金烏山城 守城將 鄭邦俊의 축성일기를 중심으로-」, 『고문서연구』 25, 고문서학회, 2004, 95~96쪽.

50) 『인조실록』 권7, 2년 11월 庚辰.

51) 『선조실록』 권199, 39년 5월 壬申. 이처럼 세초하지 않고 불에 태운 것은 영조 때에도 있었다.

52) 『선조실록』 권198, 39년 4월 丙寅.

의 사각도 거의 공사가 끝나가고 있다고 들은 듯합니다. 觀象監으로 하여금
봉안할 吉日을 간택하여 啓稟하게 한 뒤에 외방의 경우는 실록청 당상 및 사
관을 파견하여 陪奉케 하되 장마가 지기 전에 급히 서둘러 봉안토록 하고, 서
울의 경우는 춘추관을 수축할 때까지는 우선 병조에 봉안토록 하는 것이 타
당하겠습니다. 또 서울과 외방에서 수직하는 절목에 대해서는 예조로 하여금
춘추관과 회동하여 상의해 처치토록 함으로써 허술하게 되는 폐단이 없도록
하는 것이 또한 온당하겠습니다.[53]

위 사료에 따르면, 강화의 사각은 선조 38년(1605)에 이미 수축되었
고, 태백산·오대산·묘향산 등의 사각은 선조 39년(1606)에 거의 공사가
끝나가고 있었다. 이에 따라 실록을 봉안하는 전례에 따라 觀象監으로
하여금 실록을 봉안할 吉日의 간택을 청하고 있다. 그러나 그 당시 춘추
관은 수축되지 않았음으로 우선 병조에 봉안하는 것이 타당하다고 하
였다. 또한 경외사고의 수직에 관한 절목은 예조와 춘추관이 상의하여
마련토록 함으로써 사고관리에 폐단이 없도록 하는 것이 타당하다고
하였다.

선조 36년(1603)에 시작하여 선조 39년(1606)까지 3년에 걸친 작업
끝에 완성된 실록은 새로 인출된 3질과 구건 1질 그리고 방본 1질 등
5질이었다. 이에 대한 분장은 다음과 같이 시행되었다.

실록을 지금 봉심하고 분류하였습니다. 舊件은 그대로 강화에 보관하고
새로 인출한 3건은 춘추관 및 평안도 묘향산과 경상도 태백산에 나누어 보관
하고, 傍本 1건은 바로 草本인데 지금 보관할 만한 地庫가 없으나 그냥 버리
기가 아까우니, 강원도 오대산에 보관하는 것이 마땅합니다. 길일을 이미 가
렸으니, 당상과 낭청을 속히 나누어 보내 장마 전에 봉안해야 하겠기에 감히
아룁니다.[54]

---

53) 『선조실록』 권199, 39년 5월 壬申.
54) 『선조실록』 권199, 39년 5월 甲戌.

　이를 통해 다음의 사실을 확인할 수 있다. 舊件, 즉 새로 실록을 인출할 때 底本으로 사용된 전주사고본 실록은 그대로 강화에 보관하기로 하였다. 새로 인출한 新印本 3건은 각각 춘추관과 평안도 묘향산 그리고 경상도 태백산사고에 나누어 보관한다. 한편 신인본을 만들기 위해서 사용된 방본은 보관할 만한 사고가 없지만 버리기 아까우니 강원도 오대산에 보관하는 것이 마땅하다. 그리고 실록의 봉안을 위한 길일이 이미 간택되었으니 장마 전에 봉안하는 것이 좋겠다는 것이다.

　여기에서 한 가지 의문이 생긴다. 방본의 收藏에 관한 것이다. 보관할 만한 마땅한 사고는 없지만 버리기가 아까워 오대산에 수장하겠다는 것이다. 왜 이런 상황이 벌어졌는지는 앞서 살펴본 바 있는 오대산사고 선정에 대해서 좀 더 주의할 필요가 있다.

　이미 언급한 것처럼 그 당시 오대산은 水害로 인해 마땅한 장소 선정이 어려웠다. 대신에 상원사 주변이 추천되었지만 그것은 임시 봉안처였다. 더욱이 사찰에 실록을 보관하는 것은 미안한 일이므로 재고해 달라고까지 하였다. 강원감사는 오대산을 실록의 항구적인 봉안처로 추천하지 않았던 것이다.

　그런데 오대산사고의 사각 공사가 거의 끝나가고 있다고 하였다. 사각 건립이 끝나가고 있었다면, 강원감사의 재고해 달라는 건의에도 불구하고 오대산사고는 결정된 것으로 봐야 할 것이다. 따라서 複本된 실록 중 어느 하나의 보관처가 되어야 할 터인데 그러지 않았다.

　실록을 봉안하기 위해서는 봉안될 공간 즉 사각이 마련되어야 한다. 그러나 새로 인출된 실록을 봉안할 곳의 하나인 내사고(춘추관사고)는 전란으로 인해 독립된 공간을 확보하지 못하였고, 대신 병조에 임시로 봉안되었다. 이 때문인지 관리의 소홀로 실록의 보존에 위험 요소가 발생하였다.[55]

---

55) 『선조실록』 권206, 39년 12월 壬戌.

실록은 존숭하고 공경해야 할 대상이어서 평시에도 실록각 근처에는 외인들이 함부로 드나들지 못하도록 통제하였다. 그런데 신인본 실록을 봉안하고 있는 병조와 가까운 곳에는 새로 궁궐을 짓기 위해서 거두어들인 布木이 쌓여 있었다. 이로 인해 실록이 봉안되어 있는 건물 밖에서는 하인들이 혼잡스럽게 떠드는 등 의외의 사단이 벌어질 수도 있었다. 이런 까닭에 실록을 行宮으로 이안하고 병조는 베를 수집하는 장소로 사용하려고 하였다. 그러나 이도 시행되지 않아 실록은 그대로 있고 베를 거두어들이는 장소로 사용하고 있었다. 이처럼 춘추관사고는 실록 印出 당시에는 건물조차 마련되지 않았고, 대신에 병조에 봉안하였지만, 이마저도 한동안 어수선한 상태로 보관되었다.

2) 「京外史庫守直節目」의 제정과 변천

전란의 후유증에도 불구하고 실록의 復印에 만전을 기한 조선은 印出이 가까워질 무렵, "서울과 외방에서 수직하는 절목에 대해서는 예조로 하여금 춘추관과 회동하여 서로 상의한 뒤 결정하도록 함으로써 허술하게 되는 폐단이 없도록 하는 것이 또한 온당하다."[56]는 춘추관의 건의에 따라 「京外史庫守直節目」을 制定하였다.

그러나 절목의 구체적인 내용은 실록을 비롯한 官撰 기록에는 전하지 않고, 『朝鮮寺刹史料』에 수록된 「禮曹完文」에 「史庫節目」으로 전해 왔다.[57] 그런데 完文의 성격과 필자가 찾은 「太白山史庫守直節目」을 비교해 본 결과 「예조완문」에 수록된 「사고절목」은 「京外史庫守直節目」을 母本으로 하였음을 확인하였다.

『朝鮮寺刹史料』에 수록된 「禮曹完文」은 숙종 43년(1717)에 작성되었

---

56)『선조실록』권198, 39년 4월 丙寅.
57) 「禮曹完文」, 『朝鮮寺刹史料』, 韓國文化開發社, 서울, 1972, 68~71쪽.

다. 그런데 여기에 수록된 「사고절목」은 그 당시 처음으로 제정된 것이 아니라 전에 제정된 것을 재차 확인한 뒤 완문으로 발급한 것이다.

조선시대 完文은 官이나 鄕校와 宗中과 같은 기관과 단체에서 어떠한 사실을 확인하거나 혹은 특전을 부여한 뒤 이를 증빙하기 위해서 발급한 문서로, 身役이나 雜役 및 세금 등을 면제하고 이를 증빙하기 위해서 발급하는 경우가 대부분이었다.[58] 따라서 「예조완문」으로 발급된 「사고절목」은 사고의 수호와 관리를 위해서 이전에 정한 특전(신역이나 잡역의 면제 등)을 예조에서 증빙하기 위해서 발급한 것이다. 즉 「사고절목」을 「예조완문」으로 발급한 것은 이미 정해진 사실을 확인하고 예조에서 발급한 증빙서류인 것이다.

한편 예조에서 완문을 발급할 때에는 典據가 있어야 가능하였다. 그 것은 明文化되어 있거나 口傳으로 내려와 익히 아는 사실이거나 아니면 전혀 새로운 내용이라 하더라도 증빙할 만한 것이어야 하였다. 따라서 「예조완문」에 포함된 「사고절목」은 분명 전거가 있었을 것이다. 그러므로 숙종 43년(1717)에 「예조완문」으로 발급된 「사고절목」의 전거는 「京外史庫守直節目」이므로 동일한 내용으로 봐도 무리가 없다.

그것은 「사고절목」에 춘추관사고의 수직과 강화사고 및 태백산·묘향산·오대산사고가 명시된 반면에, 적상산사고에 대해서는 전혀 언급이 없다는 점에서 확인된다. 이미 폐지된 지 오래된 묘향산사고는 기록되어 있는 반면에, 현존하는 적상산사고가 전혀 언급되지 않는 데서 확인할 수 있다. 즉 「사고절목」은 묘향산사고는 존재하고 적상산사고는 아직 설치되지 않은 상태에서 작성된 절목을 근거로 하여 재발급된 것으로 이해할 수 있다. 더욱이 "춘추관은 修造 전이어서 실록을 병조에 봉안하기로 하였다."[59]고 하는데, 이는 춘추관사고가 갖추어지기 전에 병조에 실

---

58) 전북대학교 박물관, 『박물관 도록 - 고문서-』, 전북대학교 박물관, 1998. 124쪽.
59) 「史庫節目」 春秋館修造之前 姑於兵曹仍爲奉安事 允下矣.

록을 봉안한 선조 39년(1606)의 상황과 일치한다.

한편 선조 39년(1606)에 작성된 「太白山史庫守直節目」은 개인의 문집에 수록되어 전해왔다.[60] 徐渻(1558~1631)의 문집인 『藥峯遺稿』에 수록되어 있었던 것이다. 서성은 검열·대교·봉교 등 한림을 역임하였고, 「경외사고수직절목」이 마련되던 당시에는 知春秋館事行同知中樞府事를 맡고 있었다. 따라서 「경외사고수직절목」의 제정에 참여하였을 것이다. 그리고 「경외사고수직절목」이 제정되던 선조 39년(1606)에 「태백산사고수직절목」이 작성되었음을 명기함으로써 「경외사고수직절목」을 태백산사고에 적용시켰음을 알 수 있다.

「태백산사고수직절목」은 모두 8항목으로 사고의 守直 民戶와 승려, 재정과 포쇄 등 수직에 관한 내용을 엄하게 정하고 있어 임진왜란 이후 사고의 운영 실태를 확인할 수 있다. 내용은 다음과 같다.

> 1. 役의 有無를 따지지 말고, 史庫 가까이 살면서 근면 성실한 백성 4명을 따로 선정하여, 일체의 身役과 戶役을 면제하고 오로지 사고의 수직만을 책임지도록 하되, 庫直의 일을 겸하여 살피게 하며 2명씩 번갈아 근무하게 하라.
> 1. 본도에서 거주지의 원근과 신역의 유무는 따지지 말고, 별도로 근면 성실하며 근거지가 확실한 승도 20명[61]을 선택하여 직접 살펴, 명단을 작성하여 [예조로] 올려 보내도록 하라.
>   예조는 守直帖文을 각각 지급하되 그중 1인을 정하여 首僧의 첩문을 별도로 지급하고, 그에게 使役을 면제해 주도록 하라. 각 관청의 수령은 이 일을 방해하는 행위를 하지 말라. 만약 방해하는 수령이 있으면 예조에서 조사 입계하여 엄중히 치죄할 것이다.
> 1. (사고) 근처에 있는 큰 사찰의 位田은 本道의 감사가 수량을 헤아려 가감하여 줄 것을 啓聞하고 시행함으로써 살아가는 바탕으로 삼도록

---

60) 『藥峯遺稿』 卷二, 補遺, 太白山史庫守直節目. 萬曆 三十四年 五月 日.

61) 「仁祖戊寅史草」에는 30명으로 기록되어 있다. 且以僧人三十名 別定看護. 이로 보아 처음에는 20명이었으나 나중에 30명으로 증가한 것으로 여겨진다.

하라.

1. 사고의 일이 결코 작지 않음에도 단지 혼미하고 용렬한 사람으로 수직하게 하는 것은 지극히 온당치 못하니, 本邑에 거주하는 有識品官 2인을 엄선하여 신역과 호역 일체를 면제해 주고, 箕子殿 참봉의 사례대로 제사를 적어 參下官 급료를 지급하고 서로 교대하며 숙직하게 하라. 만일 부지런히 힘써 직무에 진력하는 자가 있으면 본도에 계문하여 論賞토록 하라.

1. 포쇄는 과거의 예에 따라 3년에 한번 거행하며, 응당 소요되는 잡물은 본도에서 준비하도록 하되, 기름종이는 13궤에 대하여 3궤에 6장을 부쳐 1건씩으로 하고, 베자루는 1궤에 좋은 베자루 2부씩이 되도록 5승 연포(거친 베) 20자씩을 마련하도록 하라. 기타 잡물은 들어갈 양을 참작하여 시행토록 하라.

1. 본도 都事는 매년 봄과 가을에 사고 건물의 외부를 자세히 살피고 이상 유무를 계문하도록 하라.

1. 산으로 놀러오는 잡인 및 무뢰한, 중, 비구니, 社長 등을 일체 들어오지 못하게 막고, 부득이 하여 발을 들여놓은 경우에는 본관이 살펴서 처리하도록 하라.

1. 미진한 조건은 추후 마련함에 따라 시행하도록 하라. 다만 사고 속에 보관된 궤나 싸서 둔 것, 기름종이 등의 물건은 3년에 한 번씩 손을 보도록 하고, 민폐를 끼칠 경우에는 6년에 한 번씩 손을 보거나 혹 해진 뒤에 손을 보아도 되니, 업무를 줄이는데 힘쓰도록 하라.

비록 「태백산사고수직절목」으로 명기되어 있지만, 4곳의 외사고에 모두 적용되었을 것으로 추정된다. 그것은 "사각을 설립할 때 예조의 啓下事目을 판자 위에 새겨 사찰의 벽에 걸어 놓았다."[62]는 것으로 확인된다.

이를 통해 다음을 확인할 수 있다. 사고 수직은 인근에 사는 백성 4명과 승도 20명 그리고 사고 참봉 2명 등 모두 26명이 맡아 하였다. 이들에게는 각기 身役과 戶役과 雜役 등이 면제되었고, 사고 참봉에게는 급

---

62) 洪宇遠, 「曝曬時陳所懷疏」『南坡文集』권4, 疏.

료(官料)가 지급되었다. 승도에게는 예조에서 守直帖文이 발급되었는데,
이는 각 관청에서 이들을 함부로 다른 僧役에 동원하는 것을 막기 위해
서였다. 또한 사고 인근에 있는 큰 사찰에 位田[63]을 주어 승려들이 自生
할 수 있도록 하였다. 이처럼 사고 수호를 위해서 수직인에게 혜택이 주
어졌다.

한편 직무에 충실한 사고 참봉에 대해서는 본도의 감사가 계문하여
論賞하도록 하였고, 本道의 都事가 직접 사고의 외부를 살핀 후 보고하
도록 하였다. 또한 사고가 험한 산중에 설치된 까닭에 고립되어 있으므
로 사전에 위험을 방지하기 위해서 외부인의 출입을 제한하였다. 마지막
으로 실록의 보존처리로 인한 민폐가 없도록 하였다.

「태백산사고수직절목」에 명시된 승도의 사고 수직에 따른 잡역의 면
제는 단종의 묘를 수직하는 승려에게도 적용되었다. 광해군 2년(1610)
동부승지 李志完은 단종의 묘를 관리하는데 승려를 이용하려는 영월군
수 金澤龍의 뜻을 알고 이를 임금에게 건의하였다. 즉 "군수 김택룡이
약간의 승려를 모집하여 몇 칸짜리 암자를 지은 뒤, 그들에게 수직하며
樵牧을 금하게 하려 하나, 僧役이 번다하고 무거워 장차 묘를 보호하며
살 수 있게 할 처지가 못 되므로 매우 염려하고 있었습니다. 오대산사고
를 수직하는 예에 따라 본도의 僧軍을 나누어 배정할 때에도 일체 침해
하지 말게 하고, 잡역을 완전 면제시켜 수호하는 일만 전담시킨다면 그
런대로 영구히 시행할 규정으로 삼을 수도 있을 것이니, 該曺로 하여금
속히 거행하게 하여 감사에게 移文하는 것이 타당할 듯한데, 본군의 士
子(士人)들이 聯名으로 呈狀하며 간절히 전달해 주기를 바라고 있습니
다."[64]라고 한 것이다.

---

63) 태백산사고에는 위전으로 2結이 지급되었다. 「仁祖戊寅史草」折給寺位田二結使
    之資生 其來已久.
64) 『광해군일기』 권33, 2년 9월 乙丑.

여기에서 주목할 점은 오대산사고를 수직하는 예에 따라 승군을 나누어 배정하고, 외부에서 어떠한 침해도 하지 못하게 하며, 잡역을 완전히 면제시켜 수호하는 일에 전념할 수 있도록 한다는 것이다. 임금이 이를 받아들임으로써 건의는 성사되었고, 단종의 묘는 승려들에 의해 수호되었다. 이처럼 승려의 사고 수직과 그에 따른 잡역 등의 면제는 사고 수호에 유용한 방편이 되었다.

「태백산사고수직절목」과 「사고절목」을 비교하면 다음과 같다.

〈표 13〉「태백산사고수직절목」과 「사고절목」 비교

구분	태백산사고수직절목	사고절목	비고
백성 4호	勿論有無役 別擇傍近勤實百姓四戶 盡除身戶役 專責史庫守直 兼察庫直之事 二人式遞番事.	太白山香山五臺山乙良依當初啓下　公事勿論有無役別擇傍近百姓四戶　盡除身役專責史庫守直兼察庫直之事　二名式替番爲白乎旀	
승도	僧徒二十名 令本道勿論居住遠近身役有無 別擇勤實有根着人 親審成册上送 自該曹各給守直帖文 取其中一人另給首僧帖文 使之蠲除使役各官守令不得下手侵責 如有侵責守令 則自曹隨所聞入啓重治事.	僧徒乙良每一處四十名爲額　令本道勿論居住遠近身役有無別擇勤實有根着人親審成册上送　自該曹各給守直帖文 就其中一人另給首僧帖文 使之領率守直爲乎矣 凡于守直寺社及身役一切蠲除各官守令不得下手侵責　如有侵責守令 則自有所隨所聞入啓重治爲白乎旀	
사찰·위전	近處巨刹位田 令本道監司量數移給 啓聞施行 以爲資生之路事.	近處巨刹所屬位田乙　令本道監司量數移給 啓聞施行 以爲資生之路爲白旀.	
참봉	不小史庫 只以迷劣下人守直極爲未安 本邑居生有識品官二人極擇 身役戶役一切蠲除 依箕子殿參奉例題給參下料 相遞守直 如有勤勞盡職者 令本道啓聞論賞事.	莫重史庫 只以迷劣下人守直極爲未安本道居生有識品官二人極擇身戶役一切蠲除 依箕子殿參奉例題給參下人粮料 相遞守直 如有勤勞盡職者 令本道啓聞論賞爲白齊.	
입산금지자	遊山雜人及無賴僧尼社長等 一切禁斷 使不得接跡 令本官察治事.	遊山人及雜人無賴僧尼舍黨等一切禁斷使不得接跡 令本道察而治之爲白齊.	
포쇄	曝曬依舊例三年一次擧行 應用雜物令本道措備 油芚則十三幅內 每三幅六張付一件式 布袱則每一幅甲袱二部大五升練布二十尺式磨鍊 其餘雜物 入量參酌施行事.		

사각 봉심	令本道都事 每年春秋史閣外面奉審 有無事啓聞事.	一外方史庫江華外皆在深山之中 每年春 秋館史閣外而奉審有無事啓聞爲白乎矣	
춘추관		守直事段令該曹部將定送帶率軍士四名 晝夜不離爲白乎矣 本館郎廳一員相替 守直書使令庫直各二名 令各該司價布 粮米題給爲白齊	
기타	未盡條件 隨後磨鍊施行 但藏在庫 中之櫃所裹油芚等物 三年一改 以 貽民弊 可六年一改 或破然後改 務 盡省約事.		

「태백산사고수직절목」은 특정 사고를 명기하고 있으므로 절목이 적용되는 사고를 따로 명시하지 않았다. 반면에 「사고절목」은 태백산·(묘)향산·오대산을 명기하고 있다. 이미 폐지된 묘향산사고가 언급된 반면에, 이 시기 운영 중이던 적상산사고는 명기하지 않았다. 그것은 앞서 언급한 바와 같이 「경외사고수직절목」을 근거로 하여 완문을 발급할 때, 그대로 筆書한 때문으로 보인다.

「사고절목」에는 춘추관사고에 관한 내용이 있지만 전체적으로 보아 「태백산사고수직절목」과 대동소이한데, 몇 가지 면에서 차이를 보이고 있다. 먼저 승도의 숫자이다. 「태백산사고수직절목」에서는 20명을 명기한데 비해 「사고절목」에서는 각 사고마다 40명을 둔다고 기록하고 있다. 시기적으로 보아 20명이던 승도가 100여 년이 흐른 뒤에는 40명으로 증가한 것으로 볼 수 있다. 그러나 앞서 살펴 본 바와 같이 「사고절목」이 「경외사고수직절목」을 그대로 필사한 것이라면, 본래는 40명이었는데 각 사고의 사정에 맞게 숫자를 조절한 것으로 볼 수도 있다.[65]

다음은 사고를 관리하는 실질적 책임자인 참봉의 선발에 관한 지역제한이다. 「태백산사고수직절목」에서는 '本邑에 거주하는 有識品官 2

---

65) 만일, 「사고절목」이 肅宗代 상황을 반영한 것이라면, 이와 반대로 해석할 수 있다. 즉 계속해서 離散하는 승도를 고려하여 증원한 것으로 볼 수도 있다.

명'으로 했으나 「사고절목」에서는 '本道에 거주하는 유식품관'으로 그 범위를 확대하였다. 本邑과 本道를 글자 그대로 해석하느냐 아니면 같은 의미로 해석하느냐의 차이는 존재한다. 그렇지만 사고 참봉은 처음부터 본읍 혹은 본도로 제한하였다.

다음은 사고에 외부인이 함부로 들어오지 못하도록 통제한 入山 금지 대상자이다. 「태백산사고수직절목」에서는 '社長'이라 하고, 「사고절목」에서는 '舍黨'이라 하였다.

社長은 임진왜란 이후 선조와 광해군 때 횡행한 집단을 말한다. 이들은 "근래 인심이 요망스러워 괴이한 것을 좋아하는 것이 날로 극심합니다. 京外의 남녀들이 徭役을 피하기 위하여 社長이라 칭하기도 하고, 居士라 칭하기도 하면서 사방을 두루 돌아다니며, 일세의 사람들을 미혹시키고 있습니다. 하는 일없이 놀면서 먹고 백성의 재물을 축내는 그것만도 가증스러운 것인데 朋類들을 불러 모아 늘 모임을 갖는바 이것이 점점 만연되어가고 있습니다. 외방에 이르러서는 道場을 설치할 적에 반드시 먼저 나무를 깎아 희게 하고 거기에다 글씨를 써놓는데, 그렇게 하면 원근에서 老幼를 막론하고 풍문을 듣고 구름처럼 모여들어 번번이 1만 명을 헤아릴 정도입니다. 만약 특별히 科條를 세워 통렬히 금단하지 않으면 반드시 도모하기 어려운 폐단이 있게 될 것이니, 該曹로 하여금 엄하게 事目을 만들게 하소서."66)라고 하여 사회적 문제가 된 집단이었음을 알 수 있다.

舍黨은 본래 패를 지어 다니면서 노래와 춤을 파는 娼女 비슷한 여인들을 가리키며, 寺黨·社黨·舍黨이라고도 하는데 흔히 寺黨이라고 많이 쓴다. 이러한 사당이 여자인데 반해 남자인 경우가 남사당이다. 사당의 일반적인 속성에 유희를 곁들인 것이 남사당으로 발전한 것이라 한다. 하지만 이들의 활동 시기는 명확하지 않다.

---

66) 『선조실록』 권200, 39년 6월 辛丑.

이로 보아 社長이나 舍黨 모두 일정한 지역에 정착에서 거주하는 안정적인 집단이라기보다는 거처가 불안정한 무리들로 인식되고 있었으며, 특히 지배층에서 볼 때에는 관리대상으로 취급되었던 것으로 보인다.

사고의 奉審에 관해 「태백산사고수직절목」에서는 본도의 都事가 봉심한 뒤 계문하도록 하였으나, 「사고절목」에서는 누가 봉심하고 보고하는지에 대해서 서술하지 않았다. 이상 몇 가지 차이점을 지적하였으나 전체적으로 보아 대동소이함을 알 수 있다.

한편 임진왜란 이후 험한 산중에 설치된 외사고는 조선전기와 다른 방식의 운영과 관리가 요구되었다. 먼저 수호 인력과 그에 따른 물자의 공급, 실록의 봉안과 포쇄 등에 따른 인력과 물자의 조달이 이전과 달리 복잡하게 되었다. 조선전기에는 관원이 사고를 관리함으로써 좀 더 안정적인 체계를 갖추었으나 후기에는 산중에 위치하고 관원 대신 승려로 대체함으로써 그에 따른 제반 조치가 수반되었던 것이다.

이러한 변화에 대응하여 앞서 살펴 본 바와 같이 「경외사고수직절목」이 마련되어 시행되었다. 그러나 법과 제도 그리고 실질 운영에 차이가 발생함으로써 시행착오를 겪게 되었다. 선조 39년(1606) 「경외사고수직절목」이 처음 마련된 이후 숙종 43년(1717)에 「예조완문」으로 「사고절목」이 발급되었고, 광무 2년(1898)에 칙령 제2호로 제정된 것이다.

한편으로 「경외사고수직절목」의 적용은 산성 안에 설치된 적상산·정족산사고와 산중에 세워진 태백산·오대산사고로 나누어 살펴 볼 필요가 있다. 즉 산성이라는 국방시설물의 수호와 병행하는 사고 관리와 오로지 사고만을 수호하는 것은 인력의 배치 등 모든 면에서 차이를 가질 수밖에 없기 때문이다. 또한 임진왜란 이후 새롭게 외사고를 설치하면서 「경외사고수직절목」이 제정될 때에는 산성 안에 설치된 사고가 한 곳도 없었다는 점도 고려해야 한다. 따라서 「태백산사고수직절목」과 「사고절목」에는 산성과 관련된 내용이 전혀 보이지 않고 오로지 사고 수호에 관한 내용만 수록되어 있음을 이해할 수 있다.

산성 안에 설치된 적상산사고와 정족산사고에 관한 절목은 따로 전하지 않는 대신에 적상산성과 정족산성에 공통적으로 배치된 別將이 혁파되고 있음을 확인할 수 있다. 즉 적상산성에서는 별장을 혁파하고 그 역할을 승장에게 일임하였으나,[67] 정족산성에서는 '사고는 그대로 정족산에 두고 성은 수축하지 말 것이며, 사고의 수직은 다른 사고의 예대로 참봉 두 사람을 차출하여 교대로 수직하게 하도록 하면서 별장을 혁파'[68]한 것이다. 정족산성에 배치된 별장을 혁파하면서 그 역할을 누가 대신하였는지 확인되지 않지만, 적상산성의 예처럼 승장이 맡아 했을 가능성도 있다. 이처럼 산성 안에 설치된 사고에는 별장의 존재 등 산중에 설치된 사고의 운영과 근본적으로 달랐음을 알 수 있다.

사고 운영에 관한 지침은 大韓帝國期에 이르러 변화를 갖게 되었다. 첫 번째 변화는 사고 운영의 주체가 춘추관에서 의정부로 바뀐 것이다. 고종 34년(1897) 7월, 參政 南廷哲이 "강화부·양주[69]·강릉·봉화·무주군의 史庫를 오늘부터 의정부에서 담당하여 지키는 일에 대해 토의를 거쳐 상주합니다."라고 하자, 임금이 허락함으로써 운영 주체가 바뀐 것이다.[70]

두 번째 변화는 운영 주체가 의정부로 바뀐 이후 후속 조치로 이루어진 사안들이다. 그 내용은 고종 35년(1898) 1월에 반포된 칙령 제2호에 포함되어 있다.[71]

제1조는 포쇄에 관한 것으로 포쇄관 파견과 그에 따른 제반 경비의

---

67) 「진성책」 인조 9년(1631).

68) 『비변사등록』 현종 6년 10월 30일, 「江都事目」.

69) 이에 대해서는 배현숙, 『조선실록연구서설』, 태일사, 2002, 266~268쪽, 참조.

70) 『고종실록』 권35, 34년(建陽 2년) 7월 15일(양력).

71) 「官報」 光武 2年 1月 14日 ; 「勅令」 光武 2年 1月 12日 ; 『고종시대사』 권4, 1898년 1월 12日.

부담 등이다. 즉 포쇄는 3년마다 궁내부에서 비서랑을 파견하여 실시하는데, 그에 따른 제반 경비는 궁내부에서 지출함으로써 사고가 설치되어 있는 해당 고을에서는 부담할 필요가 없게 되었다.[72] 이전에는 포쇄관 파견에 따른 접대는 이들이 경유하는 고을과 사고가 소재한 道에서 관내의 고을에 배당한 支供으로 해결하였는데, 이제는 궁내부에서 지출하여 해결토록 한 것이다.

제2조는 각 사고의 책임 주체와 수호 인력에 관한 것이다. 사고 수호에 관한 모든 것은 사고가 설치되어 있는 지역의 지방장관인 관찰사가 맡아하며, 수직 등 사고 수호는 각 사고에 부속된 수호 사찰의 승려가 교대로 돌아가면서 맡도록 하였다.[73]

제3조는 사고 운영에 필요한 경비와 승려에게 지급되는 급료 그리고 사고 수리비와 포쇄비용의 산정 등이다. 이전과 달리 각 사고를 운영하는데 소요되는 경비 일체를 미리 책정한 것이다. 즉 각 사고에 부속된 재산과 토지를 그대로 승계해 수직하는 승려들의 연간 생활비로 충당 할 것이며, 부족액은 새로 책정하고, 매년 소요되는 사고의 수리비와 3년마다 실시하는 포쇄비용을 산정하되, 별표와 같이 한다는 것이다.[74]

이를 통해 각 사고에 부속된 재산과 토지는 수직하는 승려들의 생활비로 사용하도록 하였음을 알 수 있는데, 본래 사찰 소유의 재산과 토지를 말하는지 아니면 사고 수호를 위해서 국가에서 제공한 재산과 토지를 가리키는지 확인되지 않는다. 또한 사고 수리비와 포쇄비용을 일률적으

---

72) 第1條 江華府와 楊州·江陵·奉化·茂朱郡에 在한 史庫는 議政府에서 句管케 하며, 曝曬에 關한 事는 每 3年에 宮內府에서 秘書郞을 派遣하되 盤費는 宮內府로부터 支撥한즉 該 史庫에서는 支供함이 無함이라.
73) 第2條 各 史庫의 守護等節은 各該 地方長官이 專管하고 守直等節은 各 史庫에 附屬한 寺僧으로 輪回 擧行케 함이라.
74) 第3條 各 史庫에 守護하는 經費는 該 史庫에 附屬한 財産과 土地를 依舊 仍屬하여 守置僧徒의 年料를 磨鍊하며, 其餘 不足額은 新增하고 每年 修理費와 每3年 曝曬費를 算定하되 別表와 如함이라.

로 산정함으로써 사고 수리와 포쇄가 보다 안정적인 기반을 갖도록 하였다. 그러나 초과되는 비용의 발생에 대해서는 언급이 없다.

제4조는 사고 운영에 소요되는 비용의 지출 방식이다. 즉 해마다 사고의 운영에 지출되는 비용은 해당 지역의 군수가 군의 公納 중에서 먼저 지급하고, 이를 度支部에 보고한 뒤 정산하는 방식이다.[75]

제5조는 사고 봉심과 사고 주변에 있는 소나무 등의 벌목 그리고 이에 따른 경비의 지급방식과 수직인에 관한 감독 등이다. 즉 해당 지역의 수령이 사고를 봉심하고 사고지 권역에 있는 소나무 등 나무 관리는 분기별[76]로 하되 이에 따른 경비는 해당 지역의 旅費 중에서 지급하고, 수직 태도를 자세히 관찰하며, 사고 관리에 필요한 건물의 보수 등 제반 경비는 별표에 명시된 매년 수리비용을 넘지 않도록 하고, 수리내역을 보고서로 만들어 의정부와 궁내부에 직접 보고할 것 등이다.[77]

제6조는 이 법의 시행 연월일로, 광무 2년(1898) 1월 1일부터 시행되었다.

이후 사고 운영에 관한 개정 안건이 제정되고,[78] 융희 2년(1908)에는

	土地財産仍舊	每年新增額	每年修理費	每年曝曬費
江華		150元	50元	20元
楊州	畓14石落. 復結 41結		50元	20元
江陵	還米代錢 300兩. 賭錢 60兩	140元	50元	20元
奉化		150元	50元	20元
茂朱	賭錢 182石		50元	20元

75) 第4條 每年 經費 支撥함은 各該郡守가 該郡 公納 中에서 先爲 支給하고 度支部에 報하여 除減케 함이라.

76) 1월·4월·7월·10월.

77) 第5條 各該 地方官이 史庫를 奉審함과 四山局內 松楸를 適奸함은 4孟朔으로 擧行하되 盤費는 該郡 旅費 中에서 支用하고 守直 勤慢을 詳察하며 庫舍를 修補하는 各樣 費用은 左開한 每年 修理費額에 過치 勿하며 緣由를 成簿하여 議政府와 宮內府에 論列 直報케 함이라.

78) 『고종실록』권40, 37년(光武 4년) 1월 21일(양력). 勅令 第七號, 江華府楊州江陵奉化茂朱郡所在史庫守護件中改正件.

宮內府로 이관되는 등 변화가 있었지만 일제의 침탈에 따라 종국에는 폐지되었다.

조선후기에는 관리의 불편함을 감수하면서 섬이나 산중에 사고를 설치하고 실록을 보관하였다. 궁궐 내에 있는 춘추관에 보관되던 실록이 전란으로 인해 일부 散葉本만 남긴 채 종적조차 찾기 어려운 것에 비해, 강화도와 태백산 그리고 적상산에 보관된 실록은 현존한다. 오대산사고본은 일본으로 강탈당한 뒤 1923년 관동대지진 때 대부분 없어지고 일부만 보존되었는데, 2006년 '기증' 형식으로 반환되었다.

3) 사고 운영의 문제점

사고 운영에서 조선전기와 후기의 가장 큰 차이점은 위치의 변화와 운영관리에 필요한 인적 구조가 전혀 다르다는 점이다. 전기에는 사고가 읍치의 官舍 근처에 설치된 까닭에 전담 관원의 배치 뿐 아니라 관리에 필요한 인력과 물자 공급 등이 수월하였다. 그러나 후기에는 산중이나 산성 안 또는 섬에 사고를 설치하고 승려에게 수호하도록 함으로써 이전과는 다른 운영체계가 필요하게 되었다. 이를 위해서 준비된 것이 「경외사고수직절목」이다.

절목은 선조 39년(1606)에 새로 설치된 사고에 실록을 分藏하면서 제정되었다. 그런데 인조 때에 이르러 그 폐단이 드러났다. 사고에 소속된 승려와 庫直은 身役과 雜役이 면제된다는 규정에도 불구하고 신역을 부담하지 않을 수 없었고, 사찰은 사고 관리를 위해서 지급받은 位田마저 빼앗기게 되었다. 인조 7년(1629) 오대산사고의 실록 수호총섭인 雪淸과 應元 등은 이에 관해서 소지를 올렸다. 조정에서는 수직승의 신역과 잡역을 면제하고, 王陵을 쌓는 일이 있어도 차출하지 못하도록 하였다. 그리고 만약에 수호 사찰에 손상이 있을 경우에는 여러 읍에서 수리를 돕

도록 하였다.79)

사고 운영에 있어서 문제점의 대다수는 수직인에 관한 것이었다. 사고 관리에 있어서 현장 책임자는 참봉이었는데, 참봉의 임무는 璿寺兩閣을 수호할 책임을 갖고, 교대로 入直하여 守直僧과 庫直을 관리하고 단속하여 수호를 엄중히 하는 것이었다. 또한 산성 관리의 책임은 別將이, 산성과 사고를 수호하기 위해서 入番하는 승려들은 僧將이 관리하였다. 그런데 이들은 軍役이 면제되어 禮曹나 監司에게 부탁하여 부임하는 자가 많았다. 또한 배경을 내세워 임무에 충실하지 않았고, 자주 교체될 뿐 아니라 사사로운 일에 몰두하여 사고 수호에 마지못하여 붙어 있을 정도였다. 이처럼 참봉과 별장 등의 임명에 있어서는 외부의 압력이 노골적으로 자행되었고, 막상 부임한 참봉과 별장은 사고 수호에는 관심이 없고 오로지 제 한 몸 챙기기에 바빴다.

적상산사고에서 발생한 사고 참봉의 폐단도 이와 다르지 않았다. 사고 참봉을 茂朱 사람으로 채우는데 그 방법이 구차하였다. 사고 참봉의 糧料를 감축할 뿐 아니라 자주 교체한 것이다. 이로 인해 참봉은 근무에 태만하고 소홀하여 勤實하게 직분을 다 하는 자가 없었다. 따라서 승도와 고직에 대해서 관리하고 단속하는 일마저 소홀하게 되었다.80) 이처럼 사고 참봉의 역할이 문제되자 그 대안으로 '도내의 유명한 선비를 선택하고 月數를 정하여 俸米를 넉넉하게 주며, 직책을 잘 수행하고 월수를 채우는 자는 正職으로 옮겨 임명하는 바탕으로 삼는다면 수직하는 일에 효과가 있을 것'이라고 하였으나, 이마저 제대로 시행되지 않았다.

절목에서는 사고를 수직하는 승도의 잡역 일체를 면제하도록 하였고, 각 관청의 수령들에게는 이들을 침범하지 못하도록 하였다. 그래도 이들을 침범할 경우에는 엄중히 죄를 다스리도록 하였다. 그러나 이것도 전

---

79) 『조선사찰사료』「예조완문」.
80) 「請安城面還屬本府」疏首 參奉 朴文郁. 『적성지』(天), 권5, 「赤裳山城」.

혀 지켜지지 않았다.

「全羅道茂朱縣赤裳山城條陳成册」[81]의 핵심은 사고가 아니라 산성이지만, 사고 수호에 있어서 핵심이 되는 승도에 관한 내용이 포함되어 있다. 즉 적상산성을 수축하고 史閣을 수호하던 수직승을, 담양 금성산성을 수축하면서 모조리 데려가 버려 사각을 수호하는 승도가 없게 되었다는 것이다.[82] 이처럼 사고 수호를 위해서 배치된 승도를 임의로 차출해 가 버린 것이다.

「태백산사고수직절목」에 따르면, 상주하면서 사고를 관리하는 인력은 참봉 2명과 고직 4명 그리고 승도 20명이다. 만일 이와 같은 인력이 배치되었다면, 승도를 모두 데려가 버렸으므로 사고 수직인원은 참봉 2명과 고직 4명만 남게 된다. 물론 그 당시 적상산사고에는 적상산성을 수호하는 인력으로 守僕 12명, 軍兵 84명, 僧徒 16명이 있어 이들이 함께 사고를 수호하였을 것으로 추정되지만, 엄격한 의미로 보아 사고 수호를 전담하는 승도는 한 명도 없었던 것이다. 상황이 이러하므로 무주현감 金壽昌은 '사각을 수호하는 자가 아무도 없어 막중한 사고를 지키는 일이 허전하고 미덥지 않아 아주 염려스럽다.'[83]고 한 것이다.

태백산사고가 설치된 봉화현에서는 이보다 폐단이 심했다.[84] 수직하

---

81) 인조 10년(1632)에 무주현감 金壽昌이 적상산성 수축상황 등을 기록한 책으로, 기재 내역은 성의 크기와 수축상태, 4대문의 형세(대문의 이름과 샘의 위치), 4대문 頹落形止, 城外四方道里形勢, 城內 家舍完破形止, 성내에서 축성과 관계되거나 성내에서 발생한 일, 군량의 액수, 군기의 종류와 수량 및 그 액수 등이 기재되었다. 이 사료를 통하여 산성 수축에 따른 여러 사항과 수호인력에 등에 대해서 알 수 있다. 특히 산성 축성에 승려가 동원되고, 산성 관리를 위해서 참봉 등 수호인력이 배치되었으며 이들에게 料價가 지급되는 사정 등을 살필 수 있다.

82) 「진성책」. 僧將德雄以募聚義僧九十二名 修築城基仍以分番史閣守護爲如乎 中年間潭陽金城山城巡營設立時 同義僧木乙無遺移屬金城 無一人來守莫重史閣守護之事 日以虛疎極爲可慮事.

83) 「진성책」, 無一人來守 莫重史閣守護之事 日以虛疎極爲可慮事.

84) 본래 봉화는 작은 고을이어서 수직하는 승도 대부분은 安東이나 英川·三陟·蔚

는 승려와 연고가 있는 境內에 사는 同族을 여러 가지 방법으로 침범하
였고, 모든 승군의 잡역에 대해서는 그 값을 독촉하여 징수하지 않음이
없었으며, 경내에 있는 사람으로 수직하는 군사를 아무런 이유 없이 탈
취하여 군역에 충당하였다. 이웃하고 있는 영천군에서는 사고 고직을 빼
앗아 軍保에 충당하였는데, 전에도 이런 일이 빈번하였다. 이에 대해서
봉화현감이 여러 차례 항의하고 감사에게 論報하였으며, 감사 역시 사목
에 따라 처리하라고 지시하였으나 끝내 바로잡지 못하였다.[85]

한편 태백산사고 수호 사찰인 覺華寺 승군에게는 마땅히 지급되어야
할 給料마저 지급되지 않았다.

> 각화사 승군의 料米에 대해서는 비록 강릉·무주·강화 세 곳의 예가 있다
> 고 하더라도 몇 년 동안 없었던 일이니, 지금에 와서 갑자기 의논할 수 없습
> 니다. 그대로 두게 하소서.[86]

그 당시 오대산·적상산·정족산사고의 수직승에게 급료가 제 때 지급
되고 있었는지 확인할 수 없으나, 각화사에서는 몇 년간 지급되지 않았
고, 다시 지급하는 것도 할 수 없다는 것이다. 이처럼 마땅히 지급해야
할 料米마저 지급되지 않았다.

또한 평안감사 閔聖徽가 안동부사로 재임할 때에는 수호 사찰에 位田
을 주어 自生토록 한 것조차 폐지되었다. 이에 따라 거주하는 승려들은
자생할 수 없게 되었고, 결국 각각 흩어져 버리는 형세가 되었다. 이처럼
관리들이 사목을 준수하지 않아 승려들은 위전마저 잃었던 것이다.

위와 같은 상황이 벌어진 데에는 무주현과 봉화현의 위상과도 관계가

珍 등에서 차출하였다. 또한 수직하는 군사들 역시 인근 고을에 거주하는 자들
이었다.
85) 洪宇遠, 「曝曬時陳所懷疏」『南坡文集』 권4, 疏.
86)『순조실록』 권14, 11년 3월 戊寅.

있다. 사고의 운영경비는 인근의 군현에서 충당하는 것이 상례였다. 그런데 봉화와 무주는 모두 영남과 호남에서도 지극히 작고 쇠잔한 고을이었다. 때문에 사고에 관한 일로 각 고을의 관아에서 공문이 오고가게 되면, 각 고을의 수령들은 항상 있는 일로 대수롭지 않게 취급하며 협조하지 않았다. 이로 인해 사고가 소재한 무주와 봉화현에서 주로 담당하게 되어 사고 관리는 날로 해이하게 된 것이다.

이처럼 사고 관리 폐단이 발생하자, 춘추관에서 다음과 같은 방안을 제시하였다. 즉 사고 참봉에게 급료를 지급하지 않고, 수호 사찰의 위전을 빼앗는 등의 그릇된 관행[87]을 되풀이 하는 자는 잡아 가둔 뒤에 啓聞하도록 3도 감사에게 移文할 것과 임신년(1632) 이후 違法하게 差送된 자는 군역의 면제를 금지시킬 것을 청하였다.[88] 또한 선사양각을 수호하는 고직 등을 다른 부역에 移定한 감사와 수령을 推考하고 이후로는 절대 侵責하지 못하도록 宗簿寺에서 요청하기도 하였다.[89]

그렇지만 적상산사고의 수비를 보강하게 되면, 오히려 도적이 노리는 바가 된다고 하여 수호를 소홀히 함으로써 약간의 병졸과 승병만이 사고를 지키는 상황이 발생할 정도로[90] 폐단은 계속되었다.

---

87) 『인조실록』 권37, 16년 9월 辛未.
88) 『승정원일기』 인조 16년 9월 庚午.
89) 『승정원일기』 인조 17년 11월 壬申.
90) 『적성지』(天) 권5, 「적상산성」, 「全南監司趙啓遠上疏」.

제5장

적상산사고의 설치 배경과 변천

1. 적상산사고 설치와 실록의 봉안

1) 적상산사고 설치 배경과 과정

적상산사고는 광해군 6년(1614)에 실록각이 건립되고, 4년 뒤인 광해군 10년(1618)에『선조실록』이 봉안됨으로써 설치·운영되었다. 그간 적상산사고의 설치는 북방의 안전문제에 따라 묘향산사고를 대체한 것으로 인식되었다. 그렇지만 설치 배경과 과정에 대한 설명이 명확하지 않았다.

조선은 임진왜란이 끝난 뒤 復舊와 함께 국방시설의 점검 및 새로운 침입에 대비하기 위해서 부단한 노력을 하였다. 선조 39년(1606)에는 女眞族의 준동에 대비하여 북방지역의 여러 방어시설에 대한 대대적인 수축을 단행하는 등 국방시설의 점검과 개축을 추진하였다. 그러던 광해군 2년(1610)에 비변사에서 적상산성의 수축을 건의하였다.

> 무주 남쪽 20리 남짓 되는 곳에 옛 산성이 있으니 赤裳이라고 부릅니다. 四面이 깎아지른 듯 한 절벽이라서 사람들이 오를 수 없고 다만 한 가닥 길이 있어 언덕을 따라 오르니, 한 사람이 창을 메고 지키면 1만 명의 병사를 막을 수 있습니다. 중앙에 흐르는 내와 깊은 연못이 있어, 여기에 城을 쌓을 수 있으니, 다른 날 保障의 장소가 될 것입니다. 마땅히 먼저 僧徒를 모집하고 터를 열어 사찰을 건립하고, 널리 屯軍을 모집하여 성을 쌓을 수 있는 근본을 세우십시오.[1]

---

1) 이 기록은 최현의「赤裳山寶鏡寺香爐峯記」(『訒齋集』卷十, 記)에 나온다. 이 글은 "무주 적상산성이 언제 축성되었는지에 대해서 유신으로 하여금 詳考하여 아뢰

국방시설의 점검과 수축에 전념하던 시기에, 비변사에서 적상산성의 중요성을 논하고 수축을 건의한 것이다. 그런데 산성의 수축 과정을 보면, 먼저 승도를 모집한 뒤 터를 잡아 사찰을 건립하고, 널리 둔군을 모집하여 이들로 하여금 성을 수축하는 것이었다. 즉 승도가 먼저 산에 올라 사찰을 건립하여 활동할 수 있는 공간을 만들고, 널리 군인을 모집하여 그들로 하여금 성을 수축하도록 하자는 것이다.[2]

광해군은 이를 받아들여 성균관 대사성 辛慶晉에게 형편을 살펴보게 하고, 德雄을 都摠攝[3] 大禪師겸 僧大將으로 삼아 사찰을 세우고 성을 쌓는 일 등을 주관케 하였다. 덕웅이 무주 적상산에 와서 일을 주관한 것은 다음해였다. 광해군 3년(1611)년 2월 9일, 덕웅이 지리산 청학동 佛日菴에서 나와 적상산성에 왔다. 덕웅과 승려들이 풀을 엮어 草幕을 짓고, 승려 50명을 거느리고 古闕을 파서 사찰을 세우려 할 때, 옛 구리거울 2隻, 沙尊 1雙, 구리향로, 은비녀 등이 발굴되었다.

한편 崔晛이 兩南巡撫御使로 적상산에 도착하여 덕웅을 만난 것은 이듬해인 1612년이었다.[4] 그 때 덕웅은 사찰을 짓기 위해 터를 닦으면서 발굴한 유물을 최현에게 보여 주었다. 이를 본 최현은 적상산성의 축성 시기를 가늠하기 어렵다 하면서 "옛날 사람들은 옛 그릇을 얻으면 혹 그 연대를 기록하고 혹 그 지역의 이름으로 삼았으니, 이제 봉우리는 香爐峰이라 하고, 사찰은 寶鏡이라 하고자 한다. 또한 이 그릇들을 갈무리하고 전하여 古蹟으로 삼는 것이 또한 옳지 않은가?"[5]라고 하였다.

라."는 지시에 따라 최현이 옥당에서 수직하면서 작성한 「赤裳山城考啓」(『訒齋先生別集』 卷二, 書啓)와 같은 시기에 작성되었다.

2) 이러한 방식은 임진왜란 이후 축성된 남한산성의 사례에서도 확인된다.

3) 총섭이란 본래 僧職으로 고려 말에 그 명칭이 잠시 보이다가 조선에 들어와 임진왜란이 일어나자 서산대사에게 도총섭을 주어 전국의 의승군을 통솔하도록 한데서 비롯되었다. 조영록, 「오대산사고의 설치와 사명대사」, 『동국사학』 42, 동국사학회, 2006, 166~167쪽.

4) 『광해군일기』 권50, 4년 2월 癸巳.

여기에서 확인할 수 있는 것은 덕웅이 적상산에 온 것은 승도를 모집하여 사찰을 짓고 산성을 수축하여 방어시설의 근본을 마련하라는 명에 따른 것이라는 점이다. 그 당시 정황은 7년을 끌었던 임진왜란의 상처가 채 아물기도 전에 북방에서는 여진족의 발흥이 조선에 위협적인 존재로 부각되던 시기였다.

한편 적상산성의 수축과 사찰 건립 등에 관한 내용을 수록하고 있는 사료6)을 종합하여 정리하면 다음과 같다. 무주현감 李有慶이 적상산성의 수축을 상소하였고, 이에 비국에서 '먼저 僧徒를 모집하여 터를 닦아 사찰을 건립하고, 널리 屯軍을 모집하여 성을 쌓을 수 있는 근본을 세울 것'을 건의하였다. 이에 비국당상 신경진이 적상산성을 순검한 뒤, 수축과 함께 금산의 안성·옥천의 양산·영동의 용화를 적상산성에 割屬할 것도 청하였다. 더불어 승도로 하여금 이를 주관하도록 하였다. 이듬해인 1611년 승장 덕웅과 승도 50명이 적상산에 와서 초막을 짓고 사찰을 건립하였다. 다시 이듬해 최현이 적상산에 오게 되었고, 그 때 덕웅을 만나게 되는데, 덕웅 등이 발굴한 구리향료 등을 보게 된다.

이상의 내용을 정리하면, 1610년부터 1612년 사이에 추진된 적상산성의 수축을 위한 사찰의 건립과 둔군의 모집 등은 史庫 설치를 위한 사전 정지작업이라기보다는 임진왜란 이후 외침에 대비한 국방시설의 점검내지 보완이었다. 그렇지만 이러한 과정과 준비가 훗날 적상산사고가 설치되는 배경이 되었다.

임진왜란으로 인해 조선은 군사조직 뿐 아니라 국방시설인 성곽의 축조에 있어서도 변화를 갖게 되었다. 임진왜란 이전의 산성은 효율성을

---

5) 「적상산보경사향로봉기」. 현재 적상산의 한 봉우리를 향로봉이라고 하는데, 이에 유래된 것으로 보인다. 또한 옛 무주 지도를 보면, 산성 안에 보경사가 있었던 것으로 기록된 것으로 보아, 보경사의 이름 역시 이때 정해진 것으로 보인다.

6) 『적성지』(天), 「적상산성」 '호국사비문' ; 『인조실록』 권46, 23년 윤6월 乙酉 ; 「赤裳山寶鏡寺香爐峯記」.

상실하고 정책적으로 경영되지 않은 까닭에 임진왜란 당시에는 전통적
인 피난 방법에 따라 일부 주민이 산성으로 피신하는 정도에 그쳤다. 그
러나 전투경험이 쌓이면서 산성은 효율적인 방어시설로 인식되어 邑城
의 시설확충과 더불어 전란 중에도 산성의 수축과 개축이 추진되었고,
숙종 때 이르러서는 都城 방어를 위한 수축보다도 保障處로서의 산성
정비가 우선적으로 진행되었다.7)

이와 같은 맥락에서 볼 때 국방시설인 적상산성의 정비와 수축은 그
후 추진된 적상산사고의 설치·운영과 직접적인 관련이 있는 것은 아니
지만, 적상산성의 존재는 사고가 설치될 수 있는 근거가 되었고, 이로
인해 사고 설치 이후에는 산성과 사고의 운영 관리가 병행되었다.

한편 조선후기에 설치·운영된 외사고 4곳이 같은 조건에 처해 있었던
것은 아니었다. 즉 島嶼지역의 산성 안에 건립된 정족산사고와 험한 산
중이면서 산성 안에 설치된 적상산사고, 그리고 산성과 무관한 산중에
설치된 오대산사고와 태백산사고 등은 자연지형의 차이 뿐 아니라 운영
방식에 있어서도 차이점을 가질 수밖에 없었다.

임진왜란 이후 국방시설의 점검과 정비 차원에서 적상산성의 수축이
진행될 때, 묘향산사고를 대체할 새로운 사고지 선정에 대한 논의는 확
인되지 않는다. 더욱이 광해군 9년(1617)의 기록을 보면, 사간원에서 이
해에 완성된 『선조실록』의 분장을 건의하면서 그 대상지로 강원도·경상
도와 함께 평안도를 지목하고 있다.8) 만일 정세의 변화로 인해 묘향산사

---

7) 노영구, 「조선후기 성제 변화와 화성의 성곽사적 의미」 『진단학보』 제88호, 진단
   학회, 1999, 293쪽 ; 차용걸, 「임진왜란 이후 한국 축성기술의 변화과정」 『충북사
   학』 제16집, 충북대학교 사학회, 2006. 114~115쪽. 임진왜란 이전에는 산성보다
   읍성을 중심으로 방어시설을 갖추었는데, 읍성은 성의 높이가 낮아 조총으로 무
   장한 일본군의 방어에 효율적이 못하였다. 이에 조총의 위력이 발휘되기 어려운
   산성을 중시하는 의견이 대두되었다.
8) 『광해군일기』 권114, 9년 4월 庚戌.

고의 수호 문제가 심각하여 대체할 사고를 적상산성에 설치하고자 했다면, 그리고 이를 위해서 광해군 6년(1614)에 실록각을 건립하였다면, 『선조실록』의 분장을 건의하면서 평안도의 묘향산을 거론한 이유가 설명되지 않는다.

후대의 기록이기는 하지만, 적상산에 사고를 설치한 이유는 다음의 같았다.

> 선왕조의 실록도 香山에 보관하는 것이 마땅하지만, 평안도는 믿을 만한 곳이 못된다고 여겨 적상산에 옮겨두었으니, 이는 본래 향산의 실록을 합하여 보관하고자 했기 때문입니다.[9]

적상산사고에 『선조실록』를 봉안한 광해군 10년(1618) 이후 13년이 지난 뒤이지만, 적상산성에 사고를 설치하고 『선조실록』을 봉안한 이유는 평안도가 믿을만한 곳이 못된다고 판단한 때문이었고, 이는 처음부터 묘향산사고의 실록을 적상산사고로 옮겨 함께 보관하기 위해서라는 것이다.

그렇지만 적상산성에 실록각이 건립되었다는 광해군 6년(1614) 그 당시 사료에서는 실록각의 건립에 관한 기록을 찾을 수 없다. 모두 후대의 기록일 뿐이다. 그것도 실록각 건립 후 4년이 지난 뒤에야 처음으로 실록이 봉안되었는데, 이마저도 본래는 평안도의 묘향산에 보관하려던 『선조실록』이다.

적상산사고의 실록각 건립 시기는 덕웅을 비롯한 승도가 사찰을 짓고 산성을 수축한 광해군 4년(1612) 이후로 추정할 수 있는데, 적상산사고의 실록각 건립을 언급하고 있는 다수의 사료는 광해군 6년(1614)[10]으

---

9) 『인조실록』 권25, 9년 11월 庚午.
10) 史庫創設 卽四十二年甲寅也 史冊奉安卽四十六年戊午 三月二十二日也. 『적성지』
    (天) 권5, 「적상산성」 ; 『신증동국여지승람』 권39, 전라도 무주현. ; 『현종개수실

로 기록하고 있다. 또 다른 사료에서는 "대개 사각 창건은 癸丑(광해군 5년·1613) 무렵에 무주·금산·진산·용담·운봉·진안·장수 7읍이 동원되어 이루었다."[11]고 하여 7읍의 주민을 동원하여 광해군 5년(1613) 무렵에 건립한 것으로 기록하고 있다. 이로 보아 적상산사고의 사각 건립은 광해군 5년 또는 광해군 6년에 건립된 것으로 정리되는데, 광해군 5년의 일도 명확하지 않은 '무렵'이라고 한 것으로 보아 광해군 6년에 건립된 것으로 정리할 수 있다.

누구를 동원하여 실록각을 건립하였는가도 논란의 여지가 있다. 먼저 생각해 볼 것은 덕웅을 비롯한 승도 50명이 사찰 건립과 산성 수축 그리고 실록각 건립까지 모두 맡아 했느냐이다. 물론 여기에는 산성 수축 때 모집하였을 둔군의 역할도 고려해야 할 것이다. 다른 하나는 인근 7읍이 힘을 합하여 건립한 것이냐이다. 또 다른 하나는 승군과 인근 7읍이 같이 했느냐 여부이다. 이도 아니면 사찰 건립과 산성 수축은 승도가 맡고 사각 건립은 인근 7읍에서 한 것인지 명확히 정리되지 않는다. 하지만 산성의 수축 건의와 보경사 건립 그리고 산성 수축과 사각의 건립에 이르는 일련의 과정은 광해 2년(1610)부터 광해 6년(1614) 사이에 이루어졌고, 여기에는 승군과 둔군 그리고 무주를 비롯한 인근 7읍의 인민이 동원되었다.

적상산이 사고로 선정된 가장 큰 이유는 적상산이 천혜의 요지일 뿐 아니라 산성이 축성되어 있어 보관에 안전하다는 점이었다. 적상산성은 형세가 나라에서 으뜸이어서 3남의 한 保障이 되기에 충분하였고, 만일 외적이 침입해 올 경우 한강 이남에서는 지킬만한 데가 한 곳도 없는데, 적상산성은 현재의 규모에 약간의 보수만 더 하고 백성을 모집하여 그들

록』권14, 7년 2월 甲戌.
11) 『南坡先生文集』卷四, 疏, 曝曬時陳所懷疏, 戊子. 大槩史閣創立 在於癸丑年間 茂朱錦山珍山龍潭雲峯鎭安長水七邑 實合成之.

로 하여금 지키도록 한다면 적을 막아내기에 충분하다는 것이었다.[12]

한편 적상산성이 사고지로 선정된 다른 이유는 태백산(경상)·오대산(강원)·정족산(경기)과 함께 지역적으로 고르게 안배되어야 한다는 점이 고려되었을 것이다. 그렇지만 조선전기의 외사고가 모두 남쪽에 있었고, 일본군의 북상로에 있었던 충주와 성주사고가 소실되는 뼈아픈 경험을 하였음에도 불구하고 임진왜란 이후 새로 설치된 사고 모두가 북방이 아닌 중부와 남부의 내륙과 섬에 위치하고 있다는 사실은 북방에서의 위협을 염두에 둔 것으로 보인다. 더욱이 처음에는 묘향산에 사고를 설치하였다가 후금의 강성 등 정세의 변화에 따라 적상산으로 옮긴 것은 이러한 배경을 뒷받침한다. 여기에는 使行에 따른 西北民의 부담도 고려되었을 것이다.

2) 실록의 봉안

적상산사고에 처음으로 실록이 봉안된 것은 광해군 10년(1618)으로 새로 편찬된 『선조실록』이었다. 『선조실록』의 편찬 작업은 광해 1년(1609) 7월에 시작하여 8년만인 광해 9년(1617)에 완료되었다. 일반적으로 실록 편찬이 3년 정도 소요되는 데 비해 오랜 시간이 걸린 것은 임진왜란으로 인해 이전의 사료 중 다수가 소실되고 물자가 부족한 때문이었다.[13]

전후 어려운 상황에서 장기간에 걸쳐 편찬된 『선조실록』의 분장에 대한 논의는 광해 9년 4월에 이루어졌다.

---

12) 『인조실록』권16, 5년 5월 乙亥.

13) 임진왜란으로 實錄編纂의 기초 사료가 되는 『春秋館日記』·『承政院日記』·『各司謄錄』 등이 모두 소실되었다. 특히 몽진 중에 다수의 사초가 사관에 의해 소실되었다.

실록을 나누어 보관하는 것은 사체가 중대하여서 봉안하는 거조를 조금이
라도 늦추어서는 안 됩니다. 삼가 본청에서 택일한 단자에 대해 判付한 것을
보건대 '장마철이 멀지 않았고 나라에도 일이 많으니 8월 중으로 고쳐 택일
해서 봉안하라.'고 전교하시었습니다. 설령 장마가 지더라도 궤 속에 넣고 단
단하게 봉하면 습기가 스며들 걱정은 없습니다. 그리고 요즈음 나라에 일이
많지 않은데, 사신을 보내어 봉안함에 있어서 무슨 방해되는 것이 있어서 다
시 여러 달을 지연시킨단 말입니까. 사체로 살펴볼 때 몹시 온당치 않습니다.
강원도·경상도·평안도 등에 실록을 봉안하는 것을 경기에 봉안한 예에 의거
해서 속히 날짜를 가려 한꺼번에 시행하소서.[14]

사간원에서 『선조실록』의 분장을 청할 때에는 실록이 거의 완성될 즈
음이었을 것이다. 그것은 외사고 봉안을 늦출 수 없다고 하면서 봉안 택
일과 단자에 대해서 이미 임금이 허락하였고, 또한 장마철이 멀지 않았
을 뿐 아니라 나라에 일이 많으니 8월 중으로 택일을 고쳐서 봉안하라고
지시한데서 확인할 수 있으며, 동년 8월에 宣醞과 洗草를 청하는 실록청
의 요청[15]에서도 알 수 있다.

그러나 여기에서 주의할 것은 『선조실록』의 분장을 건의하면서 그 대
상지로 강원도·경상도와 함께 평안도를 지목하고 있다는 점이다. 앞서
언급한대로 북방세력의 위협으로 인해 광해 6년(1614)에 묘향산사고실
록의 이안을 위해서 적상산에 실록각을 건립하였다면, 평안도가 아니라
적상산사고가 지목되어야 하는데 그렇지 않았다.

『선조실록』을 분장할 곳의 하나로 처음에는 평안도가 지목되었으나
적상산으로 바뀌게 된 저간의 사정은 알려지지 않았다. 그런데 이와 관
련하여 광해군 10년(1618) 4월에 있었던 '서쪽 변방에서 발생한 우려할
만한 사단'에 주목할 필요가 있다.

---

14) 『광해군일기』 권114, 9년 4월 庚戌.
15) 『광해군일기』 권118, 9년 8월 庚申.

> 서쪽 변방에 이미 우려할 만한 事端이 생겼으니, 7월에 실록청에 宣醞한
> 뒤에 8월 중으로 모두 택일하여 나누어 보관하는 일을 실록청으로 하여금 잘
> 살펴 하도록 하라.16)

서쪽 변방의 우려할만한 사단이란 1618년 4월에 후금의 누르하치가
명나라의 撫順지역을 점령한 사건을 말한다. 이 사건은 명나라 뿐 아니
라 조선에도 큰 충격을 주었다. 이 사건 이후 명나라는 후금을 정벌하기
위해서 조선에 '再造之恩'을 내세워 원병을 강요함으로써 조선 역시 전
쟁에 휩싸이게 되었다. 이제 북방 문제는 국가를 위협하는 단계로 접어
들었고, 묘향산사고에 실록을 봉안하는 일은 다른 대안을 찾아야 하는
상황이 된 것이다.

정세가 이처럼 급박하게 전개되자 조선은 국방에 대한 조처와 함께
書籍의 수장에 대해서 임진왜란 때와는 다른 조치를 취한다. 즉 "우리나
라의 서적을 급히 書啓하고 江都·안동·나주나 茂長山城에 보관하는 일
을 該曹로 하여금 속히 의논해서 처리하도록 하라."17)고 한 것이다. 그
당시 강화에는 사고가 설치·운영되고 있었고, 안동은 사고가 설치된 봉
화현과 이웃하고 있었다. 그러나 나주와 무장산성이 지목된 점은 뜻밖
이다.

그 뒤 『선조실록』의 봉안은 7월에 이르러 4도에 분장하는 것으로 구
체화되었는데,18) 4도 중 강화의 경기도, 태백산의 경상도, 오대산의 강
원도는 분명하나 나머지 1도는 앞서 언급된 평안도를 가리키는지 아니
면 결과적으로 『선조실록』이 봉안된 전라도를 가리키는지 확인되지 않
는다. 그러나 동년 9월, 적상산사고에 실록이 봉안된 것19)으로 보아 전

---

16) 『광해군일기』 권128, 10년 5월 丙午.
17) 『광해군일기』 권129, 10년 6월 庚午.
18) 『광해군일기』 권130, 10년 7월 壬辰.
19) 「實錄曝灑形止案」(萬曆四十六年九月二十一日全羅道形止案).

라도를 가리킨 것으로 보인다. 『선조실록』은 묘향산사고가 아니라 적상산사고에 봉안된 것이다.

『선조실록』이 적상산사고에 봉안된 것은 1618년 9월 21일로 『선조실록』를 봉안하고 기록한 「실록형지안」을 통해서 확인할 수 있다. 이 형지안은 적상산사고에서 처음으로 실시된 포쇄 후에 작성된 것으로 표제는 『實錄曝曬形止案』이고 안쪽에는 '萬曆四十六年九月二十一日 全羅道形止案'으로 되어 있다. 또한 9개의 궤에 『선조실록』 116권과 『新續三綱行實』 1권 18책이 보관되었음을 알 수 있다. 그런데 형지안 말미에 '初定藏於香山 今藏赤裳山城'라고 기재되어 있다. 이로 보아 『선조실록』이 완성되었을 때에는 묘향산사고에 보관하려고 했는데, 사정이 생겨 적상산사고에 보관하였음을 알 수 있다. 봉안사는 李慶全이고 奉直郎은 安應魯였다.[20]

이상으로 후금의 강성과 구체화된 명나라와의 전쟁, 이에 휩쓸리게 된 조선의 상황을 고려하면, 평안도가 아닌 적상산사고에 『선조실록』를 봉안하게 된 저간의 사정을 보다 명확히 알 수 있다.

이후 적상산사고에 봉안된 실록 현황은 다음의 표와 같다.

〈표 14〉 적상산사고 실록 봉안 현황

구분	봉안일자	봉안실록	봉안 책수	봉안사	사 관	비 고
1	1618. 09. 21 (광해 11)	선조실록	116	知春秋館事 李慶全	대 교 安應魯	최초 실록 형지안 初定藏於香山 今藏赤裳山城
2	1634. 12. 03 (인조 12)	광해군 일기	39	?	봉 교 兪 榥	묘향산사고본 실록 이안과 함께 봉안

20) 맨 마지막에는 '天啓五年乙丑四月二十一日 曝曬九櫃 卷數一百十六卷 奉直郎行藝文館待教春秋館記事官 臣 金卨'로 기록되어 있다. 이로 보아 1618년에 『선조실록』을 봉안하면서 작성한 형지안은 『전라도형지안』이고, 1625년에 포쇄를 한 후 작성한 형지안은 『실록포쇄형지안』임을 알 수 있다.

21) 『숙종실록』을 봉안한 뒤 侍講院 存罷와 관련된 선대의 실록을 고출(且侍講院存罷考出實錄事)하고 포쇄하였다. 『승정원일기』 영조 5년 4월 22일 ; 5월 12일.

3	1653. 11. 08 (효종 4)	인조실록	50	參判 蔡裕後	검 열 李敏叙	봉안 후 포쇄
4	1661. 11. 10 (현종 2)	선조수정 효종실록	8 22	禮曹參判 金壽恒	대 교 尹 深	봉안 후 포쇄 實錄奉安形止案
5	1677. 10. 08 (숙종 3)	현종실록	22	同知春秋館事 吳始復	대 교 尹義濟	봉안 후 포쇄
6	1685. 09. (숙종 11)	현종수개	29		봉 교 李玄祚	實錄曝曬形止案
7	1705. 03. (숙종 31)	단종부록	1	知春秋館事 黃 鈙	봉 교 李 縡	端宗大王實錄附錄奉安及曝曬形 止案
8	1729. 05. (영조 5)	숙종실록	65	成均館大司成 趙顯命	봉 교 朴弼均	實錄奉安仍爲考出曝曬時形止 案21)
9	1736. 02. 24 (영조 12)	경종실록	7	禮曹參判 李箕鎭	대 교 金時粲	景宗大王實錄奉安時形止案
	1761. 04. (영조 37)	선원보략			대 교 鄭彦遑	實錄曝曬及璿源譜略御製册奉安 時形止案
10	1790. 09. 28 (정조 14)	경종수정 영조실록 어제	3 83	宗簿寺提調 具 庠 知春秋館事	대 교 洪樂遊	實錄及御製奉安曝曬形止案
11	1807. 09. (순조 7)	정조실록	55	刑曹判書 韓用鐸	龍驤衛 부사과 鄭觀綏	實錄奉安兼行曝曬形止案/列聖 實錄曝曬形止案
12	1838. 08. 29 (헌종 4)	순조실록	36	副護軍 金炳朝	검 열 洪在龍	實錄奉安兼行曝曬形止案 列聖實錄曝曬形止案
13	1852. 09. 12 (철종 3)	헌종실록	9	直提學 鄭基世	검 열 徐相雨	列聖實錄曝曬形止案
14	1865. 08. 13 (고종 2)	철종실록	9	都承旨 閔致庠	검 열 趙定變	列聖朝實錄曝曬形止案

3) 묘향산사고본 실록의 이안과 『선원록』 봉안

적상산사고에 『선조실록』을 봉안한 후에도 묘향산사고에 보관하고 있던 실록은 바로 이안되지 않았다. 지체된 이유는 확인되지 않지만 당시의 정세를 통해 짐작할 수 있다. 즉 명나라가 후금을 정벌하기 위해 조선에 원병을 요청한 데 따른 出征 등 급변하는 정세에 대응하는 일이 우선이었을 것이며,22) 인조반정(1623년)과 이괄의 난(1624년), 정묘호란

(1627년) 등도 원인이었을 것이다.

이처럼 급박한 정세가 지속되자 적상산성의 수축에 관한 논의도 계속되었다.23) 얼음이 언 뒤에 적(후금)이 다시 온다면 한강 이남에는 지킬 만한 데가 한 곳도 없는데, 적상산성은 현재의 규모에 약간의 보수만 더하고 백성들을 모집하여 그들로 하여금 守護하게 하면 지킬 수 있다. 그리고 곡식과 무기를 비축하는 일은 전라도 감사로 하여금 상황을 살피고 물력을 요량하여 자세히 啓聞하고 편의에 따라 조처할 것 등이 논의되었다. 이처럼 적상산성은 三南의 保障이 되기에 충분하여 국방시설로 중시되었다.

묘향산사고에 보관하던 실록의 적상산사고 이안에 관한 기록은 『인조실록』 6년(1628)의 기사에서 볼 수 있다. "香山의 사고에는 병란 이후로 단지 승려 한 사람이 守直하고 있을 뿐입니다. 賊變이 없더라도 분실되기가 쉬우니, 무주 적상산으로 옮겨 보관토록 하소서."라고 姜碩期가 건의한 것이다.24) 이때는 전년에 있은 정묘호란 이후 국방시설에 관한 점검과 대비가 강조되던 시기였다. 그럼에도 불구하고 묘향산사고의 관리 소홀이 극에 달하고 있었음을 알 수 있다. 사고를 지키는 인력이 승려 한 사람 뿐이라는 사실은 외적의 침입과 관계없이 실록이 멸실되는 최악의 상황을 초래할 위험성이 컸다. 그 뒤 3년이 지난 인조 9년(1631) 11월에도, 묘향산사고본 실록의 적상산사고 이안에 대한 건의가 있었으나 '西路가 피폐되었다'25)는 이유로 미루어졌다.

묘향산사고본 실록의 적상산사고 이안이 결정된 것은 인조 11년(1633) 비국에서 적상산성의 수축을 건의한지 한 달이 못되어 이루어졌

---

22) 1616년 건국한 후금은 1618년 명에 선전포고를 하였다. 이에 명은 조선에 원병을 요청하였고, 조선은 1만여 명의 군사를 파견하는 등 정세가 급박하였다.

23) 『인조실록』 권16, 5년 5월 乙亥.

24) 『인조실록』 권19, 6년 7월 丁丑.

25) 『인조실록』 권25, 9년 11월 庚午.

다. 춘추관에서 묘향산사고본 실록을 적상산사고로 이안할 것을 건의 하자, 그 동안 미루었던 일을 인조가 받아들인 것이다.26) 그러나 묘향산사고본 실록의 적상산사고 이안은 이 해에 바로 이루어지지 않았다. 실질적인 작업은 이듬해인 1634년(인조 12) 12월에 이루어졌다.27)

이 때 어떤 과정과 경로를 통해 묘향산에서 무주의 적상산으로 실록이 이안되었는지 확인할 길은 없으나, 적어도 이안에 필요한 인적·물적 여건과 일정의 택일, 그리고 이동 경로 등이 고려되었을 것이다.28)

묘향산사고본 실록이 적상산사고에 이안된 후 2년째인 인조 14년(1636)에 병자호란이 발발하였다. 그 당시 전주 경기전에 있던 태조의 影幀이 적상산사고에 잠시 봉안되기도 했으며,29) 사고를 지키던 首僧이 실록을 근처의 동굴에 옮겨 보관한 뒤에 다시 제자리에 옮기는 일이 벌어지기도 하였다.30) 이즈음 적상산성의 수리와 수축 그리고 적상산성을 지키기 위해서 금산·용담·진안·장수·운봉·진산 등을 分屬시켰으며, 승려 覺性에게 都摠攝의 칭호를 주어 항상 성내에 거주하면서 평시에는 사고를 수호하고 유사시에는 協守하도록 하였다.31)

임진왜란 이후 건립된 외사고에 『璿源錄』을 봉안하는 일이 거론된 것은 인조 7년(1629)이었다.

---

26) 『인조실록』 권28, 11년 1월 乙卯.

27) 「香山實錄曝曬移案于茂朱赤裳山形止案」, 崇禎七年十二月初三日 寫本. 배현숙, 「조선조사고의 장서관리」 『奎章閣』 제2집, 1978, 25쪽, ; 무주군, 『적상산사고 실록 봉안·이송행렬 고증연구 보고서 및 시나리오』, 무주군청, 2001, 35~36쪽.

28) 경로는 묘향산사고-寧邊-安州-肅川-平壤-鳳山-載寧-海州-海路로 移動-江華-서울-果川-水原-振威-稷山-天安-公州-魯城-連山-珍山-錦山-茂朱-적상산사고였을 것으로 추정된다. 무주군, 『적상산사고 실록 봉안·이송행렬 고증연구 보고서 및 시나리오』, 무주군청, 2001. 참조.

29) 『인조실록』 권34, 15년 3월 丙寅.

30) 『인조실록』 권44, 21년 7월 甲辰. 「赤裳山城護國寺碑文」. 동굴은 석실로 일명 '안렴대' 밑에 있었다.

31) 『인조실록』 권39, 17년 10월 辛卯.

　　宗簿寺에서 아뢰기를, "『선원록』은 바로 선왕의 계보를 적은 것으로 실록에 비해 조금도 경중의 차가 없습니다. 그런데 단 1부만 강화부에 간직되어 있으니, 만일의 경우에 대비하는 도리가 아닌 듯합니다. 다시 한 두부를 등서하여 강릉이나 태백산에 간직해 두도록 하소서." 하니, 상이 따랐다.[32]

　이를 통해 임진왜란 이후 새로 설치된 사고가 춘추관을 포함하여 다섯 곳이었지만, 『선원록』은 강화사고에만 보관되고 있었음을 알 수 있다. 이로 보아 임진왜란 이후 건립된 사고 모두 처음부터 璿寺兩閣을 갖춘 것이 아님을 알 수 있다. 時差를 두고 사각의 건립과 실록의 봉안 그리고 璿源閣을 건립한 뒤『선원록』을 봉안한 것이다.

　이와 같은 건의가 받아들인 후『선원록』편찬은 곧바로 4월부터 시행되었고, 동년 7월에 이르러 완료되면서 분장이 논의되었으며,[33] 동년 9월에 오대산사고에 보관되었다.[34]

　적상산사고에『선원록』이 봉안 된 것은 묘향산사고본 실록이 이안된 후 7년이 지난 인조 19년(1641) 11월의 일이다.[35]『선원록』이 봉안됨으로써 적상산사고는 璿史兩閣을 갖추게 되었다. 그렇지만 적상산사고에 선원각이 건립되고 이어『선원록』이 봉안된 저간의 사정에 대한 사료는 미비하다. 적상산사고에 선원각이 건립되고『선원록』이 봉안된 것은 분명하지만, 언제 어떠한 과정을 거쳐 선원각을 건립하였는지 확인할 수 있는 사료가 없는 것이다.

---

32) 『인조실록』 권20, 7년 윤4월 壬戌.
33) 『인조실록』 권21, 7년 7월 甲辰.
34) 『인조실록』 권21, 7년 9월 己亥.
35) 『赤城誌』(天), 辛巳創建璿源殿十一月奉安璿源錄. 최낙철, 『무주군사』, 98쪽.

2. 적상산사고의 규모와 변천

1) 적상산성과 적상산사고

적상산사고는 적상산의 정상부, 즉 적상산성 안에 있는 비교적 평탄하고 넓은 분지에 건립되었다. 이것은 사고의 수호에 있어서 이중의 방비가 되었다. 산성의 수호가 곧 사고의 수호가 된 것이다.

산성의 수호는 무주현을 비롯하여 인근 고을에서 協守하고, 필요한 경비와 인력은 공동으로 부담하도록 되어 있었다. 그러나 지위가 낮은 무주현의 위치로는 이를 推動할 여건이 되지 못하였다. 이에 따라 산성과 사고의 수호 및 관리는 무주현의 책임이 되었고, 무주현에 있어서 산성과 사고는 따로 떼어서 논할 수 없는 불가분의 관계였다. 따라서 적상산사고의 규모와 변천을 알아보기 위해서는 적상산성에 대해서 살펴보는 것이 먼저이다.

임진왜란 이후 수축된 적상산성의 수호와 운영관리를 살펴 볼 수 있는 가장 오래된 사료는 「全羅道茂朱縣赤裳山城條陳成册」(이하 「진성책」)이다. 「진성책」은 인조 10년(1632)에 무주현감 金壽昌(1599~1680)이 작성한 것으로 적상산성의 실상에 대해서 가장 신뢰할 만한 사료이다.

적상산성은 적상산 정상을 둘러싸며 축성되었고 동서남북에 각각의 대문이 있었다. 북문은 '茂朱門'이라 하는데, 2층 3간이나 전부 무너져 형태를 알 수 없었다. 문안에 3개의 샘이 있었고, 위로는 향로봉이 있으며 산봉우리는 험난하고 사방으로 높이 솟아 있어 오르기가 쉽지 않았다. 산 아래 샘이 둘 있었다. 4대문 중 人馬는 오직 이 곳을 통해 통행할 수 있었다.

서문은 '龍潭門'이라 하며, 2층 3간이었다. 문안에는 모두 11개의 샘이 있었는데, 이 중에는 水源이 마르지 않는 샘도 있었다. 1개의 개울이 있었으며, 서문에서 남문으로 가는 길목에 旗峯이 있었는데, 기봉은 산성의 주봉이었다. 서문밖에는 자연적으로 만들어진 安廉臺가 있었는데, 석굴과 석문이 있었다. 서쪽 봉우리 아래 寶鏡寺가 있었다.

남문은 '長水門'이라고 하며, 1간이었다. 큰 샘 1곳과 3곳의 우물이 있었는데 가뭄에도 마르지 않았다. 문밖에 三日庵이라는 암자가 있었다. 동문은 2층 1간으로 달리 부르는 이름은 없었고, 3개의 샘이 있었으며 그 아래에 내(川)가 있었다. 성안에는 貯水堤가 2곳이 있었는데, 헐어서 파손되었다.

산성 수호와 관련된 시설물로는 동서남북 네 곳에 軍堡가 있었다. 그런데 북쪽의 군보 3간은 기울어지고 무너졌으며, 동·남·서쪽의 군보 3곳의 각 3간은 이미 퇴락하여 형태를 알 수 없었다. 창고 8간은 기울어지고 무너졌으며, 軍糧捧上廳 3간은 전부 무너져 형태를 알 수 없었다. 그나마 軍器家 3간은 완전하였다. 산성 수축을 위해서 먼저 건립된 보경사 8간은 기울어지고 무너졌는데, 따로 떨어져 있는 승사 6간은 완전하였다. 또한 객사 6간과 좌우협실 각 3간은 기울어지고 무너졌다.[36] 산성이 수축된 후 불과 20여 년 만에 관리가 부실하였음을 알 수 있다.

한편 사고와 관련된 시설물을 보면 다음과 같았다. 「진성책」이 작성될 당시 2층 3간으로 된 前後退柱 9간짜리 사각에는 『선조실록』이 봉안되어 있었고, '실록이 봉안된 후 도내 각관에서 새로 군병을 선발하여 보충한 뒤 관리하고 있었다.'는 것으로 보아 사고의 수호와 관리를 위해서 인력이 새로 배치되었음을 알 수 있다.

그리고 사각의 상태에 대해서는 따로 언급하지 않은 것으로 보아 양호한 편으로 여겨진다. 포쇄청 2간과 사각에 들어가는 대문 3간의 상태

---

36) 이와 함께 적상산성에는 군량은 미 544석 4두 2승 4합, 太(콩) 48석 11두 5합 2 사, 벼 917석 12두 3승이 있었고, 군기는 흑각궁 109장, 상각궁 2장, 또 순영에서 10장, 편전 60부, 장전 120부, 정철조총 14자루, 유조총 2자루, 연철환 1,500통, 화약 120근 등이 있었다.

는 완전하였다. 사각의 동서편에는 6간짜리 승사와 새로 지은 15간짜리 승사가 있는데 모두 완전하였다. 이들 승사 모두가 사고 관리를 맡은 승려들이 거주하는 공간인지, 아니면 산성 관리를 담당하는 승려의 공간인지 확인되지 않으나, 사각 동서편에 있는 것으로 보아 사고 관리를 맡은 승려들이 머무는 공간으로 보인다.

「진성책」에 기록된 내용 중 산성과 사고를 위한 시설물을 따로 구분해 볼 때, 사고 수호와 관리를 위한 시설물은 양호한 편이나 산성 관련 시설물은 퇴락하거나 무너진 상태였다. 이것은 산성 관련 시설물의 건립이 오래된 반면에 사고를 비롯한 시설물은 늦게 건립된 차이에서 비롯될 수도 있으나, 보다 근본적인 문제는 산성에 대한 관심과 관리의 소홀에서 찾을 수 있다.

다음으로 적상산성과 사고를 관리하기 위해서 건축된 산성내 건축물을 보면 아래의 표와 같다.

〈표 15〉 적상산성내 시설물

구분	인조 10년 (1632)	숙종30년 (1704)	1645년	1650년37)	1871년38)	1872년39)	1902년
합	14동 72간			78간			
대문	4대문		公廨寺刹 十三處 屋凡百餘間 南門內 新造大刹 人民之入 接者五六戶 緇徒之留 住者 亦不 下數十人				
사각	9간(2층 前後退柱)	12간 (石室秘藏)		○	○	○	
포쇄청	2간						
선원각		6간		○	○	○	
수사당		6간					
안국사					○	○	
참봉거처 (참봉청)	3간(頹落無形)				○	○	
승장청		6간					
승사	사각 동편 6간 사각 서편(新造) 15간 6간(?)						

보경사	8간(傾頹)					
대별관			○	○	○	
의승청			○			
별장청					○	
호국사				○		
객사	6간(傾頹) 좌우협실 각 3간(傾頹)					
軍糧 봉상청	3간(全頹無形)					
군기고		7간		○	○	
軍器家	3간					
창고	8간(傾頹)					
화약고		1간				
군보	3간(傾頹) 東西南 3개소(頹落無形)					
북문루		3간		○		
서문				○		

이외 조선후기에 제작된 여러 지도에서 적상산성 안에 건립된 시설물을 정리하면 다음과 같다.

〈표 16〉 관찬 지도를 통해 본 적상산성내 시설물[40]

구 분	海東地圖	비변사인방안지도	輿地圖	廣輿圖	地乘	1872년 지방도
적상산성	○	○	○		○	
4대문		동문·북문				동서남북
객사	○		○	○	○	
호국사						○
별장청						○

---

37) 徐必遠 所啓.

38) 『湖南邑誌』.

39) 1872년 「무주부지도」.

별장(청)		○				
군기						○
대별관						○
사고	○			○	○	○
선원각	○	○		○	○	○
참봉청						○
청하루						○
선당						○
법당						○
시왕전						○

〈표 15〉과 〈표 16〉를 통해 사고 수호를 위한 시설물, 산성 수호를 위한 시설물, 사찰과 관련된 시설물, 산성과 사고 관리를 위한 시설물, 기타 등 다섯 종류로 나누어 보면 다음과 같다.

먼저 사고 수호를 위한 시설물로는 실록을 보관하는 사각(사고), 선원록을 보관하는 선원각, 포쇄할 때 사용하는 포쇄청, 사고 수호를 맡은 참봉이 집무를 보거나 거주하는 참봉청, 포쇄할 때 사용한 守史堂과 수호 사찰인 안국사 등이다.

두 번째는 산성 수호를 위한 시설물로 의승들을 통솔하는 승장이 집무를 보는 僧將廳, 의승들이 머무는 義僧廳, 산성의 수호와 관리를 전체적으로 책임지는 별장이 집무를 보거나 머무는 別將廳, 수호군의 식량을

---

40) 위 지도들은 영조년간부터 1872년 고종 때까지 官에서 제작한 官撰지도이다. 따라서 무주도호부의 특징을 일목요연하게 볼 수 있다. 그런데, 산성과 사고의 시설물은 「1872년 지방도」를 제외하고는 참고할 내용이 적다. 공통적으로 기록된 것은 사각과 선원각이다. 사각과 선원각은 무주도호부에서 빼놓을 수 없는 특징이었고, 그만큼 국가에서도 중요시했음을 알 수 있다. 그 다음은 적상산성과 객사이다. 산성은 국가에서도 중요시한 국방시설로 무주도호부가 성립되는 기반이었고, 객사는 봉안이나 포쇄 등을 위해서 사고를 찾는 관원들이 집무를 보거나 머물던 공간으로 보인다.

저장하는 軍糧捧上廳, 수직군사들의 무기를 보관하거나 관리하는 軍器庫(軍器家), 수직군이 머무는 軍堡, 산성 수축을 위해서 파견된 승려들이 거처하던 寶鏡寺, 그리고 火藥庫와 산성 수호를 위해 건립한 護國寺 등이다.

세 번째는 사찰에서 사용하는 공간으로 禪堂, 法堂, 十王殿 등이 있었다.

네 번째는 산성과 사고를 수호하는 인력이 공동으로 사용했을 것으로 추정되는 시설물이다. 산성을 순검하거나 실록을 봉안 또는 포쇄하기 위해서 오는 관원이나 사관 등이 머무를 客舍, 승려들이 거주하였을 僧舍, 산성과 사고 수호에 필요한 물품을 보관했을 倉庫 등이다.

한편 적상산사고의 운영관리는 적상산성과 병행되었기 때문에 양자를 구분하여 정리하기는 쉽지 않으나 「절목」과 「진성책」을 통해 적상산사고와 산성에 관련된 수호 인력 등을 비교해 보면 다음과 같다.

〈표 17〉「태백산사고수직절목」과 「적상산성조진성책」비교

구분	태백산사고수직절목(1606년)	적상산성조진성책(1632년)
참봉	본읍에 거주하는 유식품관 2인 엄선. 교대로 수직. 신역과 잡역 등 일체 면제. 기자전 참봉의 사례대로 참하관 급료 지급.	2명. 1명씩 매월 교대로 근무. 생원진사나 유학으로 예조의 천거로 파견(본도 사람을 차출하는 것이 나을 것이다.) 매월 쌀 18두, 콩 6두, 石首魚 9속 외 젓갈 4승, 간장 1두, 된장 2승을 각관에서 나누어 지급
승도	거주지 원근과 신역의 유무에 관계없이 근거지가 확실한 20명 선정하여 예조에 첨문. 수직첩문 각기 지급. 이 중 1인을 선정하여 首僧 첩문 발급, 사역 면제. => 각 관아의 수령은 이 일을 저해하지 말 것이며, 만약 방해할 경우 예조에서 조사입계하여 엄단할 것임.	성내에 거주하며 승장이 통솔. 상좌 이외 12명. 경오년(인조 8) 이후 8고에서 1, 2명씩 모아도 16명에 불과하여 수직이 소홀.
별장		산성 설립 후 비로소 무사를 파견하여 수직토록 함. 인조 9년 이후 승장이 겸하게 됨.
승장		산성 설립 때 부터 배치. 유고시 본도 감사나 예조에서 파견. 보수는 스스로 해결. 별장의 일을

		겸하게 되어, 별장이 받은 보수 중 奴馬料와 饌物을 제외하고 쌀을 주려고 했으나 이마저 시행하지 못함. 매월 6두씩 환상모미에서 지급하지만, 이마저 고려해야 할 일.
수승	예조에서 수승 첩문 지급. 사역 면제.	
사찰	위전을 지급하여 자생할 수 있도록 함.	
총섭		
수복		인근 관아에서 殘盛分定한 12명으로 매월 2명씩 교대로 수직
민호	노역의 有無를 가리지 말고 인근에서 4호 선정. 일체의 신역과 잡역 면제. 수직을 책임지며 고직 겸임. 2명씩 교대 근무	
군병		1618년 이후 도내 각관에서 새로 선발, 1개월에 15명씩 수직. 군적 정리 때 군보 84명으로 매월 7명씩 교대로 산성에서 수직. 나태한 자가 반을 차지하고 있어 수직의 소홀이 걱정됨.
포쇄	舊禮에 따라 3년에 1회. 소요되는 잡물은 본도에서 준비.	
도사	매년 봄과 가을 사고 건물의 외부를 살펴 이상유무를 계문	
출입 제한	잡인, 무뢰한, 승려, 비구니, 사장. 부득이하게 출입할 경우에는 본관이 처리.	
기타	미진한 조건은 추후 마련하여 시행. 사고 속에 보관된 궤나 싸서 둔 것, 기름종이 등의 물건은 3년에 한 번씩 손을 보도록 하고, 민폐를 끼칠 경우에는 6년에 한 번씩 손을 보거나 혹 해진 뒤에 손을 보아도 됨. 가능한 업무를 줄일 것.	군량 : 미 544석 4두 2승 4합, 태(콩) 48석 11두 5합 2사, 벼 917석 12두 3승 군기 : 흑각궁 109장, 상각궁 2장, 또 순영에서 10장, 편전 60부, 장전 120부, 정철조총 14자루, 유조총 2자루, 연철환 1,500통, 화약 120근

「절목」은 모두 9개 항목으로 사고 운영을 위한 내용으로 채워져 있는 반면에 「진성책」은 7개 항목이지만 모두 산성 운영을 골자로 한다. 「절목」과 「진성책」에 공존하는 인력은 참봉과 승도이다. 그러나 참봉의 경우도 「절목」에서 언급하고 있는 내용과 차이를 보이고 있다. 즉 「절목」에서는 본 읍에 거주하는 유식품관 2인을 엄선하여 교대로 수직하도록 하며 신역과 잡역 등 일체를 면제하도록 하였다. 반면 「진성책」에 나오는 참봉은 '본도 사람을 차출하는 것이 나을 것이다.'고 하여 본도 사람

이 아닌 타지 사람을 임명하였음을 알 수 있다. 승도 역시 숫자에서부터 차이가 나는데, 그것은 각기 맡은 역할이 다른 까닭으로 보인다.

「진성책」에 기록되어 있는 산성 수호 인력은 참봉 2명, 승장(상좌, 별장의 역 대신) 1명, 수복 12명(매월 2명씩 수직), 군병 84명(매월 7명씩 교대)이 있었고, 승도는 본래 상좌 이외 12명이었으나 8읍에서 1, 2명씩 모아 16명으로 모두 합하여 115명이었다. 반면 「절목」에 기록된 사고 수호 인력은 참봉 2명, 승도 20명, 민호 4명으로 모두 26명에 불과하다. 이를 통해 사고 수호인력보다 산성 수호인력이 훨씬 많았음을 알 수 있다.

「진성책」에 기재된 내용 중 수호 인력의 구체적인 역할을 살펴보면 다음과 같다. 먼저 참봉은 2명으로 매월 한사람씩 교대로 근무하는데, 이들은 대개 생원·진사나 儒學으로 예조의 薦擧로 파견되었다. 그러나 이들은 본읍이나 본도에서 차출된 자들이 아니라 타 지역에서 차출된 사람들이었다. 그것은 이들이 자주 바뀌고 그 임무도 일관성을 갖지 못하였으므로 차라리 본도 사람을 차출하는 것이 나을 것이라는 지적에서 확인된다. 이들이 성에 올라와 근무할 때에는 본래 3간짜리 가옥에 거주하였는데, 기울고 무너져 형태를 알아 볼 수 없게 되었으므로 임시로 僧舍에서 잠자리와 식사를 해결하면서 직무를 보고 있었다. 이들에게 지급된 급료는 참봉 한 사람에게 매월 쌀 18두, 콩 6두, 石首魚 9속 이외에 젓갈 4승, 간장 1두, 된장 2승을 각관에서 나누어 지급하였다. 하지만 참봉은 산성의 수호가 아니라 사고의 수호를 위해서 배치된 인력이었다.

다음으로 별장과 승장에 관한 것으로 둘 다 성이 설립된 후에 배치되었다고 한 것으로 보아 산성 수호가 본래 목적이었다. 별장은 武士로 수직의 임무를 맡아 하였는데, 인조 9년(1631)에 전라감사의 주도로 폐지되었고, 그 임무는 승장이 겸하게 되었다. 승장은 복무 기간 내에 혹 사고가 있으면 예조나 본도 감사가 다시 선발하여 파견하였는데, 보수는 본인 스스로 해결하였다. 그런데 별장을 폐지하고 그 임무를 겸하게 되었으므로 별장이 본래 받던 보수 중에서 군인으로 복무하면서 받는 보수(奴馬料)와 饌物을 제외하고 쌀은 당연히 승장에게 주어야 하는데, 감사와 뜻이 달라 이마저 시행하지 못하고 있었다. 그 대신에 작년(1630)부터 감사의 지시로 무주현의 還上耗米에서 매월 6두씩 지급하고 있으나, 가난한 무주현이 지급하는 것은 고려할 일이라는 것이다.

이들과 함께 守僕·軍兵·僧侶는 산성 수직이 본연의 임무이다. 수복은 모두 12명으로, 이들의 파견은 인근 고을에서 서로 의논하여 정했는데, 고을의 형편에 따라 나누어 매월 2명씩 교대로 돌아가면서 수직하였다. 군병은 광해군 10년(1618)에 실록이 봉안된 후 도내 각관에서 새로 선발하여 180명이 1개월에 15명씩 나누어 들어와 수직하였는데, 군적을 정리할 때 변동이 생겨 84명이 매월 7명씩 산성에 들어가 수직하였다. 그런데 나태한 자들이 반을 차지하여 수직이 소홀하였다. 성내에 거주하는 승려는 상좌 이외에 12명밖에 되지 않아 감사에게 보고하여 대책을 마련하고자 했으나, 승려가 아니면 산성 수호가 어렵다고 하여 여덟 고을에서 1~2명씩 모아도 16명에 불과하므로 수직이 소홀할 수밖에 없는 상황이었다.

적상산성은 광해군 연간에 수축된 군사적 요충지였으므로 사고 수호에 앞서 산성 수호를 위한 인력이 우선적으로 배치되었다. 따라서 「진성책」에서 언급하고 있는 인력은 사고 수호 인력이라기보다 산성 수호를 위한 인력으로 보는 것이 타당하다.

한편 숙종 30년(1704) 적상산사고에 있는 건물을 보면,[41] 선사양각으로 사각 12간과 선원각 6간이 있었다. 사각이 선원각의 2배를 점하고 있음을 알 수 있다. 그리고 포쇄를 위해서 존치하던 守史堂 6간이 있는데, 이는 포쇄할 시기에 日氣가 계속하여 고르지 못한 경우에는 실내에서

---

41) 『적성지』(天) 권5, 「적상산성」, '領相申玩所啓'.

포쇄할 수 있는 공간이었다.

그리고 산성의 수비와 사고 수호를 위해서 상주하는 총섭 1명, 대장 1명, 화상 1명, 승군 24명 등 승려들이 머물던 승장청 6간이 있었다. 이와 함께 군기고 7간과 화약고 1간은 산성 수비를 위해서 군사적 목적으로 건립된 것으로 추정되는데, 여기에는 별장 1명, 守僕軍 131명(매월 초하루에 11명씩 防番), 射夫 24명(매월 초하루에 2명씩 防番), 監官 1명, 別破軍 49명(매월 초하루에 12명씩 防番) 등 모두 206명이 배치되었다.

산성과 사고 수호 인력이 기재된 사료들을 정리하면 다음의 표와 같다.

<표 18> 산성·사고 수호 인력

구분	경외사 고수직절목 (1606)	진성책 (1632)	실록 1641~ 1666	신완 소계 (1704)	사고 절목 (1717)	무주부읍지(Ⅰ) 무주부읍지(Ⅱ)	호남읍지 무주부읍지	비고
합	26	115		235	46	70	70	
참봉	2	2	2	2	2	1		
승장		1		3		1		총섭
별장				1		1		
수복		12	24	守僕軍 131명				
사부			84					좌우사찰 승도모집
군병		84		監官 1명, 射夫 24명, 別破軍 49명		별파진 43명 사부 24명		산성 수비
승도	20	16		24	40			
민호	4				4			사고수호

산성			진안 39, 진산 30 장수 96 산성에 소속시킴			千摠 1, 把摠 1, 哨官 4, 知彀官 1, 旗鼓官 1, 旗牌官 37, 軍牢 14	千摠 一 把摠 二 (作隊束伍) 知彀官 二 哨官 九 旗牌官 五十五 軍器監官 一
산성 속오 보군						678	

산성관리에 필요한 인력과 사고 관리에 필요한 인력이 확연히 구분됨을 알 수 있다. 즉 「경외사고수직절목」과 「사고절목」에서는 참봉 2명과 승도 20명 혹은 40명, 그리고 민호 4호가 명시되어 있다. 즉 처음 사고 수호를 위한 인력은 26명이었는데, 뒤에 승도 20명이 보태어져 46명이 된 것이다. 그리고 산성 수호 인력이 사고 수호 인력보다 훨씬 많았다. 즉 「진성책」에서는 모두 115명이었으나 숙종 때에 이르면 235명으로 배 이상이 증가하였다. 특히 수복군이 급증하였음을 알 수 있다. 산성 수호에 임하는 인력에게 소요되는 경비는 인근의 무주·진산·금산·용담·운봉·진안·장수에서 정액의 세금으로 충당되었다.[42]

산성 수호와 관리에 대한 인력의 배치는 담양 금성산성의 사례를 통해 확인해 볼 수 있다. 숙종 4년(1678) 潭陽府使兼金城鎭守城將은 별장 한 사람을 따로 두었는데, 별장은 성안에 거주하면서 城郭을 감독하며 병영의 사무를 관장하였다. 숙종 7년(1681)에는 승장 1명을 두었는데, 승장은 성내에 있는 사찰의 승려들을 통괄하였다.[43] 따라서 산성에 소속된 哨軍은 별장이, 승려는 승장이 통솔하였다. 한편 산성의 城堞은 고을별로 구역을 나누어 관리하였다. 『호남읍지』 「담양부」에 기재된 산성

---

42) 『적성지』(天) 권5, 古蹟.

43) 申季雨, 「금성산성의 역사적 변천과 복원문제」, 『국향사료보』, 광주전남사료조사연구회, 1995. 30~31.

수호 병력은 千摠 1, 把摠·哨官 6, 旗牌官 30, 軍官 2, 守堞軍官 43, 別破
陣 62, 射夫 108, 승장 1, 代將 1, 鎭吏 3, 知印 2, 使令 5, 奴 2, 婢 1,
軍兵 788명으로 모두 합하면 1,056명이었다.[44] 그러나 군병 788명을 제
외하면 268명으로 적상산성의 235명과 큰 차이가 없다.

한편 산성과 사고 관리 인력 중에서 공통적으로 언급되는 참봉의 역
할과 성격에 대해서 확인해 볼 필요가 있다. 이에 대해서는 다음의 사료
를 통해 확인할 수 있다.

> 참봉은 璿史兩閣을 수호하려고 설치한 것이오, 별장은 성안을 수호하기
> 위하여 설치한 것이며, 승장은 全城의 승려와 의승을 거느리기 위하여 설치한
> 것입니다.[45]

이 사료에 따르면, 참봉은 선사양각 즉 사고를 수호하기 위해서 설치
되었음을 알 수 있다. 또한 별장은 산성을 수호하도록 파견된 군사들을
통제하기 위해서 설치되었으며, 승장은 산성을 수호하기 위해서 상주하
는 승려와 番을 서기 위해서 올라 온 義僧을 관할하기 위해서 설치되었
음도 알 수 있다.

사고 수호 인력에 대해서는 오대산사고를 참조할 필요가 있다.[46] 영
조 때의 기록이긴 하지만, 오대산사고에는 사고 참봉 2인과 상주하는 승
려 20명 그리고 수호군 60명이 있었다. 「태백산사고수직절목」에 명기된
고직 4명이 제외되고, 靈鑑寺에서 直宿하며 사고를 수호하는 수호군 60
명이 추가되어 있다.

---

44) 한편 『담양부읍지』의 鎭堡에는 성의 守城將으로 府使兼別將이 있는데, 별장은 종
　9품의 무관직으로 따로 두었다. 千摠 1, 把摠 1, 哨官 6, 旗牌官 30, 軍官 2, 守堞
　軍官 43, 別破陣 62, 射夫 108, 僧將 1, 代將 1, 鎭吏 3, 知印 2, 使令 5, 奴 2,
　婢 1명으로 모두 269명으로 기록하고 있다.

45) 『적성지』(天) 권5, 「적상산성」, 請安城面還屬本府疏首參奉朴文郁.

46) 『승정원일기』 영조 원년 11월 辛丑 ; 『비변사등록』 영조 1년 11월 9일.

오대산사고는 근처의 백성들이 火田으로 생계를 꾸려왔기 때문에 화재의 위험성을 안고 있었다. 그런 까닭에 전부터 조정에서는 江陵府使로 하여금 수호군 60명을 배정하도록 하였다. 수호군의 雜役을 면제해 주고, 輪番으로 산을 순시하여 화재를 미리 예방하며 사각을 지키도록 한 것이다.

그런데 관가에서 이들을 侵徵하는 폐단이 생겨 수호군은 점점 도망치고 흩어져 버렸다. 그 결과 수호군은 40명에도 미치지 못하여 윤번으로 수직하는 것도 제대로 지켜지지 않았다. 한편 사각 참봉 2명은 이전에는 인근에 사는 사람으로 뽑아 교대로 숙직하도록 하였는데, 근래에는 다른 지방 사람을 뽑아 수직이 제대로 이루어지지 않았다. 또한 이들이 왕래할 때마다 폐단이 많았으므로 인근 사람으로 뽑아 줄 것을 건의하였다.

오대산사고와 적상산사고의 차이는 화전민으로 인한 화재의 위험을 사전에 방지하기 위해서 오대산사고에 수호군 60명을 배치한 것이다. 사고 수호와 庫直을 위하여 백성 4호의 배치도 오대산사고에 적용되었을 것으로 여겨지지만 확인되지 않는다. 수호군 60명의 숫자는 산성에 배치된 수복이나 군병에 비하면 적은 숫자이고, 그것도 외침에 대비한 군사적 성격이 아니라 인근에 거주하는 화전민으로 인해 발생할지 모르는 화재를 예방하기 위해서 배치되었다. 이로 보아 산중에 설치된 사고와 산성 안에 설치된 사고의 운영과 관리가 달랐음을 알 수 있다.

사고의 수호와 관리는 禮曹(춘추관)에서, 산성의 수호와 관리는 兵曹에서 하였으므로 양자는 전혀 별개로 볼 수 있다. 그렇지만 산성과 사고는 무주현에 있고, 일선의 책임자는 무주현감이었다. 따라서 무주현감이나 무주현의 입장에서는 사고와 산성을 동시에 수호하고 관리해야 하는 부담을 안고 있었다.

2) 적상산사고의 구조

조선후기 사고 건축은 서책을 수장한다는 특수한 기능 외에 각종 재난으로부터 보호받기 위하여 山間에 세워지면서 독특한 건축형태로 발전하였다. 書籍을 보관하는데 있어서 특히 주의해야 할 것은 濕氣와 火災이다. 사고 건축은 이와 같은 점들을 고려하고 동시에 王室의 권위와 존엄을 상징하는 형태를 갖추었다. 이로 인해 조선시대 사고건축은 독특한 양식을 갖추게 된 것이다.[47)]

그런데 조선시대에 건축된 사고 가운데 완전한 遺構가 하나도 남아 있지 않아 건축양식을 파악하기가 쉽지 않다. 다행히 태백산사고와 오대산사고 그리고 정족산사고의 外觀이 사진으로 전하고, 적상산사고의 선원각이 비록 變形되기는 하였으나 적상산사고의 수호 사찰이었던 안국사의 千佛殿으로 현존하고 있어 이들 자료를 비교하여 추정할 수 있다.

사고의 건물을 연구하는데 고려해야 할 점은 지형조건과 건물의 방향 그리고 실록각과 선원각의 상호 위치와 출입 방법 등이다. 조선후기에 설치된 외사고의 지형을 살펴보면 모두 산중에 위치한다. 적상산사고는 해발 800미터가 넘는 적상산 정상의 山城內에 위치하며, 정족산사고는 섬에 위치하면서 山城內에 자리하고 있다. 적상산사고와 정족산사고는 산중과 섬이라는 차이와 함께 山城內에 자리한다는 공통점이 있다.

반면 태백산사고와 오대산사고는 山中에 자리하는데, 오대산사고는 火田民 문제로 화재의 위험을 안고 있었다. 조선후기 사고를 山城內 또는 산중에 설치하고 주변에 寺刹을 둔 것은 유사시에 도난을 당하거나 소실되는 것을 막기 위한 自然的·人爲的 방비를 갖추는데 유리한 때문이었다. 사고 건물의 방향은 특별히 어떤 원칙이 있었던 것은 아닌 것으

---

47) 김동현·김동욱, 「조선시대 사고의 건축양식」, 『사고지조사보고서』, 국사편찬위원회, 1986.

로 보인다. 적상산사고는 동북향이며, 오대산사고는 남향이었다.

실록각과 선원각은 하나의 울타리 안에 두는 것이 일반적이었고, 주위는 흙으로 쌓은 담이 둘러싸고 있으며, 하나 또는 두 개의 출입문을 두었다. 출입문의 위치는 실록각의 위치와 정면으로 軌를 같이 하여 일직선상으로 두는 것(적상산사고와 오대산사고)과 한쪽 모서리에 두는 경우가(태백산사고) 있었다.

실록각과 선원각의 배열은 좌우로 세우거나 앞뒤 일렬로 하였는데, 일정한 방법이 있었던 것은 아닌 것으로 보인다. 태백산사고는 왼쪽에 실록각을 오른쪽에 선원각을 두었고, 적상산사고는 오른쪽에 실록각을 왼쪽에 선원각을 두어 태백산사고와 반대였으며, 오대산사고는 실록각을 앞에 선원각을 뒤에 두었다. 정족산사고는 사고와 함께 전등사를 표기하고 있어, 사각과 선원각의 위치를 알 수 없으나, 복원한 형태를 보면 왼쪽이 사각이고 오른쪽이 선원각으로 태백산사고와 같았다. 특히 정족산사고는 두 건물을 가까이 두었는데 지붕이 거의 맞닿을 정도이고 다른 사고들 역시 멀리 떨어져도 10미터가 넘지 않았다.

다음으로 건축형태를 보면, 크게 세 가지 형태로 나누어 볼 수 있다. 첫째는 2층 구조에 상층과 하층의 지붕을 따로 설치한 것으로 태백산사고와 오대산사고가 이에 해당된다. 둘째는 樓形의 건물로 2층 구조에 상층만 지붕을 설치한 것으로 적상산사고가 이에 해당된다. 셋째는 단층 건물로 일반 목조건축과 외형상 큰 차이가 없는 것으로 정족산사고가 해당된다.[48]

---

48) 이외 平面과 立面 그리고 건물 各部(기단과 초석, 軌部·栱包·架構·天障·지붕·窓戶)에 대해서는 김동현·김동욱, 앞의 책, 1986, 157~162쪽, 참고.

3) 적상산사고의 변천

적상산사고는 광해군 6년(1614)에 사각이 건립되었고, 광해군 10년 (1618)에 『선조실록』이 봉안되었으며, 인조 19년(1641)에 선원록이 봉안된 이래 1910년 폐지될 때까지 300여 년간 실록을 비롯한 국가의 중요 사책과 서적을 보존하였다. 사고 운영은 산성의 수호와 병행되었는데, 이것은 무주현이 무주도호부로 승격되는 계기가 되었을 뿐 아니라 인근 지역의 중심지가 되도록 하였다.

이처럼 무주 역사에 있어서 지대한 영향을 미친 적상산사고도 시대의 흐름에 따라 변천을 갖게 되었다. 조선전기 이래 춘추관에서 맡아하던 사고 운영이 의정부로 이관된 후에도 사고의 운영과 관리는 지속적으로 이루어졌다.

1902년 4월과 5월에 璿源閣을 改建하고 史庫를 修理하였으며,[49] 1903년 1월에는 사고 守直廳 개축과 함께 적상산성내의 소나무를 함부로 베는 폐단을 금지하였다. 1907년 5월에는 사고의 홍살문 등을 수리하였다. 1906년부터 1908년에는 적상산사고 總攝이 사찰의 재산을 탕진하고 막중한 封山의 소나무를 베는가 하면 수십 명에 이르는 保護僧軍의 月料米마저도 지급하지 않고 가로챈 사건이 벌어져 궁내부에 청원서가 오고가는 등 분규가 있었다.[50]

---

49) 「全羅北道茂朱郡赤裳山城璿源兩閣豫算役費明細書」. 이때 소요될 豫算과 役費의 內譯을 기록한 明細書로 茂朱郡에서 編한 筆寫本이다. 明細書의 내용을 보면, 먼저 璿源閣 五樑 九間을 건립하는 데 필요한 경비 51항목에 17,926兩, 三門 건립비 26항목 1,379兩 4錢, 史庫七樑九間 건립비 37항목 1,6024兩, 三門 건립비 28항목 1,455兩 5錢, 合計 36,784兩 9錢에 달하는 소요경비가 항목별로 細分되어 기재되어 있다. 璿源閣과 史庫를 건립하는 데 소요되는 建築資材들(목재, 기와, 塗背紙, 石灰, 鎖金 등)과 役費(盖瓦工價, 役人雇價, 木手工價, 丹青 및 畵工價, 冶匠工價 등)가 상세히 기록되어 있기 때문에 당시의 건축공비와 건축자재의 값 등을 알아볼 수 있는 자료이다.

적상산사고의 마지막 포쇄(조사)는 1910년 4월 10일부터 14일까지 있었던 璿史兩閣 포쇄(조사)였다.[51] 동년 4월 9일 포쇄관 일행이 적상산성에 도착하였고, 다음날 茂朱郡守 朴台榮과 宮內府 事務官 村上龍佶이 함께 포쇄(조사)하였다. 이들은 史閣을 열고 10일과 11일 양일간에 史庫 2층과 1층에 있는 書冊을 점검하고 포쇄(조사)하였다. 2층에 藏書한 實錄과 기타 冊子에는 별다른 이상이 없었으나, 1층 冊子에는 습기가 스며들어 부식되고 좀이 들은 것들이 있었고, 또 궤의 자물쇠가 분실되거나 훼손된 것들이 많았으며, 防蟲劑의 많은 양이 효력을 잃은 것을 확인하였다.

선원각 포쇄도 이들에 의해 이루어졌다. 11일 사각 포쇄를 마친 후 12일에 역시 무주군수 박태영과 村上龍佶이 선원각을 열고 2층에 봉안된 璿源譜略과 기타 책자를 점검하고 포쇄하였다. 선원각에 보관된 서책에는 하등 이상이 없었으나 사궤의 열쇠가 분실되거나 훼손된 것도 있었고, 방충제는 많은 양이 효력을 상실하였음을 확인하였다.

이상으로 1910년 당시 적상산사고의 사각과 實閣이라 칭하는 선원각은 모두 2층으로 되어 있었으며, 사각의 1층에는 기타 서적이, 2층에는 실록과 기타 서적이 수장되어 있었다. 선원각 2층에는 선원보략과 기타 서적이 수장되었다. 이로 보아 사각과 선원각 모두 기타 서적이 收藏되어 있었음을 알 수 있다. 또한 선사양각의 건물은 양호한 편이었고, 실록과 선원보략도 보관이 잘 되어 있었다. 다만, 책자를 보관하는 궤의 열쇠가 분실되거나 훼손되어 있었고, 책자의 훼손을 방지하기 위해서 궤에 담아 두었던 약재들이 효력을 상실한 상태였다. 그 당시 실록은 824책, 선원록 1,446책, 의궤 260책, 雜書(族譜와 개인 文集 등) 2,984책 등 모두 5,514책이 있었다.

---

50) 이상 『各司謄錄』 근대편.
51) 「茂朱郡赤裳山城史閣調査形止案」, 「茂朱郡赤裳山城璿源實閣調査形止案」.

적상산사고실록은 1910년 庚戌國恥 후 일본에 의해 서울로 옮겨져 구황실 李王職에 보관되었다. 이듬해인 1911년 3월 30일 강제로 총독부 취조국에 인계되었다가 그해 6월 이왕직에서 적상산사고본 실록에 대한 반환을 요구하자, 일본은 기증형식으로 돌려주어 다시 이왕직의 장서각에 보관되었다.

1925년 12월 9일 稻葉君山은 적상산사고를 답사한 뒤 「적상산사고방문기」를 발표하였다. 이에 따르면, 그 당시에도 사고의 건물은 남아 있었다.

안국사의 僧舍 위쪽에 두 개의 건조물이 있는데, 사각과 선원각이었다. 그런데 안국사가 廢頹하여 수선이 곤란하게 되자 寺刹 전부를 사고의 건물 안에 移轉해 버렸다. 두 개의 건조물에는 모두 佛像과 佛具로 채워져 있었다. 그러나 그 구조는 대체로 舊形을 그대로 지니고 있는 것으로 보였으며, 특히 사각으로 생각되는 건조물에는 '石室秘藏'이란 扁額이 그대로 걸려 있었다. 이를 통해 그 건물이 본래 史閣이었음을 알 수 있었다.

사각의 동쪽에 璿源閣이 있었다. 세밀히 조사해 보니 兩者 사이에는 礎石의 구조가 달랐다. 선원각은 蓮瓣形을 하고 있는데 비해 사각은 그냥 扁平한 基石이었다. 또 그 내부를 보면 兩者는 모두 2층으로 되어 있는데, 그 입구는 중앙에 없고 각각 左端 또는 右側에서 계단 위로 통하게 되어 있었다. 계단 아래는 대체로 흙바닥이었다.

안국사가 이곳으로 이전한 후 사고 아래쪽에 溫突을 깔아 旅客의 宿泊에 충당하고 있는데, 그 모습이 원래의 것이 아님은 당연하다. 사고와 선원각을 包容하는 圍墻이 있고 또한 兩建造物 사이에 한 줄의 墻壁이 설치되어 있었다.[52] 1925년까지만 해도 내부가 변형되긴 했어도 선사양

---

[52] 신재홍, 「적상산사고의 연혁과 사고지현황」, 『사고지조사보고서』, 국사편찬위원회, 1986, 128~129쪽.

각은 온존했던 것이다.

이후 사각은 언제인지 모르게 훼철되었고, 선원각은 변형된 채 안국사의 천불전으로 사용되었다. 그런데 안국사가 무주양수댐 건설로 水沒됨에 따라 1988년 5월 護國寺址 옆에 터를 닦고 정초한 후 1992년 가을 移建된 안국사 경내에 다시 건립되어 현존한다. 赤裳山史庫址 遺構는 1995년 6월 20일 전라북도 지방기념물 제88호로 지정되었고, 1997~1999년에 사각과 선원각이 복원되었다.[53] 아울러 2001년 10월에는 KBS-TV 취재진에 의해 적상산사고본 실록이 북한의 김일성종합대학 도서관 서고에 보관되어 있음이 확인되었다.

---

53) 복원은 되었으나 여러 가지 문제점을 안고 있다. 첫째, 복원터가 너무 협소할 뿐 아니라 비탈진 곳에 위치하고 있어 사고의 존엄과 중함을 상실하였다. 둘째, 원형에 충실하게 복원되지 못하였다. 본래 사각은 2층으로 된 누각 건물이나 1층에도 서적이 보관되었다. 그런데 복원된 사각의 1층은 선원각과 마찬가지로 비어 있다. 본래 시각은 12칸, 선원각은 6칸으로 두 배의 차이가 있는 것으로 기록되어 있는데, 같은 크기로 복원되었다. 선원각의 礎石은 蓮瓣形이고 사각은 편평한 기석으로 되어 있었는데, 같은 형태로 복원되었다. 바닥은 둘 다 흙바닥이었다. 셋째, 목재의 선별에 주위하지 못한 관계로 관리에 문제가 많다.

제6장
적상산사고 포쇄와
『박학ᄉ포쇄일긔』

1. 포쇄의 유래와 적상산사고 포쇄

1) 실록의 보존처리 포쇄

실록의 보존에 직접적인 영향을 주는 가장 중요한 작업 중의 하나는 曝曬이다. 포쇄는 사고에 보관된 실록이 습기에 의해 腐蝕되거나 蟲害가 생기는 것을 막기 위해서 책을 꺼내 햇빛을 가리고 바람이 통하도록 擧風시키는 것으로 '曝書' 또는 '擧風'이라고도 한다.

포쇄와 관련된 가장 오래된 기록은 고려 충렬왕 때 直史官 秋適이 海印寺에 수장되어 있는 『고려실록』을 포쇄한 것이다.[1) 그 뒤 閔思平(1295~1359)[2)은 충숙왕 13년(1326)에 해인사에 가서 직접 國史를 포쇄하였고, 그 뒤 포쇄하러 해인사에 가는 史官 崔德成에게 전송하는 시를 써 주었다.[3) 공민왕 11년(1362)에는 紅巾敵의 침입 때 산일된 實錄史藁 3櫃 10餘筍를 文廟에 두었는데, 유실될 우려가 있으니 史官에게 명령하여 포쇄한 뒤 보관하고 守直할 것을 留都監察司가 상소한 일이 있다.[4) 그리고 우왕 9년(1383)에는 수찬 裵仲員이 죽주 칠장사의 실록을 포쇄한 기록이 있다.[5)

---

1) 『東文選』, 권6, 七言古詩, 送秋玉蟾曬史海印寺, 洪侃.
2) 본관은 驪興. 자는 坦夫, 호는 及庵. 『東文選』에 그의 시 9수가 전하며, 저서로 보물 708호로 지정된 『及菴先生詩集』이 있다. 민사평은 충혜왕 복위 2년(1341)에 成均大司成 藝文館提學 春秋館修撰官이 되었는데, 이때 최덕성에게 시를 써 준 것으로 추정된다.
3) 『及菴先生詩集』卷一, 古詩, 送崔德成史官曬史海印寺.
4) 『고려사』 권40, 공민왕 11년 8월 丙申.

위에 언급된 5회의 기록이 고려시대 포쇄와 관련된 사료들이다. 이를 통해 고려시대에도 포쇄를 하였음을 알 수 있으나 포쇄 후 그 결과를 담은 보고서가 작성되었느냐의 여부는 확인되지 않는다. 그런데 공민왕 때 기록을 제외하고 모두 '曝史'로 기록하고 있다.

포쇄를 통해서 실록을 비롯한 史籍을 보존한 고려의 전통은 그대로 조선에 계승되었다. 태종 4년(1404) 古事를 준수하여 충주사고에 수장되어 있던 『고려실록』을 포쇄하였고,[6] 태종 16년(1416) 7월에는 同副代言 李明德이 舊例에 따라 사고에 수장된 서책을 포쇄하였다.[7] 이처럼 조선 초기에 '고사를 준수하여' 또는 '구례에 따라' 포쇄한 것은 고려의 전통을 이어받은 것이다.

포쇄는 『經國大典』 禮典 奉審條에 "선대 임금의 실록은 매 3년마다 춘추관의 당상관이 살펴보고 포쇄를 한다. 지방에는 史官을 보낸다."[8]고 규정되어 있다. 포쇄를 수행하는 사관을 '曝曬別監', '曝曬史官', '曝曬官'이라고 하였다. 『조선왕조실록』를 보면, 포쇄별감이 5차례,[9] 포쇄사관이 1차례,[10] 포쇄관이 3차례[11] 나온다. 이로 보아 포쇄하러 파견되는 사관을 처음에는 포쇄별감이라 불렀고, 그 뒤 포쇄사관으로 혼용되다가, 중종 이후에 포쇄관으로 고정되었음을 알 수 있다.[12]

포쇄관은 전임 사관 중에서 선발하며, 각 사고에 1명씩 파견되지만, 한 사람이 2곳을 겸하기도 하였다. 숙종 35년(1709) 포쇄관 申靖夏

---

5) 『양촌집』 권16, 「送裴仲員修撰曝曬史七長寺序」.

6) 『동문선』 권93. 序, 送忠州曝曬別監吳奉敎先敬詩序.

7) 『태종실록』 권32, 16년 7월 庚戌.

8) 포쇄에 대해서는 『六典條例』와 『翰苑故事』에도 나온다.

9) 태종 1, 성종 1, 중종 3.

10) 세종 1.

11) 중종 1, 영조 1, 정조 1.

12) 이에 대해서는 좀 더 깊이 있는 연구가 필요하다. 단순한 용어의 변화인지, 아니면 포쇄와 관련하여 제도적인 변화가 있었는지 확인할 필요가 있다.

(1681~1716)는 태백산과 적상산사고를 거의 같은 시기에 포쇄하였고, 고종 8년(1871)에 포쇄관 朴定陽은 적상산사고와 태백산사고를 연이어 포쇄하였다. 이와 같은 사례는 봉안사의 경우도 마찬가지였다.[13] 이것은 사고의 위치와 관련하여 생각해 볼 수 있다. 가능하다면 한 사람의 포쇄관이 적상산사고와 태백산사고를 겸행하는 것이 효율적·경제적이었을 것이다.

고려시대 포쇄관의 자격에 대해서는 알려진 바 없으나 조선에서는 翰林만 파견하는 것이 초기부터 관례였다. 그런데 성종 5년(1474) 외사고에 사관을 파견하면서 국왕과 승정원에서 曝曬官의 자격을 參上官으로 확대하려고 하였다. 그러나 이는 곧 춘추관의 반대에 부딪혔다. 반대의 근거는 '사고의 開庫는 한림만 담당하는 것이 관례'라는 것이었다.[14]

그리고 중종 때 한림만 파견할 수 있다는 규례가 다시 확인되었다. 즉 지방으로의 잦은 使行이 民弊가 된다는 이유로 지방관 중에서 춘추관직을 겸임하는 外春秋가 대행하는 것이 좋겠다는 의견이 제기되었으나 춘추관에서 외춘추는 사관이 아니라는 이유로 반대하여 관철시킨 것이다.[15] 그 후 別兼春秋[16]를 파견하는 경우도 있었지만 이는 예외적인 경우였고, 전임사관을 파견한다는 원칙은 그대로 유지되었다. 19세기 말엽에는 중앙에서 파견된 포쇄관과 함께 지방의 수령이 공동으로 포쇄를

---

13) 『세종실록』 권110, 27년 12월 丁巳. 봉안사가 2곳을 겸해서 가는 사례는 조선초기부터 있었다. 세종 27년(1445), 三朝(태조·정종·태종) 실록을 외사고에 봉안하는데, 仁順府尹 安止가 전주 한 곳에 봉안사로 간 것과 달리 禮賓少尹 金吉通은 충주와 성주 두 곳에 가서 실록을 봉안하였다.

14) 『성종실록』 권46, 5년 8월 乙未.

15) 『중종실록』 권36, 14년 7월 甲辰 ; 7월 丁未 ; 23년 7월 丙戌.

16) 사관 역임자 중 청요직에 있는 자 가운데서 특별히 선임하는 직임으로 한림과 마찬가지로 춘추관 기사관의 기능을 담당하였으며, 사고의 개폐도 수행할 수 있었다. 별겸춘추가 어느 시기부터 존재하였는지는 알 수 없으나 한림의 有故로 인원이 부족할 때 임시로 별겸춘추를 임명하여 사관의 역할을 담당하게 한 데서 유래한 것으로 보인다.

담당하기도 하였다.[17)]

사고에 실록을 봉안하거나 포쇄를 하기 위해서 파견되는 史官에게도 避嫌[18)]의 관례가 적용되었다. 중종 35년(1540) 전주사고의 포쇄에 奉敎 南應雲을 파견하였다. 그런데 그의 아버지 南世健이 全州府尹이었기 때문에 피험해야 하는데도 불구하고 모른 척 하고 전주사고에 내려가 포쇄를 하였다. 이로 인해 남응운은 推鞫을 당하였다.[19)]

大韓帝國期에는 관제의 변화로 인해 기존의 방식과 차이를 갖는다. 사고는 원래 춘추관에서 관리하였으나 건양 2년(1897) 7월 15일부터 의정부 관할로 변경되었고, 광무 2년(1898)에는 의정부에서 秘書院郞이나 秘書監郞을 포쇄관으로 파견하여 史庫地의 군수와 함께 포쇄하도록 하였다. 이후 융희 2년(1908)에는 사고 업무가 宮內府로 이관되어 포쇄관 파견에도 변화가 있었을 것으로 추정되나 확인할 길이 없다. 대신 1910년 4월 궁내부 사무관 村上龍吉과 무주군수 朴台榮이 적상산사고의 선사양각을 조사하고 '調査形止案'을 작성하였다. 이것이 마지막 조사(포쇄)이고, 庚戌國恥 이후 외사고의 실록을 모두 서울로 가져가거나 일본으로 반출됨으로써 사고제도는 폐지되었다.

한편 고려 때부터 사관이 포쇄관으로 선정되면 母親 등 親姻戚을 찾아볼 기회가 주어졌는데, 동료들이 모여서 이를 축하하며 送別宴을 베풀었다. 즉 官吏 생활로 인해 부모와 오랜 기간 떨어져 지낸 이들이 부모를 찾아 뵐 기회를 갖게 되고, 동료들은 이를 축하해 준 것이다. 그러나 조선시대 포쇄관이 스스로를 淸福이라 하며 자부심을 가진 것과는 달리 고려시대 포쇄관은 이와 달랐다.

---

17) 1871년 태백산사고 포쇄 때에는 봉화현감이 마치 사관처럼 함께 하였다. 박정양, 『박학수포쇄일기』.

18) 혐의를 피하기 위해 친척 관계의 사람이 근무하고 있는 관청의 벼슬자리를 피하는 것을 말한다.

19) 『중종실록』 권94, 35년 10월 甲申.

충숙왕 1년(1332) 10월, 춘추관 修撰 安員之는 포쇄관이 되어 旅程 중에 母親을 만날 수 있는 기회를 갖게 되었다. 이에 동료들이 모여서 전송하는 잔치를 베풀었다. 이 때 축하받던 안원지는 "대개 벼슬을 하여 將相에 이르러 부귀한 몸으로 고향에 돌아가는 것은 이른바 錦衣還鄕이라 하는 것이요. 깃대를 들고 풍속을 관찰하며 兵符를 나눠 갖고 한 성을 맡아 다스려 그 방면에 횡행하고 향리를 빛나게 하는 것이 또한 그 다음이다. 지금 나는 품직이 매우 낮고 하는 일도 여전하다."고 하면서 "더구나 史書를 포쇄하기 위하여 單騎로 가는 처지"[20]라고 하였다. 품직도 낮고 하는 일도 두드러지지 않은 처지에 포쇄하기 위해서 혼자 말을 타고 가는 처지라며 심정을 토로하고 있다. 그러면서 "백성에게 일될 것도 없고 국정에 유익할 바도 없으니, 한스러운 일인데 치하할 것이 있겠는가."라고 하였다.

여기에서 포쇄관의 使行이 조선시대와 다른 점을 알 수 있다. 겸손하게 單騎라는 표현을 한 것이지 모르나 그 당시 포쇄관의 행렬이 조선시대와 달리 간소하였음을 알게 한다. 또한 포쇄관으로 나가는 것을 그다지 달가워하지 않았음도 알 수 있다. 그렇지만, 고려시대 확인되는 5회의 기록 중 4회가 포쇄관으로 나가는 사관을 전송하는 詩였음을 볼 때, 원거리 여정에 나서는 동료에 대한 위로와 격려 차원일 수도 있지만, 포쇄관으로 나가는 일은 축하받을 일이었다.

한편 조선시대에는 포쇄하는 일을 일컬어 淸福이라 하며 대단한 자부심을 가졌다.

> 사고에 가서 포쇄하는 일은 淸福이라 하는데, 이는 金櫃石室의 典籍을 살펴보고, 기이하고 멋진 경관을 내달리며, 옛날에 들었던 것을 망라하고, 仙境

---

20) 『동문선』 권85, 序, 送安修撰序, 李穀, 至順 3년 겨울 10월 어느 날 ; 『稼亭先生文集』 卷九, 序, 送安修撰序. 今吾品秩甚卑而事業如故 且因曝史 馳單騎以歸 無所事於民 無所益於國 可恨也.

을 오매불망하는 사람이라도 반드시 인연이 있어야만 능히 할 수 있기 때문이다. 한림원(예문관) 들어간 사람 중에도 길게는 10년 가깝게는 3년에서 5년이 지났으나 한 번도 가보지 못한 사람도 있다. 이는 石室題名錄[21]을 보면 알 수 있다.

    따라서 벼슬을 하더라도 한림원에 임명되지 못하면 曝史를 할 수 없고, 벼슬하여 한림원에 임명되더라도 오래되지 않으면 능히 포사를 할 수 없다. 그리고 이 몇 가지를 능히 하더라도 불행히 병이 많아서 여정에서 말을 타는 수고로움을 두려워한다면 능히 할 수가 없다. 대개 인연이 없어서 포사를 할 수 없는 것으로는 이 세 가지가 있다.[22]

신정하의 이 글에서 포쇄관의 자격·임무·즐거움을 알 수 있고, 사고에 가서 포쇄하는 일을 '淸福'으로 여기고 있음을 알 수 있다. 그것은 아무나 볼 수 없는 金櫃石室에 있는 典籍을 살펴볼 수 있고, 사고까지 가고 오면서 기이하고 멋진 경관을 한껏 볼 수 있으며, 또한 오래 전에 이러한 것을 듣고 仙境을 오매불망하였더라도 반드시 인연이 있어야만 볼 수 있기 때문이었다.

한편 史庫에 가면서 산수를 유람할 때에는 사찰의 승려들이 지팡이로 부축하고, 관청의 기생들은 책을 들어주었으며, 샘물이 맑으면 실컷 마시고 과일이 붉게 익으면 따서 먹을 수 있으니 돌아가고 싶은 마음이 일지 않았다. 밤이 되어 사고에 돌아가서 史書를 읽으면 옛적에 있었던 治亂을 일목요연하게 볼 수 있었고, 여기에 더하여 외로운 등불에 홀로 앉아 있노라면 감성에 젖게 되고, 바람이 종을 울리면 스스로를 반성하면서 밤을 새우기도 하였다. 포쇄관은 이와 같은 혜택을 누리기 위해서 만반의 준비를 하였다. 즉 사행을 떠나기 전에 사고가 위치하고 있는 지역을 遊覽한 적이 있는 이를 찾아가 자문을 받아 미리 실정을 파악하였던 것이다.[23]

---

21) 실록의 봉안이나 이안, 포쇄 등을 적은 「實錄形止案」을 뜻한다.
22) 申靖夏, 「送宋翰林聖集集五臺序」 『恕庵集』 권10.

이와 함께 포쇄관이 될 수 있는 인연으로 첫째 翰林에 나아갈 것, 둘째 翰林에 임명된 후 오래 근무할 것, 셋째 질병이 적고 건강해야 할 것 등 3가지를 들고 있다. 포쇄를 하기 위해서는 사각을 열고 닫아야 하는데, 이는 사관만이 할 수 있으므로 포쇄관이 되기 위해서는 한림이 되어야만 가능하였다. 한림에 임명되더라도 포쇄의 주기와 한림간의 서열과 경험이 존중되었기 때문에 오래 근무를 해야 기회가 주어졌다. 그리고 사고가 산간 오지에 있었던 만큼 원거리 험한 산길[24]을 다녀오기 위해서는 질병이 없어야 되고 건강한 체력이 요구되었다.

한편 신정하는 사고에 대해서 다음과 같이 표현하였다. 사고는 구름 사다리를 잡고 올라 하늘과 통하는 우거진 수풀 사이의 깊은 산중 험한 곳에 위치하고, 실록을 비롯한 옛 문헌은 고운 상자에 담겨져 있으며, 이를 상서로운 구름이 두르고 있는데, 신령이 지키고 있다고 하였다. 또한 포쇄하는 동안 서적 가운데서 是是非非를 홀로 깨닫기도 하고, 그러면서 '史臣의 직분을 제대로 했는지 반성한다.'[25]고 하였다.

고려시대 포쇄 주기는 3년이었다. 이는 洪侃(洪侃, ?~1304)가 고려 충렬왕 30년에 해인사로 포쇄하러 가는 秋玉蟾을 전송하는 시의 내용에서 확인할 수 있다.

> 내 듣건대 가야산 해인사는 / 儒仙인 최자(孤雲 崔致遠)가 일찍이 논 곳이라 하네. / 인간의 바람과 달은 이르지 못하나니 / 寶書와 玉牒이 구름처럼 쌓였다네. / 왕명을 받들고 거기 가는 이는 반드시 신선의 무리이리라. / 3년만에 학을 타고 구름 하늘에서 내려오네. / 그대는 금년에 거기 가게 되었으니 / 가을빛이 사람과 더불어 맑기를 다투리라.[26]

---

23) 박정양, 『박학수포쇄일기』.

24) 이로 인해 실록을 考出할 경우에는 중앙의 춘추관사고와 정족산사고의 실록이 우선적으로 활용되었다. 적상산사고와 태백산사고를 겸행할 경우에는 40여 일간 2,000여리에 달하는 여정이었다.

25) 『恕庵集』 권3, 「曝史」(『한국문집총간』 197권 223).

여기에서 "3년 만에 학을 타고 구름 하늘에서 내려오네."라는 구절은 3년에 한 번씩 포쇄하였음을 뜻한다. 또한 같은 詩의 註에 "고려에서는 일찍이 해인사에 역대 실록을 보관하였는데, 史官으로 하여금 역말을 타고 가서 3년에 한 번 볕에 말리게 하였다. 조선에 들어와서는 성주로 옮겨 보관하였다."[27]라는 기록을 통해서 확인 할 수 있다.

세종 13년(1431) 충주사고에 『태조실록』이 처음으로 봉안된 후 조선 전기 4사고가 확립된 것은 세종 27년(1445)이었다. 이때부터 조선시대의 경외사고제도가 수립되고 본격적으로 운영되는 시기라 할 수 있다. 그런데 세종 16년(1434)의 "시정기 한 벌을 매양 曝曬하는 해(年)가 돌아올 때마다 법식에 의하여 충주사고에 갈무리해 두는 것이 어떻겠습니까."[28]라는 기록을 보면, 초기부터 포쇄를 실시하는 주기가 정해져 있었음을 알 수 있다.

그 후 세종 28년(1446)에 의정부에서 啓를 올려 춘추관과 외사고의 문서를 科擧의 式年例와 같이 2년을 격하여 辰·戌·丑·未년에 포쇄하도록 건의하여[29] 고정되었다. 이를 법적으로 확인한 것이 『경국대전』으로 3년 1회의 定式이다.

포쇄하는 기간은 일정한 날짜가 정해져 있지는 않으나 국가의 다른 중대사와 중복되지 않는 범위 내에서 대개 날씨가 따뜻하면서 바람이 잘 통하는 3~4월이나 장마가 지나 청명하고 바람이 잘 통하는 8~10월을 적기로 하여 실시하였다.

17세기 중반에 이르러 포쇄 주기는 3년 1회에서 2년 1회로 바뀌었다. 그리고 숙종 때 기록에 의하면, 춘추관은 5년에 한 차례씩 포쇄한다고

---

26) 『동문선』 권6, 七言古詩, 「送秋玉蟾曬史海印寺」.
27) 高麗嘗藏歷代實錄于此寺中 令史官乘驛 三年一焉 本朝移藏于星州.
28) 『세종실록』 권66, 16년 11월 戊寅.
29) 『세종실록』 권114, 28년 10월 壬寅.

하여 외사고와 차이가 있었다.[30] 정족산사고의 경우도 예외가 적용되었다. 정조 5년(1782) 강화도에 外奎章閣을 설치하면서 빈번한 使行으로 인해 民弊가 늘어나자 이를 해소하기 위해서 횟수를 4년에 한 차례로 하여 시행하였다.[31]

1902년에 예문관의 규례와 임무를 규정한 『翰苑故事』에는 효종 1년 3월 22일의 「禮曹啓目」에 의하여 "외사고는 孝宗代 이후 매 2년마다 포쇄하는 것이 定式이 되었지만, 예문관에서는 4년에 한 번, 강화에서는 2년에 한 번 포쇄한다는 傳聞이 있지만 전거할 文籍이 없다."[32]고 하여 그 사이에도 변화가 있었음을 알 수 있다. 한편 『승정원일기』[33]는 3년 1회의 정식을 기록하고 있다. 이상 공식 자료에서는 3년 1회의 포쇄를 定式으로 기록하고 있음을 확인할 수 있다.

그런데 김홍집의 『以政學齋日錄』[34]에는 외사고 포쇄가 처음에는 1년을 격하였고, 그 후 3년 또는 5년 만에 행하였으며, 근년에는 10년 만에 포쇄한다고 기록되어 있다.

이상으로 『세종실록』과 『경국대전』 그리고 『승정원일기』와 『한원고사』에는 3년에 한 번씩 포쇄하는 것으로 기록되어 있고, 『이정학재일록』에는 2년·3년·5년·10년 1회 포쇄를 기록되어 있다. 주의할 점은 공

---

30) 『승정원일기』 효종 2년 8월 壬戌 ; 숙종 37년 3월 壬寅 ; 영조 23년 6월 戊辰.

31) 『정조실록』 권11, 5년 3월 癸未.

32) 『翰苑故事』 曝曬式. 外處史庫二年一次曝曬 孝廟庚寅三月二十二日 因禮曹啓目 而 定式者也 至於本館曝曬之間 四年一行 江華曝曬之間二年一行 只出於下輩口傳 而 終無加據之文籍 或是傳誤襲說也.

33) 『승정원일기』 고종 5년 1월 甲戌.

34) 金弘集(1842~1896)의 日錄. 필사본. 2책. 내용은 1867년(고종 4) 2월 23일부터 1884년 9월 1일까지의 기록으로, 체제는 일기체가 아니고 중요한 정사나 仕進日 에 대하여 서술한 것이다. 仕宦·陞資·사진 등을 주로 다루었으며, 특히 修信使·辭 陛·回還記錄 등은 외교사를 살피는 데 귀중한 자료가 된다. 이정학재는 저자의 호 이다.

식 문건에서는 3년 1회 포쇄를 기록하고 있다는 점이다.

조선시대 포쇄의 定式은 3년 1회였지만, 시대와 환경에 따라 규정대로 시행되지는 않았다. 급기야 5년마다 1회씩 포쇄하도록 정하기도 하고,[35] 규정과는 달리 6년이 지난 다음에 하기도 하였으며,[36] 심지어 10년에 1회씩 포쇄하도록 정하기도 하였다.[37] 그렇지만 이것도 얼마 되지 않아 3년 1회로 되돌아갔다.[38]

이상으로 볼 때 조선시대 포쇄 주기는 고려의 전통을 이어받아 3년 1회를 기본으로 하였고, 그것은 법전인 『경국대전』에 명시되었다. 그러나 시대와 환경에 따라 3년 1회의 정식을 벗어나 5년 1회, 10년 1회가 정식이 되기도 하였으며, 국내외 정세변화에 따라 정식에 벗어나 포쇄하기도 하였다.

이처럼 정기적으로 포쇄해야 한다는 원칙은 유지되었으나 시대별·지역별·상황에 따라서 일정하지 않았고 유동적이었음을 알 수 있는데, 구체적인 사례는 다음과 같다. 자연재해로 인해 사고의 수개문제가 시급하게 되고, 修改를 위해서 사고를 개고할 때 겸하여 포쇄하는 것이 대표적인 경우이다. 즉 사각에 漏水가 생겨 수개해야 할 때나 심한 태풍이나 장마가 지나간 다음에는 포쇄 주기가 아니어도 포쇄를 하였다. 또 새로운 실록을 봉안한 경우에는 시기를 앞당겨 포쇄하기도 하였다.

이와 달리 자연재해로 인해 포쇄를 거르는 사례도 있었다. 흉년이 들거나 잦은 使行으로 백성에게 부담이 큰 경우에는 포쇄를 다음 해로 미루기도 하였고, 흉년이 지속되는 경우에는 여러 해 동안 포쇄를 미루는 경우도 있었다. 또한 사관의 부족으로 제 때에 포쇄를 하지 못할 때도

---

35) 『승정원일기』 고종 5년 1월 甲戌.

36) 『승정원일기』 고종 원년 8월 辛未.

37) 『승정원일기』 고종 8년 8월 癸亥.

38) 「官報」, 제846호. 광무 2년 1월 14일. 勅令 제2호 제1조.

있었으며, 반면에 연한이 차지 않았음에도 포쇄하는 때도 있었다.

포쇄 주기가 매 3년으로 되어 있으므로 포쇄하는 해는 주기에 따라 정해졌으나 어느 달 어느 날에 하는가는 定式이 따로 없었다. 포쇄하는 해가 돌아오면 의정부에서 草記를 내고, 포쇄하기로 결정되면 관상감에서 각 사고의 포쇄일을 택일하였다. 당연히 선원각 포쇄도 포함되었다.

실록의 봉안과 포쇄 등 사고를 열고 닫을 때에는 吉日을 택해서 하였다. 택일은 日官이 하였고, 대체적으로 3번의 일정을 택해 주고, 현지 사정에 맞추어 하였다. 3번을 택해 주었으나, 가능한 한 가까운 날짜에 맞추어 포쇄하였음을 알 수 있다. 고종 40년 3월에 있었던 포쇄 택일을 보면, 정족산성은 음력 3월 14일·15일·20일, 오대산은 4월 4일·8일·9일, 태백산은 3월 20일·21일·23일, 적상산은 4월 3일·4일·5일이었다.[39] 가장 짧은 기간인 적상산사고는 연속된 3일 중에서 택일하도록 하였고, 정족산사고는 5일의 간격이 있었다. 즉 적상산사고는 첫 번째 날에 日氣不純 등으로 포쇄를 하지 못하면 바로 다음과 그 다음날 할 수 있었던데 비해, 정족산사고는 첫 번째 날인 14일과 다음날인 15일에 하지 못하면, 5일 뒤인 20일에 하도록 했던 것이다.

그렇지만 이보다 훨씬 더 간격이 긴 경우도 있었다. 고종 43년(1906)에 史庫를 여는 吉日을 日官 金東杓가 택했는데, 정족산성은 음력 4월 8일·11일·12일, 오대산은 4월 24일, 윤4월 2일·7일, 적상산성은 4월 8일·11일·12일, 태백산은 윤4월 27일, 5월 9일·13일이었다.[40] 태백산사고처럼 17일의 간격도 있었다.

한편 사고의 重建과 같은 경우에도 기다리는 기간이 만만치 않았다. 고종 42년(1905) 태백산사고 중건이 있었고, 이때 이안된 실록을 다시 봉안하게 되는데, 역시 日官이 開庫擇日을 하였다. 그 결과 '음력 6월

---

39) 『승정원일기』 고종 40년(광무 7) 3월 庚申(양력 4월 2일).
40) 『승정원일기』 고종 43년(광무 10) 3월 辛卯(양력 4월 17일).

27일과 7월 5일, 10일'이 결정되었다. 간격이 14일에 이른 것이다. 만약 첫 번째 날에 봉안하지 못하고, 두 번째 날마저도 하지 못한다면, 14일 간 사고에 머무르며 기다렸다가 봉안하게 된다는 것이다.

한편 포쇄하는 기간은 日氣에 영향을 받아 일정하지 않았다. 날씨가 좋은 날은 이틀 만에 끝내기도 하였으나,[41] 그렇지 못한 날은 여러 날 걸렸다.

2) 적상산사고 포쇄와 특징

기록을 통해 확인되는 최초의 적상산사고 포쇄는 인조 3년(1625)에 있었다. 광해군 11년(1618)에 『선조실록』를 봉안한 뒤 7년만의 일로 포쇄관은 대교 金䃜이었다. 이처럼 포쇄가 늦게 이루어진 것은 그 때 적상산사고에 봉안된 『선조실록』116권과 『新續三綱行實』18책 모두 편찬된 지 얼마 되지 않은 新刊이었던 까닭으로 볼 수도 있지만, 그 당시 정세에 영향을 받은 것으로 보인다.

광해군 10년(1618) 『선조실록』를 각 사고에 봉안할 당시 정세는 급박하였다. 후금의 명나라 침공과 명나라의 구원 요청 등으로 조선은 전란에 휩쓸리게 되었으며, 1623년의 인조반정, 1624년의 이괄의 난 등으로 정세는 한 치 앞을 내다볼 수 없는 혼미한 상태였다. 그런 까닭에 강화와 오대산사고가 7년, 묘향산사고가 8년, 태백산사고가 9년의 간격을 두고 포쇄를 한 것으로 보아 그러하다.

두 번째 포쇄는 인조 10년(1632)에 있었다. 첫 번째 포쇄와 마찬가지로 7년만인데, 1627년에 있었던 정묘호란의 영향이 컸을 것이다. 이때 포쇄한 실록은 『선조실록』이었다. 세 번째 포쇄는 인조 12년(1634)에 있었다. 이 포쇄는 묘향산사고본 실록의 移案과 『광해군일기』의 봉안과

---

41) 박정양, 『박학수포쇄일기』.

동시에 진행되었다. 이 사실은 「香山實錄曝曬移案赤裳山形止案」에 포함되어 있다.

이후 적상산사고 포쇄는 정기적인 포쇄 이외에 실록 봉안이나 사고의 수개, 실록의 고출 등과 병행하여 실시되었다. 그 결과 처음 실록이 봉안된 광해군 10년(1618)부터 마지막 포쇄가 있는 1910년까지 292년 동안 모두 88차례의 포쇄가 있었다. 이를 평균으로 환산하면, 3.2년이 된다. 본래 포쇄 주기를 3년에 두었던 것과 비교하면 근사치에 가까움을 알 수 있다. 포쇄하는 데 있어서 가장 짧은 간격은 영조 5년(1729) 5월에 실록 봉안과 함께 포쇄가 있은 뒤, 영조 6년(1730) 6월에 실록 고출과 사각의 수개를 하면서 병행하여 포쇄한 13개월이다. 간격이 가장 긴 것은 고종 8년(1871) 9월에 포쇄한 후 고종 17년(1880) 3월에 포쇄한 9년이었다. 이때는 포쇄 주기를 10년으로 정하기도 하고, 다른 한편으로 너무 간격이 길다는 지적이 오고가던 시기이다.

〈표 19〉 적상산사고 실록 포쇄 현황

구분	날 짜	포쇄관		근 거	내 용
1	1625. 04. 11 (인조 3)	대교	金 髙	實錄曝曬形止案	1618년 봉안 후 7년만의 포쇄.
2	1632. 06. 18 인조 10)	대교	李海昌	實錄曝曬形止案	全羅道茂朱縣赤裳山城實錄 曝曬
3	1634. 12. 03 (인조 12)	봉교	兪 棍	香山實錄曝曬移案于茂朱赤裳山城	묘향산사고본 실록 이안과 『광해군일기』 봉안
4	1636. 10. 13 (인조 14)	대교	李之恒	香山來甲戌年奉安實錄 戊午年奉安宣祖大王實錄 壬申六月十八日曝曬來	紅袱·甲袴·菖蒲·油芚·地衣 ·次席子 등 예전의 물품 사용
5	1640. 04. 28 (인조 18)	검열	趙復陽	實錄奉審形止案 茂朱縣山城實錄曝曬形止案	천궁·창포 사용[42].
6	1643. 07. 01 (인조 21)	大提學 검열	李 植 沈世鼎	茂朱縣山城實錄曝曬考出形止案	『선조실록』 改修를 위한 조사 /元孫策名入學 古事 上考
7	1645. 04. 07 (인조 23)	봉교	李泰淵	實錄曝曬形止案	이태연 복명[43]
8	1648. 05. 07 (인조 26)	봉교	洪宇遠	實錄曝曬形止案	복명; 曝曬時陳所懷疏, 『南坡文集』

9	1649. 11. (인조 27)	봉교 李尙眞	實錄曝曬形止案	사각 수개를 위한 조사와 병행
10	1652. 09. 03 (효종 3)	검열 李曾	표제 : 實錄還安形止案 내제 : 實錄曝曬形止案	사각의 수리와 실록의 고출 겸
11	1653. 11. 08 (효종 4)	參判 蔡裕後 검열 李敏叙	實錄奉安後曝曬形止案	『인조실록』 봉안 후 포쇄
12	1655. 03. (효종 6)	知春秋 李厚源 봉교 洪柱三	實錄考出後曝曬形止案	고출 후 포쇄『동고유고』
13	1657. 04. 16 (효종 8)	검열 李行道	實錄考出後曝曬形止案	고출 겸
14	1660. 08. (현종 1)	봉교 兪命胤	實錄曝曬形止案	복명44)
15	1661. 11. 10 (현종 2)	禮曹判書 金壽恒 대교 尹深	奉安形止案・曝曬形止案	『선조수정실록』・ 『효종실록』 봉안 후 포쇄
16	1665. 12. 19 (현종 6)	同知春秋館事 李尙眞 대교 崔後尙	實錄謄出後曝曬形止案	龍驤衛 副護軍 李尙眞45)
17	1672. 08. (현종 13)	봉교 尹致績	實錄曝曬時形止案46)	
18	1677. 10. 08 (숙종 3)	지춘추관사 吳始復 대교 尹義濟	實錄曝曬時形止案	『현종실록』 봉안 후 포쇄
19	1681. 08. (숙종 7)	대교 鄭濟先	實錄曝曬時形止案	
20	1685. 09. (숙종 11)	봉교 李玄祚	實錄曝曬時形止案	『현종개수실록』 봉안 후 포쇄
21	1687. 04. (숙종 13)	봉교 柳尙載	實錄閣修改時曝曬形止案	사각 漏水 수개 實錄閣修改時曝曬形止案 龜城君浚追復官爵事
22	1689. 09. (숙종 15)	대교 朴挺	實錄曝曬時形止案	
23	1691. 09. (숙종 17)	대교 閔鎭厚	實錄曝曬時形止案	
24	1696. 06. (숙종 22)	봉교 閔鎭遠	實錄曝曬後形止案	
25	1700. 03. (숙종 26)	검열 尹志和	實錄曝曬後形止案	
26	1701. 06. (숙종 27)	대교 金興慶	史閣改修後實錄曝曬形止案	사각 수개 후 포쇄
27	1705. 03. (숙종 31)	知春秋館事 黃鈙 봉교 李緯	端宗大王實錄附錄奉安及曝曬形止案	『단종실록』 봉안 후 포쇄
28	1707. 03 (숙종 33)	봉교 洪禹瑞47)	實錄曝曬時形止案	
29	1709. 10. (숙종 35)	봉교 申靖夏48)	實錄曝曬時形止案	領事 徐宗泰의 건의에 따라 포쇄.

30	1711. 05. (숙종 37)	봉교	洪啓迪	實錄曝曬時形止案	
31	1713. 09. (숙종 39)	봉교	金在魯	實錄曝曬時形止案	
32	1716. 09. (숙종 42)	봉교	尹惠教	實錄曝曬時形止案	
33	1718. 10. (숙종 44)	대교	李箕鎭	實錄曝曬時形止案	
34	1721. 08. (숙종 47)	봉교	尹東衡	實錄曝曬及史閣改修時形止案	경종 원년
35	1723. 04. (경종 3)	봉교	申致雲	實錄曝曬時形止案	
36	1725. 08. (영조 1)	대교	李度遠	實錄曝曬時形止案	
37	1727. 윤3.09 (영조 3)	봉교	閔亨洙49)	實錄曝曬時形止案	
38	1729. 05. (영조 5)	成均館大司成 봉교	趙顯命 朴弼均	實錄奉安仍爲考出曝曬時形止案50)	『숙종실록』 봉안 후 고출과 포쇄
39	1730. 06. (영조 6)	修撰	趙明澤	詳考宣廟實鑑以來矣. 史閣修改 仍兼曝曬	고출, 사각 수개. 포쇄
40	1736. 02. 24	예조참관 대교	李箕鎭 金時粲	景宗大王實錄奉安時形止案	『경종실록』 봉안시 포쇄 가능성
41	1742. 04. 16 (영조 18)	검열	趙明鼎	實錄曝曬及史閣改修時形止案	
42	1745. 10. (영조 21)	대교	李永祚	實錄曝曬及史閣改修時形止案	
43	1747. 08. 20 (영조 23)	대교	尹東星	實錄曝曬及史閣改修時形止案	
44	1749. 06 18 (영조 25)	검열	黃仁儉	實錄曝曬時形止案	
45	1753. 03. (영조 29)	대교	李命植	實錄曝曬及史閣改修時形止案	수개 후 포쇄51)
46	1757. 10. (영조 33)	검열	李鎭恒	實錄曝曬及史閣改修時形止案	수개 후 포쇄52)
47	1759. 02. (영조 35)	대교	鄭昌順	實錄曝曬時形止案	
48	1761. 04. (영조 37)	봉교	鄭彦暹	實錄曝曬及璿源譜略御製册奉安時 形止案	
49	1764. 03. (영조 40)	봉교	韓俊樂	實錄曝曬及御製册奉安時形止案	
50	1766. 10. 01 (영조 42)	봉교	洪　彬	實錄曝曬及御製册奉安時形止案	
51	1768. 02. 27 (영조 44)	봉교	洪相簡	實錄曝曬及御製册奉安時形止案	

52	1770. 10. 03 (영조 46)	봉교	兪漢謹	實錄曝曬及御製册奉安時形止案	
53	1772. 03. 29 (영조 48)	대교	李度默	實錄曝曬及御製册奉安時形止案	
54	1775. 03. 08 (영조 51)	대교	尹宗彦	乙未三月日曝曬時奉安 乙未三月曝曬時形止案一	형지안無. 石室銜名
55	1777. 09. 29 (정조 1년)	검열	金勉柱	曝曬時奉安	형지안無. 石室銜名. 포쇄와 함께 어제책 등 봉안.
56	1779. 04. (정조 3년)	검열	李信祜53)	實錄曝曬及御製册奉安形止案	
57	1790. 09. 28 (정조 14)	지춘추관사 봉교	具 庤 洪樂遊	實錄及御製奉安曝曬形止案	『경종수정실록』・『영조실록』・어제 봉안 후 포쇄
58	1796. 12. 25 (정조 20)			『御定史記英選』	『정조실록』 45권, 20년 12월 丙申
59	1803. 04. (순조 3)	副司果	洪秉喆	列聖實錄曝曬形止案54)	
60	1805. 08. (순조 5)	지춘추관사	韓用鐸		『순조실록』 7권, 5년 8월 壬午55)
61	1807. 09. (순조 7)	刑曹判書 부사과	韓用鐸 鄭觀綏	實錄奉安兼行曝曬形止案/列聖實錄曝曬形止案	『정조실록』 봉안
62	1810. 09. 19 (순조 10)	검열	金陽淳	列聖實錄曝曬形止案	사각의 수개 병행.
63	1813. 02.	兵曹正郎	李紀淵	列聖實錄曝曬形止案	
64	1817. 02.	副司直	鄭基善56)	列聖實錄曝曬形止案	어제 봉안
65	1820. 06. 04	부사과	李憲球	列聖實錄曝曬形止案(내제)	實錄還奉後曝曬形止案(표제)
66	1820. 08. 27	별겸춘추	金道喜	형지안無	일성록57)
67	1825. 03. 27	검열	吳致愚	列聖實錄曝曬形止案	
68	1831. 08. 19	부사과	洪鐘應	列聖實錄曝曬形止案	
69	1835. 06. 23 (헌종 1)	부사과	趙雲承	列聖實錄曝曬形止案	
70	1838. 08. 29 (헌종 4)	副護軍 검열	金炳朝 洪在龍	實錄奉安兼行曝曬形止案 列聖實錄曝曬形止案	『순조실록』과 어제 등 봉안 후 포쇄
71	1841. 04. 23 (헌종 7)	검열	沈敬澤	列聖實錄曝曬形止案	
72	1844. 09. 27 (헌종 10)	검열	趙龜植	列聖實錄曝曬形止案	
73	1847. 03. 26 (헌종 13)	검열	洪祐命	列聖實錄曝曬形止案	
74	1850. 09. 12 (철종 1)	검열	趙秉學	列聖實錄曝曬形止案	
75	1852. 09. 11 (철종 3)	護軍 검열	鄭基世 徐相至	列聖實錄曝曬形止案	『헌종실록』 봉안 후 포쇄

76	1856. 03. 10 (철종 7)	검열	李正翼	列聖朝實錄曝曬形止案	
77	1859. 09. 12 (철종 10)	검열	李喬翼	列聖朝實錄曝曬形止案58)	
78	1864. 09. 04 (고종 1)	병조정랑	李冕光	列聖朝實錄曝曬形止案	
79	1865. 08. 13 (고종 2)	都承旨 검열	閔致庠 趙定變	列聖朝實錄曝曬形止案	『철종실록』 봉안 후 포쇄
80	1871. 09. 16 (고종 8)	별겸춘추	朴定陽	列聖朝實錄曝曬形止案	
81	1880. 03. 24 (고종 17)	부사과	趙秉升	列聖朝實錄曝曬形止案	
82	1888. 04. 21 (고종 25)	검열	徐相集	列聖朝實錄曝曬形止案	
83	1892. 10. 09 (고종 29)	부사과	尹斗炳	列聖朝實錄曝曬形止案	『승정원일기』 고종28(1891) 11. 19 『일성록』 고종28(1891) 10. 1
84	1898. 05. 09 (광무 2)	秘書院郎	宋鍾冕	列聖朝實錄曝曬形止案	1897년부터 의정부에서 사고 관리함.
85	1900. 05. 26 (광무 4)	비서원랑	安弼鎬	列聖朝實錄曝曬形止案	
86	1902. 03. 19 (광무 6)	비서원랑	柳寅哲	실록의 移安과 還安	璿史兩閣의 수개와 함께 포쇄
87	1906.윤4. 07 (광무 10)	비서감랑 무주군수	林海昌 趙命根	列聖朝實錄曝曬形止案	
88	1910. 04. 14 (융희 4)	宮內府事務官 무주군수	村上龍佶 朴台榮	史閣調査形止案 璿源閣調査形止案	

---

42) 『승정원일기』 인조 17년 8월 甲午. 적상산사고는 山頂에 있어 풍우의 습기가 많아 좀으로 인하여 실록이 손상될 수 있다고 아뢰자, 임금이 천궁과 창포를 갖추어 포쇄할 것을 허락하였다. 이로 보아 1636년 이후 천궁과 창포 등의 물자를 마련하여 포쇄 한 것으로 보인다.

43) 동년 5월 4일 금산의 안성을 떼어 무주현에 속하도록 복명하였다. 이에 전라감사 윤명은은 동년 6월에 안성·양산·용화 등 3곳을 적상산성에 속하게 하고, 또 邑號를 승격시켜 줄 것을 청하게 된다.

44) 농사가 흉년이 들었으므로 부역을 정지하고 세금을 면제해야 한다고 복명하였다.

45) 『승정원일기』 현종 6년 10월 辛酉.

46) 1665년 등록 고출 후 포쇄가 있은 지 7년 만에 이루어진 포쇄로 判中樞府事 鄭致和의 건의로 이루어졌다.

47) 포쇄를 위해 적상산에 가는 홍우서를 위해 신정하가 지은 시가 『恕菴集』에 전하며, 홍우서는 실록 포쇄를 마친 후 「曝曬時陳所懷疏」를 지어 올렸다.

포쇄관을 보면, 순조 3년(1803)까지는 전임사관(대교·봉교·검열)이 파견되었으나, 이후에는 副司果 洪秉喆을 시작으로 부사과(6회), 兵曹正郎(2회), 別兼春秋(2회), 秘書院郎(2회), 秘書監郎(1회) 등이 포쇄관으로 임무를 수행하였다.

정조 14년(1790)『경종수정실록』과『영조실록』, 그리고 御製를 봉안

---

48) 신정하는 8월 24일 태백산사고에서 포쇄한 후 형지안을 작성하였고, 10월에는 적상산사고에서 포쇄 후 형지안을 작성하였다.

49) 포쇄를 마친 후 민형수는 장마를 겪은 후에는 지방관으로 하여금 사고를 봉심할 수 있도록 청하였으나 한림 이종백의 반대로 시행되지 않았다.『영조실록』15권, 4년 1월 乙卯.

50)『숙종실록』을 봉안하고 侍講院 存罷와 관련된 선대의 실록을 고출(且侍講院存罷 考出實錄事)하고 포쇄하였다.『승정원일기』영조 5년 4월 丙申·5월 丙辰.

51) 1751년 춘추관에서 포쇄를 건의하였으나 미루어지다가 1753년에 실시되었다.『승정원일기』영조 27년 4월 壬辰.

52) 1755년은 포쇄를 하는 해였으나, 湖西南에 흉년이 들어 백성이 고통을 당하고 있으니 명년 가을에 시행할 것을 건의하여 보류되었다. 1756년 춘추관에서 다시 건의하였으나 이루어지지 못하였다. 그 뒤 1757년 보편의 경서를 다섯 곳의 사고에 보관하도록 함으로써 동년 10월에 서책의 보관과 함께 포쇄와 사각의 개수가 이루어졌다.

53) 이신호가 작성한 형지안은 자획을 알아볼 수 없고, 어제책자 이름도 잘못 기재된 것이 많아 동년 11월 추고당하고, 형지안을 수정하여 바쳤다.『선조실록』8권, 3년 11월 癸巳 ;『일성록』정조 3년(1779), 11월 13일.

54) 홍병철이 적상산·오대산사고 포쇄를 오랫동안 하지 못하였음으로 이번에 해야 된다고 건의하여 시행됨.『일성록』순조 3년 윤2월 5일.

55)『순조실록』(권7, 5년 8월 壬午)에서는 4곳의 외사고와 춘추관에『정조실록』을 봉안한 것으로 기록되어 있다. 正宗大王實錄 印役告畢 凡五十四卷 附錄一卷 以次奉安于四處史庫及春秋館.

56) 포쇄를 마친 후 정기선은 실록 포쇄 시 이안청이 없어 안국사로 이안하였는데, 안국사 승도가 달아나고 비바람으로 인해 쇄잔해 있다고 복명하였다.『일성록』순조 17년 3월 6일.

57)『일성록』순조 20년 8월 17일.

58) 사각이 썩어 자꾸 떨어지니 사관 1명을 내려 보내 택일하여 거행하자는 춘추관의 건의로 이루어졌다.『일성록』, 철종 10년(1859) 8월 11일.

한 뒤에 포쇄한 이래 순조 3년(1803)까지 13년 동안 포쇄는 물론 단 차
례도 史官의 방문이 없었다는 점은 이해가 되지 않는다. 따라서 정조 20
년(1796)년에 간행한 『御定史記英選』를 태백산과 오대산사고 및 적상산
사고에 보관할 때[59] 포쇄가 이루어졌을 것으로 보았다.

2. 박정양의 적상산사고 포쇄

1) 『박학수포쇄일긔』의 사료적 가치

『박학수포쇄일긔』[60]는 고종 8년(辛未, 1871) 8월, 宗簿正別兼春秋 朴
定陽이 포쇄관으로 전주를 거쳐 적상산사고에서 收藏 문헌을 포쇄하고,
다시 경상도 봉화에 있는 태백산사고에 가서 포쇄의 임무를 마치고 돌아
오는 전후 과정을 국문의 歌詞體로 기술한 기행가사집이다.[61] 이에 대
해서 국문학계에서는 "실록의 포쇄라는 특수한 경험을 기술한 내용으로,
문장 표현이 세련되고 활달하며 기록성에 있어서는 사료적 가치가 돋보
인다. 「박학수포쇄일긔」는 가사문학이 도달한 최고 성과 중의 하나로
본다."[62]고 평하였다.

또한 18·19세기에 접어들면서 기행가사의 중심은 가사의 장편화 경
향이 뚜렷해지고, 장면이 극대화되거나 계기성이 희박한 내용이 나열되
는 방식으로 가사의 분량이 길어지며, 이 과정에서 實記·報告的 성격이

---

59) 『정조실록』 45권, 20년 12월 丙申.
60) 본 논문에서는 포쇄관의 일정과 포쇄에 관련된 자료를 제한적으로 인용하였다.
   여기에서 소개하지 못하는 내용은 차후 다른 연구를 통해 발표하고자 한다.
61) 박정양은 고종 8년(1871) 8월 27일에 길을 떠나 동년 10월 11일에 귀환하였다.
62) 임형택, 『옛 노래 옛사람들의 대면 풍경』, 소명출판, 2007, 353쪽.

강화되고 기록성이 중대되었는데, 『박학ᄉ포쇄일긔』가 전형적인 사례에 해당된다고 하였다.[63]

『박학ᄉ포쇄일긔』는 분량이 약 5,000구에 가까운 장편 가사로 현존하는 기행가사 가운데 약 8,000구에 이르는 「日東壯遊歌」를 제외한다면 가장 긴 분량이다. 일반적인 유형 분류로 볼 때 『박학ᄉ포쇄일긔』는 기행가사이며, 그 가운데서도 관료가 업무를 수행하는 과정을 기록한 것으로 宦遊(官遊)가사로 분류된다.[64]

한편 『박학ᄉ포쇄일긔』는 1984년에 影印하여 간행된 『朴定陽全集』[65] 1질 6책 중 1책에 실려 있는데, 한문본 『南遊日記』[66]도 함께 수록되어 있다. 한글본은 1999년 발간되었다.[67] 필자가 검토한 『박학ᄉ포쇄일긔』는 『박정양전집』에 수록되어 있는 「박학ᄉ포쇄일긔」이고, 「南遊日記」를 참고하였다.

박정양(1841~1905)의 본관은 潘南으로, 자는 致中, 호는 竹泉이라 한다. 아버지는 齊近이며, 어머니는 韓山李氏이다. 26세 때인 고종 3년(1866) 丙寅別試文科에 급제하였고,[68] 고종 5년(1868) 윤4월 9일에는 翰林召試에 의거 예문관 검열이 되었다.[69] 그 뒤 副校理가 되었으며, 고종

---

63) 류준필, 「朴學士曝曬日記와 가사의 기록성」, 『민족문학사연구』, 민족문학사학회, 2003, 114쪽.

64) 류준필, 앞의 논문, 115쪽.

65) 『박정양전집』은 1984년 아세아문화사에서 '한국근대사상총서'로 영인 간행되었다. 이 전집은 모두 6책으로 구성되어 있는데, 권1은 「年譜」, 권2는 「記注日記」(1866~1868), 권3은 「事變日記」(1868), 권4는 「남유일기」(1871), 권5는 「曝曬日記諺解」가 실려 있다.

66) 포쇄업무를 수행한 1871년 겨울에 쓴 글이다. 『박정양전집』 1권에 함께 수록되어 있는데, '竹泉稿目錄 南遊日記'라는 표제를 달고 있지만 본문에는 '南遊錄 日記'라고 적혀 있다. 이와 함께 '南遊錄 詩'도 첨부되어 있다.

67) 박정양 원저, 최강현 역주, 『조선시대 포쇄일기』, 신성출판사.

68) 『國朝文科榜目』, 丙寅庭試 丙科. 四位. 이에 앞서 고종 1년(1864) 甲子 增廣試 三等 二十八位로 사마시에 합격하였다.

8년(1871) 5월 30일에는 典翰이 되었다. 이 시기 加設된 宗親府正으로 포쇄관의 임무를 띠고 적상산사고와 태백산사고에서 포쇄를 하였다.

이후 박정양은 초대 주미공사와 총리대신을 역임하였는데, 『박학수포 쇄일긔』는 그의 30대 초의 작품이다. 저서로 『竹泉稿』와 『海上日記草』 가 있고, 편서로는 『日本內務省及農商務省視察書啓』·『일본내무성시찰 기』·『일본농상무성시찰기』가 있다. 시호는 文翼이다.

한편 『박학수포쇄일긔』는 인조 7년(1629) 태백산사고를 포쇄하고 그 과정을 기록한 鄭太和의 「曝史日記」[70]와 비교된다. 정태화는 인조 7년 (1629) 6월 2일, 왕명을 받고 도성을 출발하여 태백산사고의 서책을 포 쇄하고 6월 23일 都城에 돌아와 복명한 과정을 날짜별로 기록하였다. 그 러나 沿路에 있는 지역에 관한 풍광이나 소감, 만나는 사람들과의 대화 내용, 또는 포쇄를 준비하는 과정 등이 전혀 언급되지 않아 아쉬움이 남 는다.

그렇지만 포사관이 지나는 沿路의 고을 수령이 거의 모두 찾아오고, 특히 안동부사는 100여 리를 달려와 포쇄관을 만날 뿐 아니라 안동에 들려 며칠 유숙하기를 청하기도 하였다. 이로 보아 지방관의 포쇄관 접 대가 융숭하였음을 알 수 있다.

서울에서 태백산으로 가는 路程은 慶安, 利川, 忠原, 淸風, 丹陽, 竹嶺, 豊基, 榮州, 奉化, 覺華寺로 9일 정도 걸렸다. 가는 길에 知人은 물론 머 물거나 지나치는 고을의 수령과 營將 등을 비롯하여 인근의 수령과 관 인을 만났다. 하루 이동 거리는 짧게는 50리, 길게는 130리였다. 정태화 는 자신을 찾아온 관원과 대화를 나누면서 술자리를 같이 하기도 했는 데, 대체로 '小酌'으로 표현한 것으로 보아 소박한 자리였던 것으로 보

---

69) 『고종실록』 권5, 5년 윤4월 丙辰. 이때 함께 선발된 崔鳳九는 정족산사고 포쇄관 으로, 李源逸은 北評事로 오대산사고 포쇄를 담당하였다.

70) 鄭太和(1602~1673년)의 유고집 『陽坡遺稿』 권10에 실려 있다. 자는 囿春, 호는 陽坡, 본관은 東萊, 시호는 翼憲이다.

인다. 정태화는 안동도호부와 봉화현을 들리지 않고 곧바로 태백산사고
의 수호 사찰인 각화사에 도착했는데, 이를 뒤늦게 알게 된 안동부사와
봉화현령이 각화사로 찾아왔다. 안동부사는 歸路에 정태화가 안동에 들
려 며칠 머물다 가기를 청하였다. 정태화는 태백산사고에 도착한 당일에
포쇄를 마치고 각화사에서 하룻밤을 유숙하였다.

歸路에는 禮安, 安東, 豊山, 醴泉, 龍宮, 虎溪, 聞慶, 鳥嶺, 忠原, 琴臺,
驪州, 德新 등을 거쳐 상경하였다. 포쇄를 마친 뒤 봉화에서 留宿하고,
다음날 안동에 들렀다. 안동에서는 부사와 판관 그리고 안기찰방 등이
나와 환영하였다. 그리고 밤에는 지인들을 만났다. 안동에서 1박 2일을
머물면서 狀啓를 封送하였다. 풍산에서는 宗親 몇 사람을 만났고, 예천
에서는 선영에 참배하고 더 많은 종친들을 만났다. 琴臺 아래에서 배를
탔고, 여주에서 하루를 묵은 후 다시 배를 타고 德新의 沙際에서 내린
뒤 하루 밤을 묵은 뒤 다음날 입성하였다.

박정양의 일정과 비교해 볼 때 정태화는 불미스러운 일은 겪지 않았
던 것으로 보인다. 일기에 이에 관한 언급이 전혀 없기 때문이다. 이로
보아 조선후기에 새로 설치된 외사고의 운영 초기에는 포쇄관에 대한 접
대가 왕명을 수행하는 사관에 대한 예우로 존중되었으나, 후기에 이르면
서 양상이 달라진 것으로 보인다.

『박학수포쇄일기』는 포쇄 일정의 시작과 함께 포쇄관의 업무와 관련
된 여러 측면을 살펴 볼 수 있을 뿐 아니라 실제적으로 使行에서 만나는
여러 장면과 정보를 적지 않게 접할 수 있다. 즉 포쇄의 시행을 청하는
의정부의 草記, 擇日啓下, 포쇄관의 선발, 開庫擇日, 發行路文 발송, 使
行의 沿路에서 공식·비공식적으로 부딪치는 문제들, 포쇄 物種과 준비
과정, 포쇄 때 동원되는 공식 인원과 그에 관한 정보, 「포쇄형지안」의
작성자와 부수 및 보관처 등 포쇄와 관련된 여러 사항을 구체적으로 적
시하고 있다.

따라서 『박학수포쇄일기』는 조선후기 포쇄와 관련된 구체적인 경험을 살펴 볼 수 있는 기록문서라 할 수 있다. 다른 한편 私的인 일들[71]도 여과 없이 전달함으로써 公的 영역과 私的 영역이 혼재되어 있으나 조선후기 포쇄관의 일상을 적나라하게 살펴 볼 수 있다. 이에 관한 연구는 국문학 분야에서 두 편의 논문이 있으나,[72] 역사학에서는 아직까지 없다.

2) 沿路의 일정과 특징

고종 8년(1871)년 8월 5일, 의정부에서 포쇄에 관한 草記를 내고, 포쇄일정에 대해서 임금의 승낙을 받은 뒤(擇日啓下) 사고의 열고 닫는 날짜를 택하였다.(開庫擇日) 이때 선원각 포쇄도 겸행하기로 하였다. 이어서 포쇄관의 일정을 沿路에 있는 각 읍에 발송하였다(發行露文 發送).

포쇄관은 別兼 네 명 중에서 선정하였는데, 박정양이 적상산사고와 태백산사고를 겸행함으로써 한 사람은 나가지 못하고 3사람이 선정되었다.[73] 2곳을 겸해서 가게 된 것에 대해서 박정양은 스스로 "누구나 힘들어할 만한 업무이지만 이전의 선행자들과는 달리 자신은 영남과 호남의 명승지를 함께 구경할 수 있어 큰 행운"[74]이라고 하였다. 더불어 태백산사고에서 포쇄를 수행하고 적상산성 일대를 유람한 적이 있는 李㒪를 찾아가 자문을 구하였다.[75]

---

71) 처가나 일가친척 방문, 조상묘소의 성묘, 친구나 지인과의 만남 등이다.
72) 최강현, 「竹泉의 曝曬日記를 살핌」, 남경 박준교 박사 정년 기념 특집호 『고시가연구』 5, 한국고시가문학회, 1998. ; 류준필, 「朴學士曝曬日記와 가사의 기록성」, 『민족문학사연구』, 민족문학사학회, 2003.
73) 崔鳳九가 정족산사고, 李源逸이 北評事로 오대산사고 포쇄관으로 결정됨.
74) 「남유일기」, 『박정양전집』 권1, 412쪽.
75) 이처럼 포쇄관으로 나가기 전에, 포쇄의 임무와 함께 沿路의 명승지를 구경할 수 있는 기회를 얻었다는 생각으로 주위 사람에게서 자문을 받았다. 포쇄라는 왕명의 수행과 함께 명승지를 구경할 수 있다는 기대를 함께 한 것이다.

8월 26일에 포쇄업무를 수행하기 위해서 출발한다는(詣闕下直) 出記를 내고, 27일에 아침을 먹은 후 儀軌[76]를 모시고 崇禮門 밖으로 나갔다. 이 때 박정양의 공식 직함은 宗府正別兼春秋였다.

포쇄관의 使行은 박정양 스스로 "發行기구 무던하다."라고 한 데서 알 수 있듯이 채비가 만만치 않았다. 이를 구체적으로 보면, 경기감영의 營吏 邊啓煥,[77] 藝文館 胥吏 廳直 李春根과 卞聖根, 官使令 金道元, 水工 金乞伊 등이 복장과 장비를 갖추고 말을 타고 함께 하였다. 한편 동행하는 인물로 別提 洪永錫[78]과 함께 盧元植·全景煥이 있었다. 이들은 여행의 즐거움에 들떠 있었으며, 가족들이 나와 무사귀환의 하직 인사를 나누었다. 포쇄관의 행렬에는 別輦과 日傘 등이 제공되었다. 이 외 사람이 탈 세 필의 말과 걸어서 따르는 여섯 명의 하인은 良才驛에서 미리 준비하며 기다리고 있었다.

이후는 發行路文에 따라 목적지인 사고에 가는 旅程이다. 포쇄관 일행이 이동할 때마다 원칙적으로 沿路에 있는 관아에서 아전들이 마중 나와 길 안내를 하면서 필요한 물품과 宿食을 제공하였다. 그러나 전에는 고을 입구에서 茶啖畫物[79]을 마련하여 대접하였으나, 그 당시에는 중단되었다. 이로 보아 沿路 각 고을의 입구에서도 접대가 있었음을 알 수 있다. 일정은 다음과 같았다.

---

76) 포쇄 때 사용할 절차와 의식을 기록한 문서.
77) 成歡驛에서 遞馬할 때 되돌아갔다.
78) 전라감영에서 裨將을 지냈으며, 안동도호부의 册房이 그의 兄이었다.
79) 畫物은 낮에 먹는 別食으로 茶啖(다과상)보다는 풍성하지만 일반 식사와는 달리 색다른 음식이 차려졌다. 주물은 주로 접대용으로 특별한 행사가 있을 때 제공되었다. 한국고문서학회, 『조선시대 생활사 3』, 역사비평사, 2006. 130쪽.

〈표 20〉 박정양 포쇄 일정

구 분		노 정	내 용	비 고
경기도	8. 26		詣闕下直 出記를 냄	
	8. 27	崇禮門-동작리-南泰嶺-과천(宿)	과천 오리정에 禮吏가 나와 마중함.	가족들이 나와 인사
	8. 28	과천-갈산-廣州初境-遲遲峴-수원-금곡-진위(宿)	三絃六角 與民樂	수원 경관 기록 (집마다 우물이 있어 수원)
충청도	8. 29	진위-素沙-성환驛-직산(宿)	성환에서 遞馬. 望賀禮	畿營 營吏와 헤어짐
	9. 1	직산-安城 洞村(宿)	첫 새벽에 일어나 望賀禮	목천 납안리 妻家 방문 (宿)
	9. 2	안성 동촌-천안(宿)		唐津 수령이 옴.
	9. 3	천안-금계驛-덕평-공주(宿)	三絃六角	利仁察訪이 옴.
	9. 4	공주-노성(금곡)-연산-은진(宿)	노성읍에서 火具 준비를 하지 않아 밤길에 고생	예문관 사령과 은진아전 兵工房 다툼
	9. 5	은진-皇華亭-三禮驛馬-여산-三禮驛(宿)	完營 하인 마중 나옴. 여산 營吏의 路文 作奸	錦營 營吏와 헤어짐
전라도	9. 6	익산(쌍정리)-전주(오리정)(宿)	오리정에 영장이 마중 나옴. 포쇄 물종을 받음.	전주에서 이틀 묵는 것이 前例 - 遊覽
	9. 8	전주-봉상-고산(宿)	濟原察訪이 다녀감	
	9. 9	고산-용계원-진산(宿)	炬火器具 十里에 펼쳐짐	대둔산 · 梨峴
	9. 10	진산-금산(宿)	執事軍官 軍奴使令 前陪	
	9. 11	금산-가정자-무주(宿)		皇豊亭 同宗 방문
	9. 12	무주-적상산사고(宿)	사고에서 참봉을 만남 숙배-봉심-灑掃-狀啓奉發	璿別將. 안국사 下處. 出站과 亂場
전라도	9. 13	적상산사고(宿)	궂은 비로 참봉청에서 포쇄함	
	9. 14	적상산사고(宿)	비가 그침. 포쇄 마침.	박정양 문중 족보와 문집 정리
	9. 15	적상산사고-호국사-무주읍내(宿)	형지안 작성 - 총 4부	邑例에 따라 낙화놀이를 함.
	9. 16	무주읍내-순양驛(宿)		아침에 비가 오다 그침
충청도	9. 17	순양역-伊院場-옥천(宿)	完營하인과 江頭에서 헤어짐.	錦營 영리가 마중 나오지 않음.
	9. 18	옥천-化仁나루-보은(宿)	船隻鋪陳과 工房色 等待 않음.	
	9. 19	보은(宿)	俗離寺	遊覽
	9. 20	보은-化寧(宿)	尙州 初境. 嶺營 營吏 馬頭와 楡谷驛馬 等待함	속리산 遊覽

	9. 21	화녕-상주(宿)	비가 와 섬	
	9. 22	상주-咸昌-용궁(宿)		
	9. 23	용궁-예천(宿)		昌樂察訪이 다녀감.
	9. 24	예천-昌樂驛馬-豊山倉-안동부(宿)	三從叔 朴齊寬이 안동도호부사	使行接待凡節 除弊. 이틀 머물면서 遊覽
	9. 27	안동-예안-봉화(宿)	밤길 火具 마련에 民弊	陶山書院 유람
경상도	9. 28	봉화-法田-춘양-각화사(宿)	總攝이 總察. 사고참봉 2명이 인사함.	安東春陽 有名하다. 각화사는 안국사보다 더 번잡함.
	9. 29	각화사-태백산사고(宿)	봉심 후 바로 포쇄. 봉화현감이 參禮함. 校生·僧徒 책자 出納.	승려가 메는 藍輿를 타고 감. 족보와 문집 정리.
	9. 30	태백산사고(宿)	開庫狀啓 수정. 당일에 포쇄를 마침	큰 비가 옴.
	10. 1	태백산사고-각화사-봉화(宿)	사각에 올라 실록 환봉 후 封庫. 하직 숙배 校生과 冊匠 등이 형지안 작성. 포쇄시에 嶺營에서 자물쇠를 各邑에 分定 취합	각화사에서 점심. 봉화에서 숙식
	10. 2	봉화-奈城倉-원곡촌(순흥)-영천읍-풍기(宿)	昌樂驛 吏兵房 농간으로 일정이 지체됨	
충청도	10. 3	풍기-昌樂驛-水鐵亭(순흥地境)-죽령-단양(長林)-단양읍(宿)	담양에서 嶺營 營吏와 헤어짐 錦營 馬頭가 옴. 路文이 지체됨	大風大雪
	10. 4	단양-鷄卵峙-水山驛-청풍(宿)		
	10. 5	청풍-驚心嶺-黃江-丹月驛-충주(宿)	황강에 錦營 營吏 옴. 連源 察訪이 옴.	忠烈祠 방문(林慶業)
	10. 6	충주-雲橋村-嘉興倉(宿)		탄금대 방문. 성묘
경기도	10. 7	가흥창-용당리-장호원-陰竹(宿)	京畿驛馬는 오지 않고 驛長만 하나 대령.	친척 방문. 三南 인심 기록
	10. 8	음죽-蟹背술막-이천(宿)		
	10. 9	이천-慶安驛-廣州(宿)		
	10.10	광주-松坡場-東關王廟-입성	저녁에 입성 후 回還復命과 曝曬書啓를 바침	가족들이 마중 나옴
	10.11	임금이 辟蠹之屬에 대해 하교.		

집 떠난 지 40여 일에 2,000여리의 여정이었다.

한편 서울에서 전주까지 가는 도중에 불미스러운 일들을 여러 차례 겪었는데, 몇 가지 사례를 보면 다음과 같다.

9월 4일 저녁 무렵에 노성에 도착하였다. 본래 여정이 恩津에서 留宿해야 함으로 해질녘이었지만 출발하였다. 어둑한 시점에 출발한 관계로 火具를 갖출 것을 지시했으나 오랜 시간이 되도록 홰자루 하나는 고사하고 燭籠 하나 준비되지 않았다. 기다리다 지친 박정양은 工房色吏를 붙잡아 죄를 묻고 棍杖을 쳤다. 이에 횃불을 준비한다고 부산을 떨었지만 끝내 횃불은 고사하고 성냥불도 볼 수가 없었다. 아무리 기다려도 火具는 준비되지 않았다. 그러나 머물지 못하고 떠나야 하는 입장이라 다시 공방색리를 붙잡아 앞세워 출발하였다. 그렇지만 지척을 구분할 수 없어 앞으로 나아갈 수가 없었다. 논둑에 넘어지고 밭둑에 넘어지면서 連山에 이르니, 다행히 은진 관속이 火具를 준비하여 마중 나와 이들의 안내를 받으며 은진읍내에 도착하였는데, 사방에서 닭이 울었다.

은진현감의 배려로 편히 쉬며 잠을 잤는데, 그 사이 藝文館 司令이 은진현의 兵工房과 밤새도록 싸웠다는 것이다. 이에 박정양은 예문관 사령을 두둔하지 않고, 오히려 重杖은 어렵다하면서 行鎖칼을 씌우고 將差 하나를 시켜 압령하여 여산으로 옮겨 가두었다. 박정양이 이러한 처사를 하게 된 이유는 다음과 같았다. 시골의 관아에서 行次를 만나면 무사히 치르더라도 弊되는 일이 많고, 더욱이 하인들이 아무런 이유 없이 惹鬧를 부리면, 그 허물은 당연히 관원과 나라에게 돌아가게 됨으로 慣한 일이 있어도 오히려 참았는데, 말썽을 부렸다는 것이다. 나중에 박정양은 여산에 들려 관사령을 부른 뒤 각 읍에서 폐를 끼치는 일이 없도록 당부하였다.

여산에서는 營吏가 찾아와 路文을 正書했다고 하면서 살펴 봐 줄 것을 청하였다. 이에 박정양이 받아서 살펴보니, 서울에서 보낸 路文日字와 서로 달랐다. 어떤 사정이 있는가를 알아보니 이는 營吏의 소행이었다. 본래 각 읍에 排站할 때 防站하는 전례가 있는데, 어디로 정하느냐에 따라 경제적인 이익이 발생하였다. 이를 알고 있는 營吏가 제 잇속을 채우려고 못된 꾀를 부린 것이다. 본래 巡使道가 간섭하지 않고 본래 路文의 日字대로 修正만 하라고 했는데, 제 욕심을 채우려 作奸을 하였으므로 응당 엄하게 죄를 다스려야 하지만, 시간이 지체됨으로 그냥 지나쳤다.

한편 전라감영에서는 포쇄관을 맞이하기 위해서 皇華亭에 감영의 官屬과 通引 그리고 及唱과 羅將 등을 보냈다. 그런데 이들의 복장이 분에 넘쳤다. 이를 보고 박정양은 외읍에서 討索하기 위해서 빚을 내어 치장을 한 것으로 판단하고, 이들 10여 명을 돌려보내려 하였으나 그만 두었다.

이상 4가지 사례는 포쇄관의 행차에서는 좀처럼 보기 어려운 장면들이다. 加設이지만 王命을 수행하는 正三品 史官의 使行에 이처럼 무례한 행위가 있었다는 것은 이 사료 외에는 좀처럼 볼 수 없는 것으로, 그만큼 지방의 관속들 행태가 극에 달하였음을 알 수 있다.

반면에 三絃六角에 與民樂을 연주하는 환대를 받기도 하고, 1,000여 명이 동원되어 10리 길을 햇불로 환하게 밝히는 환영을 받기도 하였으며, 전주나 충주와 같은 큰 고을에서는 지방관의 융숭한 대접은 물론 인근의 명승을 둘러보는 기회를 가졌다.

서울에서 곧바로 무주로 가지 않고 은진과 여산을 거쳐 전라감영이 있는 전주에 들린 이유는 前例대로 포쇄 때 사용할 물품을 받아 가기 위함이었다.[80] 포쇄 때 사용할 물품을 전라감영에서 관내 각 고을에 나누어 정하면 각 고을에서 상납하고, 감영에서 이를 취합하여 포쇄관에게 인계하였다. 포쇄관이 군이 전라감영이 있는 전주를 들린 이유였다. 포쇄 物種은 紅酒白酒 籲俊이며 川芎가루 石菖蒲였다. 전주에서는 이들을

---

80) 포쇄관이 사고로 떠나기 전 임금에게 하직인사를 할 때 蜜蠟 등의 물품을 하사받기도 하였다. 『恕菴集』 卷十一, 平山申靖夏正甫著, 記, 「太白紀遊」. 八月十五日癸丑 詣闕辭陛 大殿春宮俱賜臘劑等物. 이로 보아 포쇄에 필요한 물품은 감영 뿐 아니라 궁궐에서도 받았던 것으로 보인다.

묵었다.

3) 박정양의 적상산사고 포쇄

전주에서 포쇄 물종을 수령한 박정양은 拱北門으로 나와 鳳翔(현 완주군 봉동읍)과 고산현, 龍溪院을 지나 진산군으로 가는데, 도중에 대둔산과 梨峙를 넘었다. 그런데 진산에 들어서니 10리가 연결되어 천지가 환하게 밝았다. 박정양은 이와 같은 광경이 처음이어서 무슨 일이 벌어지고 있는가 궁금하기도 했지만, 다른 한편으로는 의심이 들고 괴이할 정도였다. 변두리 쇠잔한 고을에서 어찌 이처럼 화려하게 준비할 수 있는지 이해되지 않았던 것이다. 알아보니, 公兄들이 鄕廳으로 發令하여 읍촌에 횃불 들 사람으로 1천여 명을 동원하였다는 것이다.

이처럼 지나친 환대에 대해서 박정양은 民弊를 생각하지 않고 환대함이 지나치다고 하였다. 그러면서 고을 원이 알아서 할 일을 제 멋대로 향청에 발령까지 내린 것은 문제가 있다고 보았다. 역시나 고을 원은 그날의 炬火 일로 座首는 嚴治하고 該吏는 笞刑을 쳤다.

다음날 錦山 초경에 이르니 執事 軍官은 軍服을 입고, 軍奴·使令은 前陪가 많았다. 그 뒤 柯亭子를 지나 무주읍내에 도착하여 喚睡亭에 거처를 정하였다.

9월 12일 적상산사고에 오르는 여정은 다음과 같았다. 高敞縣에서 出站하여 준비한 아침밥을 재촉하여 먹고, 사고가 있는 적상산성에 오르기 위해서 출발하였다. 읍내에서 사고까지는 30리 거리였다. 그런데 적상산은 '七十折 屈曲'의 泰山峻嶺으로 하늘과 접한 까마득히 높은 산이었다. 이때 박정양은 수호사찰인 안국사에 상주하는 승려들이 메는 藍輿를 타고 산에 올랐을 것이다. 적상산사고를 오르는 과정에서는 이에 대한 언급이 없으나, 태백산사고에 오를 때에는 승려들이 준비한 남여에 사관

일행이 타고 산을 올랐던 것이다.[81]

적상산성은 城堞이 없었는데, 그 이유는 절벽이 千丈萬丈으로 저절로 성첩을 이룬 때문이었다. 사고로 가는 길은 北門을 통해서였는데, 문루에 올라 무주부사가 차려 준 술과 음식으로 療飢하고 다시 올라갔다. 삼마장[82]쯤 올라가 산봉우리에 이르니 널찍한 터에 확 트인 광경이 나왔다.

먼저 좌측에 사각이 보이고 우측으로 선원각이 눈에 띄었다. 그 해 가을에 重修하여 문설주(閣字)는 정교하게 붉고 푸른색으로 곱고 화려하게 꾸몄으며, 갖가지 색깔로 화려하게 꾸민 담장을 둘러싸고 수목이 빽빽한데, 좌우에 2층으로 된 누각이 자리하고 있었다. 사각과 선원각의 2층에는 실록과 선원록이 봉안되어 있었고, 사각의 아래층에는 士夫家의 譜牒과 文集이 쌓여 있었다.[83] 別將廳은 선원각 좌편에 있고, 참봉의 直所(參奉廳)는 사각의 오른편에 있었다. 사고 참봉과 선원각 별장이 공손이 맞이하는데, '전에는 사고 참봉만 있었는데, 근년에 선원각에 별장이 새로 내었다네.'하며 2명의 사고 참봉 중 한 명을 선원각 별장으로 대체하였음을 알 수 있다.[84]

사각과 선원각 앞에서 四拜를 한 후 출입문의 봉인을 확인하였다.[85]

---

81) 조선시대 관원이나 양반가들이 산에 오를 때에는 승려를 동원하여 藍輿를 메도록 하였다. 정연식, 『일상으로 본 조선시대 이야기1』, 청년사, 2001, 115~117쪽.

82) 1마장은 십 리나 오 리가 못 되는 거리를 나타낸다.

83) 태백산사고와 오대산사고의 선사양각을 보면, 선원각은 아래가 트였으나 실록각은 아래층도 2층과 마찬가지로 서적을 보관할 수 있도록 되어 있다.

84) 이에 대해서는 그 당시 정황을 살펴 볼 필요가 있다. 丙寅洋擾와 남연군묘 도굴, 辛未洋擾 등 외침이 계속되자 국방태세가 강화되었다. 이와 같은 시기에 참봉 2명 중 1명을 산성 수호별장을 겸해서 선원각 별장으로 대체한 것으로 보인다.

85) 『翰苑故事』에 따르면, 포쇄 때의 의식 절차는 다음과 같다. "각처 사고에 있는 실록의 포쇄는 매 2년마다 1번 한다. 한림 1명이 왕명을 받들어 내려가 사고의 문을 연다. 이때 黑團領을 갖추고 史閣 앞에서 4배를 한다. 사고 문을 열고 奉審한 후에 궤짝을 열어 포쇄한다. 日數는 마땅히 헤아려서 한다. 포쇄가 끝나면 궤짝에 넣고 돌아와 봉안한다. 이때는 4배를 하지 않는다. 신병주, 「실록형지안을 통해

그 뒤에 앞뜰을 비로 쓸고 물을 뿌려 깨끗이 하는 등 다음 날 포쇄할 준비를 한 뒤 開庫狀啓를 올렸다. 그 당시 사각 좌편에 있는 안국사는 '三韓의 古刹'이라 하지만 기울어지고 무너져 볼 것이 전혀 없었다. 고종 1년(1864)년에 承宣 李冕光이 포쇄한 후 임금에게 복명하여 안국사를 수리할 계획으로 三千金을 마련하였으나 재원이 부족하여 마무리를 못하였다. 그렇지만 안국사 승려들은 사찰 앞에 비를 세워 이면광을 칭송하였다.

사고에 도착한 그 날 밤, 안국사에 거처를 정하였는데(西上房), 그 날 3백리 밖에 멀리 있는 高敞縣에서 出站하여 세끼의 식사를 供億하였다.[86] 그날 안국사 주변에는 사관 일행과 무주부사를 수행하는 일행과 하인들, 각 읍에서 출참한 관속 등 몇 백 명이 머물렀다. 여기에 산 아래에 사는 백성들이 술과 떡과 밥 등을 팔기 위해서 몇 백 명이 올라와 가게를 짓고 흥청거렸다. 그 외 外地에서 구경하러 온 사람도 기백명이 있었다. 이렇게 모여든 사람들로 인해 시끌벅적하여 큰 장이 선 듯 하였다.

날이 저무니 火光 또한 장관을 이루었다. 시끄럽게 떠드는 소리는 수많은 軍士와 말들이 움직이는 것 같았고, 마치 國子監試를 보는 장중처럼 구경거리였다. 그 날 밤중에 찬바람이 불었고, 때마침 떼구름이 몰려왔다. 종국에는 빗방울이 떨어지고 점점 많아졌다. 이처럼 좋지 않은 날씨에도 불구하고 몰려온 사람들은 포쇄가 끝나고 형지안이 완성되는 날까지 떠나지 않았다.

본 조선왕조실록의 보존과 관리」, 『고전적』 1, 한국고전적보존협의회, 2005, 43~44쪽.

86) 포쇄관의 여정에 따른 숙식과 물품의 제공은 路文에 나와 있는 각 고을의 수령이 책임지고 하였으나, 막상 사고에 도착하여 포쇄를 마치기까지 소요되는 음식 등은 史庫가 있는 道의 각 고을에서 차례로 제공하였다. 적상산사고에 머무는 동안 高敞·雲峰·谷城·南原 등의 官下人들이 出站나와 供億한 것이다. 이들은 하루 식사를 책임지고 제공한 것으로 보인다. "오늘이 남원 출참, 산성서 아침하고 예 와서 저녁지공, 두 군데로 다니면서 애쓰고 차려주니 너희들 불쌍하다."

그러나 태백산사고의 수호사찰인 각화사에서의 모습은 이보다 더 하였다. 절 안에는 수 삼백 명이 모였는데, 밥장수와 술장수 뿐 아니라 엿장수와 떡장수가 사방에 늘어 앉아 흥청망청하였고, 한편에서는 소를 잡고 또 한편에서는 음식을 장만하였다. 또한 한편에서는 풀무를 앉히고, 다른 한편에서는 治木하니 번성한 모양이 적상산사고의 안국사보다 더 하였다. 그러나 사찰은 頹圮하고 승려들은 貧殘하였다.

포쇄관이 행하는 일련의 儀禮를 보기 위해서인지, 구경거리로 알고 험준한 산과 고개를 넘어 노천에서 차일을 치고 잠을 자며 구경하려 수백 명이 몰려 온 것이다. 또 그들을 상대로 하여 술과 밥과 떡을 파는 장사꾼들이 등장하였다. 포쇄하는 일에 구경꾼이 많았다는 것은 그만큼 지방에서는 볼거리가 드물었음을 뜻할 수도 있지만, 다른 한편으로는 중앙에서 내려온 포쇄관의 행렬과 포쇄에 대한 호기심이 컸음을 알 수 있다. 더불어 사관 등 중앙 인사와의 만남을 통해 견문을 넓히고자 하는 측면도 있었을 것이다.

사람이 모이는 곳에는 생각지 못한 일도 발생한다. 바로 적상산사고에서 포쇄할 때, 完營營吏와 通引들이 날마다 노름을 하여 돈을 많이 잃었다는 것이다. 이러한 사실을 그 때 바로 알았으면 곧바로 엄하게 금지하였을 것이나 回還할 때야 알았기 때문에 良藥不知하였다. 그래도 마음에 담아두고 있다가 각화사에 가서 奉化縣의 將校에게 '雜技를 엄금하라.'고 분부하여 그런 폐단을 없애고자 하였다.

박정양의 적상산사고 포쇄는 순탄치만은 않았다. 9월 13일 아침에 일어나 보니 궂은비가 계속해서 오고 있었다. 그래도 사각에 올라가 실록을 꺼내 參奉廳 온돌에서 포쇄를 하였다. 비가 오는 등 일기가 좋지 않을 때에는 참봉청의 온돌에서 포쇄하였던 것이다. 그렇지만 곧 포쇄관의 권한으로 참봉청 온돌에서 포쇄한 것이 총민하고 민첩한 처사가 아님을 스스로 인정하고 자책하였다.

그런데 다음 날(14일)에는 비가 개이고 일기가 청명하였다. 이에 다시 실록과 선원록을 꺼내 포쇄를 하였다. 날씨가 좋은 날에 포쇄할 때에는 차일을 쳐서 직사광선을 피해 그늘에서 습기를 말렸다고 하는데 이때에도 마찬가지였을 것이다.

사각을 開庫할 때 무주부사는 밖에서 주선만 하고 參禮는 하지 않았다. 그러나 태백산사고에서는 봉화현감이 포쇄관과 같이 봉심하고 포쇄에 참례하였다. 이를 두고 박정양은 "史官과 다름이 없다."고 하면서 "兩南의 규례 풍속이 이같이 다르도다."고 하였다. 이로 보아 조선후기에는 포쇄할 때 지방관의 참례가 전적으로 금지된 사항은 아니었던 것으로 보인다. 한편 冊子의 출납은 校生과 僧徒가 맡아하였다.[87]

그렇지만 무슨 연유인지 「형지안」을 바로 만들지 못해서 封庫를 못하였다. 이로 인해 형지안을 작성할 때까지 여러 사람이 여러 날 머물게 되면 이것도 弊가 됨으로 "不緊한 差備들과 妓樂까지 다 보내라."고 하였다. 이로 보아 포쇄에는 여러 명의 차비가 동원되었고, 동시에 기녀와 악공이 함께 하였음을 알 수 있는데, 이들은 開庫 등의 절차에서 儀禮의 일부를 담당한 것으로 보인다.

외사고의 포쇄와 관련하여 공식 비공식적으로 참여하는 인원은 포쇄관을 비롯한 공식 수행원, 史庫가 소재한 고을의 本官 일행과 하인들, 포쇄관의 支供을 위해서 동원된 각 읍의 出站 관속들이다. 이들이 어느 정도의 규모였는지는 알 수 없으나 박정양은 이들만도 몇 백 명이 된다고 하였다. 여기에 差備와 妓樂 그리고 형지안을 작성하는 校生과 冊房 등이 있었다.

그 사이 박정양은 여기저기 흩어져 있는 門中의 族譜冊과 高祖인 近

---

87) 洪敬謨, 『冠巖遊史』「石室抽書記」에 따르면 僧軍이 서책 궤를 실록각의 뜰로 옮긴 뒤 포쇄하였다. 이로 보아 책자의 출납도 일정한 定式이 있었던 것은 아니었던 것으로 보인다.

齋 朴胤源(1734~1799)의 문집인『近齋集』과『錦石集』등을 한데 모은
뒤 櫃를 새로 하나 짜서 보관하였다. 태백산사고에서는 족보와 함께『潘
陽先生文集』·『崇孝錄』등 여러 책이 흩어져 있는 것을 보고, 本邑에 분
부하여 목궤 하나를 크게 짠 뒤 여러 책을 모아서 궤 안에 넣은 후 서리
상자 字號를 매겨 한편에 따로 두었다. 이를 통해서 실록·선원록과 함께
보관하던 각종 문헌의 관리 상태를 알 수 있고, 다른 한편 박정양이 자
신과 연관이 있는 문헌들이 여기 저기 흩어져 있는 것을 보고 한데 모아
보관토록 한 사실을 통해서 실록 외 문헌의 보관 상태와 방법 등을 확인
할 수 있다.

한편 포쇄 物種을 세 고을에서 바치지 않았음이 확인되었고, 雲峰과
谷城에서 出站나온 관속들이 支供하였으며, 구경 온 백성들은 찬비를 맞
으며 그때까지 머물고 있었다.

박정양 일행은 9월 15일 이른 아침에「형지안」작성을 마쳤는데,「선
원록형지안」과「실록형지안」을 각기 두벌씩 만들었다. 각기 한 벌은 적
상산사고에 두고,「선원록형지안」은 宗親府로 보내고,「실록형지안」은
藝文館으로 보냈다. 이 때 형지안의 작성은 인근 고을의 校生과 冊房이
담당하였다. 교생과 책방의 역할에 대해서는 태백산사고의 사례에서 구
체적으로 확인할 수 있다.

실록이나 선원록의 봉안이나 포쇄 등에 있어서 校生과 冊房은 공식
참여자가 아니었다. 예컨대 순조 18년(1818)에 작성된「茂朱赤裳山城璿
源錄奉安及曝曬形止案」을 보면, 史庫行臣 宗簿寺直 宋欽人, 茂朱府使
金載琓, 陪行臣 奉安差使龍潭縣監 李義碩, 使員 長水縣監 李憲承, 天馬
差使員濟原察訪 鄭義命 등이 서두에 기록되어 있고, 말미에는 史庫參奉
金尙一·崔承岳, 書吏 鄭在術·尹亨道, 庫直 張志賢, 營吏 梁浩達 등이 공
식 참여자로 기록되어 있다. 교생과 책방은 선원록의 봉안과 포쇄에 공
식 참여자로 기록되지 않은 것이다.

그런데 박정양이 태백산사고가 있는 覺華寺에 도착한 날, 봉화현의 校生과 冊房 등이 일제히 等訴하였다. 그 내용은 다음과 같았다. 포쇄할 때가 되면, 안동의 교생과 책방이 의례히 等待하고 있다가 각기 주어진 역할을 맡아 형지안을 작성하였다. 그런데 이번에는 어찌된 일인지 등대조차 하지 않았다. 이와 같은 일처리가 앞으로 반복된다면, 前例가 되어 弊가 될 것이다. 따라서 안동부에 行關하여 거행을 독촉해 달라는 것이었다. 이에 박정양은 법대로 안동부에 貫子를 할 경우에는 공문서가 제 때에 전달되지 않을까 염려가 됨으로 營吏에게 防僞私通으로 안동부에 전달하였다.

그럼에도 불구하고 포쇄를 마친 뒤에야 이들이 도착하였다. 이들이 미리 대기하지 않은 것은 박정양과 안동부사와의 관계 때문이었다. 그 당시 안동부사는 박정양의 三從叔인 朴齊寬이었다. 박정양은 포쇄관으로 안동에 가게 된다는 사실을 미리 박제관에게 연통하였고, 박정양이 안동에 도착하면 使行接待하는 범절을 모두 除弊하기로 했던 것이다. 이 것이 미리 준비하지 않은 하나의 원인이 되었다.

이에 박정양은 이들이 대기하지 않은 것을 꾸짖고 還送하면서 移押[88] 징계가 될 것이라 하였다. 이를 통해 형지안 작성은 안동도호부의 교생과 책방이 작성하였음을 알 수 있다.

포쇄가 끝나면 처음 봉안할 때와 마찬가지로 붉은 명주 보자기(紅紬褓)에 싸서 방충과 방습용 물품인 芎藭과 창포 자루·草注紙를 구비하여 궤에 넣고 사각에 봉안하였다.[89] 이때 사용하는 궁궁과 창포 푸대와 초주지는 2년 걸러서 한 번, 즉 포쇄를 할 때마다 改備하였고, 홍주보는

---

88) 범인을 다른 곳으로 호송하다.
89) 이를 辟蠹之屬이라 한다. 즉 辟蠹하는 물건인 즉 천궁과 석창포를 가늘게 作末하고, 흰 명주 전대를 만들어 가루를 錢袋속에 가득히 넣은 후에 실록을 모신 궤속에 넣어 놓고 紅朱 보료 위에 덮고 궤를 잠근다. 천궁·창포 냄새가 나서 좀이 나지 않는 까닭에 벽두라 한다.

5년에 한 차례 개비하였다.[90] 또한 사각 문밖에서 도장을 찍어 봉하고 '某日印封'이라고 기록하였다. 이는 사관 이외는 누구도 개고하지 못하도록 봉인하는 것이었다. 사궤의 자물쇠는 監營에서 指揮하여 각 읍에 分定한 뒤 받아서 처리하였다.

박정양은 실록 봉인 후 護國寺 등을 구경하였다. 그러나 이때의 호국사는 설립 목적 즉 산성 관리를 위해서 건립된 의도와는 달리 본래 기능을 상실한 채 늙은 승려 혼자만 지키고 있었는데, 그리된 사정이 꽤 오래되었다고 하였다. 안국사에서 사고 수호에 따른 총책을 맡고 있었기 때문에 상대적으로 호국사의 역할은 약화된 것으로 보인다.

---

90) 배현숙, 『조선실록연구서설』, 태일사, 2002, 145~157쪽 참조.

제7장
적상산사고 운영·관리와
무주현의 변화

1. 적상산사고의 운영·관리

1) 적상산사고의 운영과 守護 寺刹

사고 운영은 실록의 편찬이 끝나고 印出되면서부터 시작되는데, 크게 세 부분으로 나누어 볼 수 있다. 첫째는 사고에 보관된 실록 등 각종 서적의 부패를 방지하기 위해서 정기 혹은 부정기적으로 시행된 奉審과 曝曬 등이고, 둘째는 실록의 봉안 이후에 부정기적으로 시행된 移安·取來·考出,[1] 셋째는 璿史兩閣이라 부르는 실록각과 선원각의 守護와 관리 (改·補修)이다.

실록각에 收藏된 실록은 특별한 경우를 제외하고는 사고 밖으로 이동할 수 없었다. 실록을 실록각에 처음으로 수장하는 奉安, 사고나 실록각의 위치를 옮기거나 修改를 위하여 실록을 다른 장소로 옮기는 移安, 실록각에 수장 중인 실록의 보관 상태를 점검하는 奉審, 실록의 보존처리를 위해 사책을 擧風시키는 포쇄, 실록각이나 선원각을 보수하는 修改, 실록의 내용을 열람하는 考出 등이 있을 경우에만 실록각을 열고 닫았는데, 이때 실록을 이동할 수 있었다. 이 외에는 실록각의 開閉를 엄격히 관리하여 함부로 실록각을 열거나 실록을 열람할 수 없었으며, 실록각을 열었을 경우에는 항상 「形止案」을 작성하여 관리하였다.[2]

---

1) 취래와 고출은 나라에 큰 일이 있을 때, 典禮에 대한 해석이나 儀式 등을 거행하기 위해서 사고에 봉안되어 있는 실록이나 고문헌에서 필요한 내용을 수집하는 것을 말한다. 1차적으로 춘추관실록을 활용하였으나 서울과 지리적으로 가까운 정족산사고의 실록을 활용하였다.

위에 언급된 사고 운영을 위해서는 건물의 외부 점검과 함께 실록각과 선원각의 開閉가 전제된다. 실록각의 외부 점검은 조선전기에는 사고가 소재한 道의 觀察使가, 임진왜란 이후에는 都事가 맡도록 하였다. 그러나 조선후기에는 修改의 필요성이 있거나 사고에 이상이 발생한 경우에는 사고 參奉이 지역의 수령에게 보고하고, 수령은 관찰사에게, 관찰사는 중앙에 보고하였다. 그 뒤 중앙에서 파견된 사관의 입회하에 처리할 수 있었다. 이와 달리 사고를 다녀간 관원(봉안사·포쇄관 등)이 보고하여 수개하기도 하였는데, 사고의 열고 닫음은 반드시 전임사관만이 한다는 엄격한 원칙이 유지되었다.

> 춘추관의 당상이 아뢰기를, "성주사고의 비가 새는 곳을 관찰사가 春秋職을 兼帶한 수령을 시켜서 열어 보게 하였습니다. 사고는 상시에 여닫지 못하는 것인데, 수령이 여닫을 수 있게 하면 사고를 중하게 여기지 않을 듯합니다. 사관을 보내어 다시 봉심하게 하소서" 하니, '그리하라'고 전교하였다.3)

이왕에 춘추를 겸대한 지방 수령이 봉심하였음에도 불구하고 재차 사관을 파견하여 봉심하도록 한 것은 사고의 중요성과 사관의 역할을 확인하기 위한 절차였고, 재발을 방지하기 위한 조치였다.

外方의 兼春秋가 사고를 열고 닫는 것에 대한 논의는 중종 23년(1528)에 다시 있었다.4) 이 때 다음과 같은 이유로 사관만이 여닫는 것으로 고정되었다. 사고는 先王들의 國史를 간직한 곳으로 지극히 중대하므로 경솔하게 열었다 닫았다 할 수 없다. 외방의 관원으로 하여금 兼春秋가 되게 한 것은, 임시변통으로 설치하여 參考에 대비하도록 한 것이지 史

---

2) 최은정, 「조선시대 史庫와 기록관리」, 『한국기록관리학교육원논문집』 1, 1998, 295쪽.
3) 『중종실록』 권29, 12년 8월 壬戌.
4) 『중종실록』 권62, 23년 7월 丙戌.

乘에 관한 것이 아니다. 더구나 포쇄할 때에는 進排하는 물건이 많은데, 만일 외방 관원으로 하여금 한다면 엄중하고 분명하게 고찰하지 못해 지체될까 염려된다. 따라서 외사고의 열고 닫음은 전임사관만이 해야 한다[5]는 것이었다.

실록각의 개폐가 실록의 보존과 직접적으로 연결되고 사관만이 할 수 있었다면, 사각을 비롯하여 사고지 안에 있는 모든 시설물의 守護와 관리는 사관이 아닌 다른 사람들의 몫이었다. 여기에는 常駐 인력과 入番하는 인력으로 나누어 볼 수 있다.

적상산사고 수호 준칙은 「경외사고수직절목」이었을 것이다. 그러나 절목이 제정되고 시행된 시점은 선조 39년(1606)으로, 이때는 산성 안에 설립된 사고가 없던 시기였으므로 적상산사고처럼 산성과 사고 수호를 병행해야 하는 사정은 참작되지 않았다. 따라서 산성의 수호 및 관리와는 무관하게 사고 수호에 필요한 부분만 명시되었다.

이에 따르면 사고 수호 인력은 참봉 2명, 민호 4명, 승도 20명으로, 한 곳의 사고를 지키고 관리하는 인력은 모두 26명이었다. 그 뒤 숙종 43년(1717)에 발급된 예조완문의 「사고절목」에서는 승도가 40명으로 모두 46명이 된다. 즉 초기에는 26명이 수호하다가 숙종 때에는 46명으로 증가한 것으로 볼 수 있다.[6] 그리고 참봉과 민호에게는 모든 役을 면제하는 혜택이 주어졌고, 참봉에게는 따로 급료가 지급되었다. 이와 함께 수직승들이 自生할 수 있도록 수호 사찰에 位田이 지급되었다.

그러나 이 절목은 태백산과 오대산사고처럼 산성과 무관하게 설치된 사고에 해당되었다. 즉 사고만을 전담하여 수호하고 관리하는 인원인 것이다. 따라서 적상산사고에는 사고와 산성을 동시에 수호하고 관리할 인

---

5) 예외적으로 外方春秋(外史)가 열고 닫는 경우도 있었으나 앞서 언급한대로 피치 못할 사정이 있을 경우에 한하였다.

6) 본 논문 제4장 제2절 (2) 「경외사고수직절목」의 제정과 변천 참조.

력이 배치됨으로써 다른 사고에 비해 많은 인력이 배치되어 상주하였다.

적상산사고와 같은 조건, 즉 산성 안에 설치된 사고는 정족산사고이다. 정족산사고는 마니산사고가 효종 4년(1653)에 화재를 당하는 등 운영관리에 문제가 발생하자 현종 1년(1660) 11월 정족산성의 축성을 마친 뒤 설치하였고,[7] 이 때 별장을 두어 지키도록 하였다.[8] 그런데 뒤에 강화유수 徐必遠이 강화도 軍務에 대해 변통할 13개 조항을 進達하면서 '정족산성은 다시 보수하여 축조하지 말 것'을 청하였다.[9] 이에 사고는 그대로 정족산에 두고 城은 修築하지 말 것이며, 사고의 守直은 다른 사고의 예대로 참봉 두 사람을 差出하여 교대로 수직하게 하고 別將은 혁파되었다.[10] 정족산성의 군사적 기능[11]은 약화되고 실록을 지키는 사고의 기능만 그래도 남았던 것이다.

이와 같은 정족산성의 상황은 적상산사고와 차이가 있다. 둘 다 산성 안에 사고를 설치하였지만, 군사적 기능을 그대로 갖고 있던 적상산성과는 달리 정족산성의 군사적 기능은 쓸모없는 城으로까지 경시되었다.[12] 따라서 적상산성과 정족산성에 배치된 수호 인력은 당연히 차이를 가질 수밖에 없었을 것이다.

그 뒤 정족산사고 관리 상태를 보면, 참봉과 고직이 각 1명씩 있었고, 사찰(전등사)에는 총섭 1명과 料食이 없는 늙고 쇠약한 승려 두 세 명이

---

7) 『현종개수실록』 권4, 1년 11월 己未.
8) 『현종실록』 권3, 1년 11월 己未.
9) 『현종개수실록』 권13, 6년 9월 辛亥.
10) 『비변사등록』 현종 6년 10월 30일.
11) 이점은 "정족산성은 강화부 서쪽 10리에 있는데 험조하기가 믿을 것이 못 되어 江都를 지키지 못하면 비록 성을 열 길 높이로 쌓더라도 절대로 지킬 수 없는 곳이다."라는 그 당시 세간의 인식도 작용된 것으로 보인다. 『현종실록』 권3, 1년 11월 己未.
12) 이와 같은 인식은 숙종 때에도 지속되었다. '鼎足山城爲無用之城'. 『숙종실록』 권3, 1년 4월 丙辰 ; 권12, 7년 11월 壬戌.

있었다. 이를 확인한 검교 직제학 徐有防이 "本府에서 加分耗 가운데 400석을 한정하여 산성에 떼어주어 창고를 설치하게 하면, 해마다 40석의 耗穀을 얻을 수가 있을 것입니다. 이것을 가지고 급료를 주고 승도와 성문의 把守 군졸을 더 정하는 것이 좋을 듯합니다."[13]라고 계청하여 시행되었다. 이로 보아 정족산사고의 관리 상태는 겨우 명맥만 유지하고 있었다고 해도 과언이 아니었다.

정족산성이 다시 세간의 주목을 받게 된 것은 丙寅洋擾 때이다. 고종 3년(1866)에 프랑스군이 강화도를 침략하여 정족산성은 전쟁터가 되었다. 이때 梁憲洙는 千摠으로 정족산성 守城將[14]을 맡고 있었다. 그 때 書吏 趙義永 등 7인이 외따로 떨어져 있는 깨끗한 곳에 토굴을 파고 璿源閣과 史閣에 보관되어 있던 책궤들을 모두 임시로 봉안하여 지켰으며, 양헌수는 전투에서 결정적인 승리를 거두었다. 이에 정족산성은 '험한 요충지로서 튼튼히 지켜낼 만한 지역'[15]으로 부각되어 중시되었다.

이처럼 정족산성은 성 안에 사고가 설치되고 실록이 보관됨으로써 국가의 지대한 관심을 받았지만, 군사기능을 갖는 산성으로서의 역할은 경시되어 산성관리가 허술하였다. 그런데 병인양요 때 이 곳 전투에서 승리를 거둠으로써 군사적 기능이 주목을 받게 된 것이다.

이와 달리 적상산성은 처음부터 군사적 목적과 기능을 갖고 있었다. 한 때 군사적 기능이 무시되기도 하였으나,[16] 곧 군사적 기능과 더불어 사고 기능이 중시되었다. 그러한 까닭에 숙종 30년(1704)에는 참봉 2명, 史庫守直僧軍 27명(總攝 1명, 代將 1명, 和尙 1명, 僧軍 24명), 別將 1명, 守僕軍 131명(매월 11명씩 防番), 射夫 24명(매월 2명씩 방번), 監官 1명,

---

13) 『정조실록』권18, 8년 8월 壬辰.
14) 『고종실록』권3, 3년 10월 戊子.
15) 『고종실록』권3, 3년 11월 庚午.
16) 『효종실록』권17, 7년 11월 庚午.

別破軍 49명(매월 12명씩 방번)17) 등 235명이 산성과 사고를 수호하였다. 이들에게 소요되는 경비는 인근의 무주·진산·금산·용담·운봉·진안·장수에서 정액의 세금으로 충당되었다.

조선후기 외사고 수호는 사고 인근에 있는 이른바 수호 사찰에서 맡아 하였다. 사고의 전반적인 관리는 참봉이 하였으나 사찰의 주지를 예조에서 守護總攝으로 임명하여 사고를 수호하도록 한 것이다. 산중의 사고 인근에 있는 수호 사찰은 사고 수호를 좀 더 안전하게 할 수 있는 장치였다. 이에 따라서 정족산사고는 傳燈寺, 적상산사고는 安國寺, 태백산사고는 覺華寺, 오대산사고는 月精寺가 각기 수호사찰이 되었고, 이들 사찰에는 位田이 지급되었다.

적상산이나 적상산성과 관련된 사찰을 옛 기록에서 찾아보면, 가장 먼저 나오는 사찰이 高境寺이다. 『新增東國輿地勝覽』에 의하면, 고경사는 적상산의 서쪽 골짜기(西洞)에 있었다.18) 그런데 이 기록에서는 적상산성을 따로 기재하지 않은 대신에 「山川條」에서 적상산을 설명하고 있다. 즉 고려의 都統使 최영이 적상산의 형세를 본 뒤 축성을 건의하였고, 조선 세종 때 體察使 최윤덕이 산성 축성과 관련하여 이곳에 왔으나 마침 구름과 안개 때문에 사방이 어두워 두루 볼 수가 없는 까닭에 성을 쌓고 창고를 두는 것이 적합하지 않다고 생각하여 중지하고 말았다는 것이다.

이로 보아 『신증동국여지승람』을 편찬할 그 당시는 산성이 축성되지 않은 것으로 여기고 따로 구분하지 않은 것으로 보인다. 따라서 고경사가 그 뒤에 수축된 적상산성 안에 있었는지 아닌지는 단정짓기 어렵다. 어쨌든 고경사는 적상산과 관련하여 가장 먼저 확인되는 사찰이다.

그 뒤에 보이는 사찰이 寶鏡寺이다. 보경사는 제6장에서 살펴 본 바

---

17) 『적성지』(天) 권5, 古蹟. 적상산성.
18) 『신증동국여지승람』 권39, 全羅道, 茂朱縣, 佛宇.

와 같이 산성 수축을 위해서 파견된 승도를 위한 공간으로 건립되었다. 따라서 보경사는 사고 수호를 위한 사찰이라기보다는 산성 수호를 위한 사찰로 보는 것이 타당하다. 그런데 숙종 16년(1690)에 작성된 「赤裳山 安國寺記」[19]에는 "사찰(안국사) 중축 연대는 광해군 5년(1613) 3월이다."라고 기록되어 있다. 이 시기는 보경사 건립 시기와 불과 1~2년의 차이밖에 나지 않는다. 사실 보경사 건립 시기도 정확하게 언제인지는 확인되지 않는다. 정황상 1611년에서 1612년 사이에 건립된 것으로 추정되는데, 그 당시 주위에 안국사가 있다는 기록은 없다. 따라서 보경사 건립과 안국사 중축은 같은 내용을 각기 다르게 기록한 것일 수도 있다.

보경사 건립이든 또는 안국사 중축이든, 산성의 수축과 사각의 건립 그리고 『선조실록』의 봉안과 묘향산사고본 실록이 이안될 때까지도 적상산성 안에 있는 사찰은 보경사만 보인다. 특히 인조 10년(1632)에 작성된 「진성책」에서도 보경사만 기록되어 있다.

인조 17년(1639), 비국에서는 적상산성을 수리한 다음 인근 7읍을 산성에 분속시키고 입암산성의 전례와 같이 승려 覺性을 都摠攝으로 삼아 적상산성에 거주하도록 하여, 평시에는 산성을 수호하고 유사시에는 인근 고을과 협력하여 지킬 수 있도록 할 것을 청하였다.[20] 이때 승려 각성의 주된 임무는 산성의 수호였다.

산성에 머물게 된 각성과 승려들에게는 道場으로 삼은 사찰이 있었을 것이다. 그렇지만 이보다 7년 전에 작성된 「진성책」에서도 보경사는 기울어져 무너지는 상태였으므로 그 사이에 보수를 하였거나 새로 사찰을 건립하였을 것으로 추정된다. 그러나 이에 대해서는 어느 사료에서도 확인되지 않는다.

이듬해에는 전라감사가 각성을 三南都摠攝에 임명한 뒤 산성을 수호

---

19) 『적성지』(天) 권5, 「적상산성」. 赤裳山安國寺記(德裕山人 泰信與敏式謹書)
20) 『인조실록』 권39, 17년 10월 辛卯.

할 수 있도록 치계하였다. 삼남도총섭에 임명하여 산성 수호를 맡기는
것이 더 안전하다고 판단한 것이다.

> 전라감사 元斗杓가 치계하기를, "적상산성은 산세가 높고 가파라 사람들
> 이 살기에 불편합니다. 만약 승도를 모집하여 들여보내지 않으면 지킬 수 없
> 습니다. 승려 覺性을 三南都摠攝이라 칭하여 印信을 지급해 주고, 그로 하여
> 금 門徒들을 거느리고 성 안에서 살게 하소서" 하니, 답하기를, "본도 총섭이
> 라고 칭하여 지키는 데 편리하게 하라" 하였다.[21]

　전년에 있었던 산성 수호 방안보다도 더 구체적임을 알 수 있다. 즉
한 도의 경계를 넘어서 三南을 관장하는 도총섭으로 임명하되 印信을
지급하여 권한을 보다 명확히 하고, 더불어 門徒와 함께 성안에 살면서
산성을 수호하도록 하자는 것이다. 이에 대해 인조는 삼남도총섭이 아니
라 본도 총섭으로 삼아 지키는 것이 편리하다고 답하였다. 이때까지도
산성과 사고의 수호에 대한 구별은 쉽지 않고 사고 수호사찰이라는 개념
도 보이지 않는다. 그리고 수호 사찰에게 지급되던 위전을 어느 사찰에
주었는지도 확인되지 않는다.

　「진성책」에 기록된 적상산사고에 관한 내용은 그 뒤 드러나게 변하지
않았던 것 같다.[22] 다만 인조 18년(1640)에 전라감사 元斗杓가 북문을
보수하고 家屋을 짓기 시작하였는데, 일을 마무리하기 전에 파직되었다.
이로 보아 산성의 시설물에 대한 보수 등이 진행되었음을 알 수 있다.
그렇지만 이마저 제대로 이루어지지 않았다. 그것은 인조 21년(1643)에
이곳을 방문한 李植의 글에서 확인할 수 있다. 즉 성 안에는 겨우 守直
하는 番卒 약간 명이 있을 뿐이고, 그 밖에 소수의 僧軍이 徭役을 담당

---

21) 『인조실록』 권40, 18년 5월 辛丑.
22) 『澤堂先生別集』 권7, 碑, 茂朱赤裳山城護國寺. 이하의 글은 호국사비문을 정리하
　　였다.

하기 위해 왕래하고 있었으나 바랑(鉢囊)을 의탁할 곳이 없었을 뿐만 아니라 창고의 비축 물자도 평소에 갖추어 놓은 것이 전혀 없었던 것이다.

李植은 적상산성과 사고 관리의 허술함을 보고하였고, 이에 따라 전라감사에게 방비할 계책을 세우라는 지시가 있었다. 그 뒤에 다시 사찰을 건립한 다음에 승려를 널리 모아 지키도록 하라는 허락이 내려졌다. 그 당시 전라감사는 睦性善이었다. 그는 전에 史官을 역임한 적이 있었으므로 적극적으로 나서 무주현감 沈憘과 함께 便宜策을 마련한 다음에 이를 覆啓하여 윤허를 받았다. 그리하여 먼저 성곽과 망루를 원래의 상태로 복구시켰고, 산 밑의 서쪽과 북쪽에 창고를 설치하였으며, 인근 고을의 束伍軍을 할당받아 위급할 때에는 무주현감이 들어가 지키게 함으로써 산성과 사고를 守護할 수 있도록 하였다.

이와 같은 조치와 함께 호국사를 창건하였는데, 전라감사 목성선, 僧統 覺明, 무주현감 심헌이 주도적으로 일을 주선하였다.[23] 그 결과 두 해가 지나기 전에 護國寺를 건립하게 되는데, 후임 감사 尹鳴殷이 전임 감사의 못 다한 일을 처리하여 공사를 마무리하였다.

그렇지만 여기에서도 호국사의 주된 임무가 산성 수호인지 아니면 사고 수호인지는 명확하지 않다. 산성을 안전하게 수호하면 사고는 자연스럽게 수호된다고 할 때 굳이 산성 수호를 제외하고 사고 수호만을 고집할 필요는 없을 것이다. 다시 말해 사고의 수호는 산성의 수호를 전제하기 때문이다. 다만 실록각과 선원각을 비롯하여 부속 건물의 관리와 보수는 당연히 사고를 전담해서 관리하는 참봉이나 고직 또는 사고에 배속된 승려들의 몫이었을 것이다.

호국사를 건립할 때 다음과 같은 일화가 전해온다. 적상산사고의 守

---

23) 목성선은 감영의 俸祿을 喜捨하여 공사비로 쓰게 하였고, 승통 각명은 민첩한 솜씨로 열심히 일을 추진하면서 적절하게 일을 분담시켰으며, 무주현감 심헌은 처음부터 끝까지 감독하면서 資材를 공급하였다.

直僧들은 산성 경비에 따른 財源을 마련하기 위해서 '산성걸립'을 하였다.

> 산성 수직승들이 산성 경비의 조달을 위하여 해마다 산성 걸립을 하였다. 그런데 海印寺에 이르렀을 때, 小刹이라 하여 매우 서운한 대접을 받았다. 山城僧들은 불쾌했으나 어찌할 도리가 없었던 중 인조 21년 護國寺 건립을 하게 되자 좋은 기회라 하고 호국사의 대들보는 해인사 경내에 있는 잣나무가 최적이라는 것을 진언하기에 이르렀다. 해인사 승들은 머나먼 무주 적상산까지 큰대들보用 잣나무를 泰山峻嶺을 넘어 운반하게 되었다. 그 노고가 얼마나 컸으며, 산성승은 前日의 雪辱으로 쾌재를 불렀던 것이다.[24]

산성 경비를 위해 배치된 승려들이 自求策으로 큰 사찰에 다니면서 걸립을 하였다는 사실은 그만큼 산성 수호에 어려움이 많았음을 알려 주지만, 호국사 건립에 해인사 경내에 있는 잣나무가 대들보로 사용되었음을 알 수 있다.

적상산사고의 수호 사찰인 안국사에 대한 가장 빠른 기록은 「赤裳山安國寺記」[25]이다. 이 기록이 작성된 시기는 숙종 16년(1690)이고, 수록되어 있는 『적성지』는 1898년에 간행되었다. 그런데 다른 사료에서는 찾아 볼 수 없던 내용이 두 가지가 나온다.

하나는 성 안에 있는 안국사가 광해 5년(1613) 3월에 重築되었다는 것이고, 다른 하나는 인조 9년(1631) 10월에 적상산사고의 선원각이 건립되었다는 것이다. 광해 5년에 안국사가 중축되었다는 점은 앞서 설명한 바와 같이 명확히 정리되지 않는다. 또한 선원각이 인조 9년에 건립되었다는 것은 사실에 의문을 갖게 한다. 먼저 인조 10년(1632)년에 작성된 「진성책」에 이와 같은 내용이 전혀 나오지 않기 때문이다. 다른 하

---

24) 최낙철, 『무주군사』, 125쪽.
25) 『적성지』(天), 권5, 「적상산성」.

나는 선원각 건립 후 10년이 지난 인조 19년(1641)에야 비로소 선원록이 봉안되었다는 점이다. 물론 선원각 건립 이후 여러 사정이 생겨 바로 선원록을 봉안하지 못할 수도 있다. 그러나 선원각 건립 후 10년이 지난 뒤에야 선원록을 봉안하였다는 점은 쉽게 납득되지 않는다.

안국사와 호국사의 성격과 역할에 대해서는 다음의 글을 참조할 수 있다. 숙종 44년(1718) 적상산사고에 『선원록』을 봉안한 宋相琦는 산성 관리의 허술함을 목격하고 대안을 제시하였다. 적상산성은 천혜의 요새지만 그대로 놔두면 성첩이 허물어지게 되므로 무주부에서 民丁을 징발하여 보수해야 한다. 그러나 잘 쌓을 수 없을 뿐 아니라 赴役에도 폐단이 있다. 따라서 兩寺의 승군을 이용하여 인구를 따져 양식을 지급하고 허물어지는 대로 보수하는 것이 좋겠다. 이를 위해서 승도 중에서 부지런하고 성실하며 사시분별을 잘 아는 자를 가려서 승장으로 임명하고, 승도는 隊伍를 만들어 마음대로 모이거나 흩어질 수 없도록 하며, 산성의 별장 역시 가려서 임명할 것을 요청하였다.[26] 여기에서 兩寺가 구체적으로 어느 사찰을 지칭하는지 알 수 없으나 호국사와 함께 또 다른 사찰을 가리키는 게 분명하지만 안국사라고 단정 짓기도 어렵다.

한편 1864년에 제작된 『大東地志』에는 적상산성 안에 山城寺·護國寺·高境寺가, 그리고 1895년에 제작된 『湖南邑誌』에 附한 事例本 『茂朱府邑誌』에는 上元寺·中元寺·護國寺가 기록되어 있다. 둘 다 공통적으로 기록한 사찰은 호국사이고, 나머지 2개의 사찰은 각기 그 이름이 다른데, 공교롭게도 안국사는 없다. 그런데 1898년에 제작된 『赤城誌』(天)에 비로소 안국사와 호국사가 함께 기재되어 있다. 그런데 호국사는 1830년 庚寅亂 때 폐허가 된 것을 보증한 것으로, 상원사는 전에 산성 안에 있었지만 폐허가 된 것으로 기록되어 있다.[27]

---

26) 『숙종실록』 권62, 44년 11월 壬辰.

27) 『적성지』(天) 권1, 「茂朱都護府」, 寺刹. 安國寺在赤裳山城中 府東南三十里 護國寺

그러나 안국사가 적상산사고 수호 사찰이었음은 분명한 사실이었다. 고종 1년(1864) 적상산사고의 실록을 포쇄한 이면광은 그 결과를 보고하면서 안국사의 보수를 청하였다. 이에 대한 논의가 이루어진 자리에서, 안국사는 적상산사고의 사각을 지키는 사찰인데도 오랫동안 보수하지 않아 승도가 흩어져 살 수 없게 되었음이 거론되고, 공명첩 300장을 내려 보내 조속히 보수하도록 결정되었다.[28] 그 뒤 1871년 적상산사고 실록을 포쇄한 박정양이 쓴 『박학ᄉ포쇄일긔』를 보면, 적상산사고에 도착한 박정양은 안국사를 중심으로 포쇄를 하였다.

2) 적상산사고 修改

사고 수개는 습기로 인해 사각의 일부가 썩고 기울어진 것을 바로잡는 것, 사각이나 선원각 지붕 기와의 파손을 보수하는 것, 건물 전체의 결함으로 인해 발생한 하자에 대한 보수, 홍수나 비로 인해 사각에 비가 스며들어 사각을 개수하는 경우, 담장의 일부가 무너져 보수하는 경우, 사각 내부의 마루판이 꺼져 보수하는 경우 등 다양하다. 한편 사고 수개는 사각과 선원각 그리고 부속 건물과 수호사찰 등으로 나누어 볼 수 있으나 여기에서는 사각과 선원각 보수를 중점으로 하고, 마지막에 수호사찰인 안국사 중수에 대해서 살펴보고자 한다.

실록은 春秋館에서 담당하고, 선원록은 宗簿寺에서 담당하였음으로, 사각의 수개는 춘추관이 주관하고, 선원각 수개는 종부시가 주관하였다. 이와 같은 사례는 현종 2년(1661)의 실록 기사에서 확인할 수 있다. 현종 2년 11월, 전라감사 李泰淵은 "적상산성의 선원각이 옆으로 기울어지고 柱礎 사이도 크게 틈이 벌어지고 있으니, 보수하는 일을 조금도 늦출 수

在安國寺西南二里 庚寅亂爲廢墟補增 上元寺舊在山城今廢.
28) 『승정원일기』 고종 1년 10월 壬申 ; 『박학ᄉ포쇄일긔』.

없습니다."[29]라고 馳啓하였다. 임금은 그 일을 종부시에 내렸고, 종부시는 날씨가 따뜻할 때에 보수할 것을 청하니 임금이 이에 따랐다. 이를 통해서 사각과 선원각 수개는 춘추관과 종부시가 구분하여 맡았던 것임을 알 수 있다. 그러나 포쇄관의 파견은 선사양각을 한꺼번에 하는 것이 타당하다고 여겨 사관이 주도하고 종부시에서 보좌하는 형태로 진행된 것으로 보인다.

수개는 부정기적으로 진행되는 경우가 많았다. 그것은 사고 개폐가 사관의 입회하에 이루어져야 하는 관계로, 급한 경우에는 직접 사관을 파견하여 수개하였으나 그렇지 않은 경우에는 사관이 파견되는 봉안이나 포쇄 등의 시기에 맞추어 실시된 때문이다.

조선 전기에 이루어진 외사고 수개에 관한 기록은 많지 않다. 그것은 사고가 읍성 안에 위치하고 있어 수시로 점검하고 보수할 수 있었던 데 기인한 것으로 여겨진다. 즉 성종 4년(1473) 8월 춘추관에서 "매년 장마철이 되면 비가 샐까 염려됩니다. 史匱는 열고 닫을 수가 없는 것이지만, 비가 새는 곳은 그 道의 감사로 하여금 매년 장마가 끝난 뒤 살펴 계문할 것."[30]을 건의하고, 임금이 그대로 따른 것에서 확인할 수 있다. 즉 매년 장마가 끝나면 관찰사가 사고의 상태를 살핀 후 그 처리 방안을 계문한 것이다. 조선 후기에는 해당 도의 都事가 사고를 점검하는 것으로 되어 있었으나,[31] 조선 전기에는 사고가 위치하는 도의 감사가 점검하고 그 결과를 계문하였던 것이다.

그러나 임진왜란 이후 사고가 험한 산중이나 島嶼에 자리하면서 사고의 수개는 조선 전기에 비해 부담이 加重되었다. 사고의 異常有無에 대한 1차적인 점검은 사고에 상주하는 참봉이 하였고, 이상이 발견된 경우

에는 지방 수령을 거쳐 관찰사에게 보고되었다. 관찰사는 이를 중앙에
보고하고, 중앙에서는 수개 문제를 논의한 뒤 사관을 파견하여 조치를
취하도록 하였다.

이와 같은 절차와 과정을 거친 뒤 수개 했음은 물론, 험한 산중이나
島嶼라는 위치는 읍치에 비해 인력의 동원과 물자의 수급에 부담스러울
수밖에 없었던 것이다.

적상산사고의 수개는 사각을 건축할 때부터 이미 노정되어 있었다.[32]
사각 건축이 체계적으로 일관성 있게 진행되지 않았던 것이다. 즉 사각
의 創建은 계축(광해 5·1613)년간에 무주·금산·진산·용담·운봉·진안·
장수 등 7개 읍이 힘을 합하여 이루었는데, 기와를 제작할 때 크기와 두
께 등 기준을 정한 뒤 이에 맞추어 준비하지 못했기 때문에 일관성 있는
마무리가 되지 않았던 것이다. 그런 까닭에 大小 축과 長短이 어긋나고
가지런하지 않아, 기와 사이를 잇는 이음새의 틈새가 고르게 정돈되지
않았다. 따라서 수개할 당시에는 그럴 듯하게 보이지만, 시간이 지나면
바로 탈이 나서 또다시 수개하는 악순환이 되풀이 된 것이다.

또한 적상산성은 지세가 지극히 높고 험할 뿐 아니라 사각의 규모 또
한 지나치게 크고 높았다. 그래서 陰雨가 내릴 때에는 덥고 습기가 많았
으며, 바람의 충격으로 振動이 없는 날이 없었다. 이로 인해 지붕 내부의
서까래 사이나 椽子[33] 밑과 고미반자[34] 밑을 흙질 또는 회반죽으로 바
른 것이 쉽게 떨어졌다.

이러한 문제점을 알게 된 포쇄관 洪宇遠은 "만일 改瓦할 때 棲櫛을

---

32) 洪宇遠,「曝曬時陳所懷疏」『南波文集』권4, 疏.
33) 지붕 서까래 위나 고물 위에 흙을 받쳐 기와를 잇기 위하여 싸릿개비나 나뭇개비
    또는 수수깡 따위를 가로 펴서 가는 새끼로 엮어 댄 것.
34) 고미받이를 보에 건너 지르고 고미 서까래를 고미받이와 간막이 도리, 처마도리
    또는 상인방에 걸처대고 위에 산자를 엮어 흙칠한 다음 밑에 치받이흙을 발라 마
    무리한 것.

제거하고 板子를 사용하여 서까래와 추녀 위를 두루 덮는다면 일은 매우 便易하고, 上閣 내부에 먼지와 흙이 떨어질 염려는 영원히 없을 것"이라고 건의하였던 것이다.

이에 앞서 인조 17년(1639)에는 춘추관에서 "적상산사고가 山頂에 있어 풍우의 습기가 많아 좀으로 인해 실록의 손상이 우려된다."고 하자, 川芎과 菖蒲를 갖추어 포쇄할 것을 허락하였다.[35] 이로 보아 적상산성의 자연지형은 사각 등 건물 외부에도 영향을 미치고 있었지만, 실록을 櫃에 넣고 약재를 이용하여 사각 안에 보관하더라도 주의를 요하는 상황에 있었다.

자연지형과 함께 사각을 건립할 당시의 일관성 없음도 문제였지만, 실상은 산성과 사고라는 이중적인 관리 문제가 더 컸던 것으로 보인다. 광해군 10년(1618) 적상산사고에 처음으로 실록이 봉안된 뒤 불과 14년 만에 작성된 「진성책」을 보면, 사고 수호가 얼마나 부실했는지 알 수 있다.

사고 주변에 있는 시설물이 퇴락하거나 무너진 것보다 더 큰 문제는 산성을 수축하고 사각을 수호하던 義僧 모두가 담양의 금성산성[36]으로 옮겨가 사고를 수호하는 자가 아무도 없었다.[37] 실록 봉안 후 3번의 형지안이[38] 작성되었으나 사고 수호를 위한 승려의 배치마저 제대로 지켜지지 않았던 것이다.

---

35) 『승정원일기』 인조 17년 8월 甲午.

36) 금성산성은 광해 2년(1610) 潭陽都護府使 崔東立이 수축하였고, 광해 14년(1622)에는 巡察使 黃謹中이 別將 丁溪淑에게 명하여 內城에 大將廳을 세웠다.

37) 승장 덕웅이 의승 92명을 모집하여 산성을 수축하고 사각을 수호하던 중 담양 금성산성을 설립할 때 목을이라는 승려가 적상산성의 승병을 데리고 가서 1인도 남지 않았기 때문에 사각 수호의 허술함이 극에 이르렀다. 「진성책」

38) 1618년(무오) 9월 21일 실록포쇄형지안 ; 1625년(을축) 4월 11일 실록포쇄형지안 ; 1632년(임신) 6월 18일 실록포쇄형지안.

〈표 21〉 적상산사고 수개 현황

구분	년월일	수개관	목적	비고
1	1649. 11. (인조 27)	봉교 李尙眞	實錄曝曬形止案, 사각 수개를 위한 조사	포쇄겸
2	1650. 02. 12 (인조 28)	봉교李 垕	茂朱縣山城實錄移安形止案 사각 수개를 위해 대별관으로 실록 이안	기와 개수
3	1650. 09. 01	대교 徐必遠	수개된 사각으로 실록 환안	환안
4	1652. 09. 03 (효종 3)	검열 李 曾	누수되는 처마 개수	포쇄 겸
5	1687. 04. (숙종 13)	봉교 柳尙載	누수 개수 實錄閣修改時曝曬形止案 龜城君浚追復官爵事	포쇄·고출겸
6	1701. 06 (숙종 27).	대교 金興慶	사각 벽토, 양판 수개[39]	수개·포쇄
7	1721. 08. 숙종 47년 경종원년	봉교 尹東衡	實錄曝曬及史閣改修時形止案 사각 개수	개수 후 포쇄. 色吏 金秋三, 史閣修改時監官 韓藎國[40]
8	1730. 06. (영조 6)	修撰 趙明澤	서가래, 개와 수개	고출·수개·포쇄
9	1742. 04. 16 (영조 18)	검열 趙明鼎[41]	實錄曝曬及史閣改修時形止案. 미상	수개 후 포쇄
10	1745. 10. (영조 21)	검열 李永祚	實錄曝曬及史閣改修時形止案.	
11	1747. 08. 20 (영조 23)	대교 尹東星	實錄曝曬及史閣改修時形止案.	
12	1753. 03. (영조 29)	검열 李命植	實錄曝曬及史閣改修時形止案.	
12	1757. 10. (영조 33)	검열 李鎭恒	實錄曝曬及史閣改修時形止案.	
14	1760. 05. 18 (영조 36)	봉교 金載順	비로 인한 누수 수개[42] 서책 봉안	형지안 無
	1787. 08.			
15	1810. 09. 19 (순조 10)	검열 金陽淳	장마비로 인한 서가래 개와 보수	포쇄 겸. 일성록[43]
16	1820. 06. 04 (순조 20)	副司果 李憲球	사각 수개, 실록 이안	
17	1820. 08.	春秋館 金道喜	사각 수개 실록 환안	

18	1864. 10	전라감사 무주부사	이면광 건의, 조두순 채용. 공명첩 300 장, 안국사 개수	
19	1871. 3.	宗親府正 朴定鉉	璿史閣이 모두 망가졌으므로 시급히 수 리해야 한다는 전라감사 이호준의 장계	
20	1902. 03. (광무 6)	秘書院郎 柳寅哲	사각·선원각·삼문 중수	

〈표 18〉를 통해 적상산사고의 수개는 漏水로 인한 처마 개수, 사각 벽토와 秧板 수개, 서까래와 개와 수개, 비로 인한 누수 수개, 장마로 인한 서까래의 기와 보수, 사각과 선원각의 삼문 중수 등이었음을 알 수 있다. 또한 사고 설치 이후 확인할 수 있는 수개 사례가 그리 많지 않았음도 확인할 수 있다. 처음 실록이 봉안된 1618년 이후 1902년까지 284년 동안 모두 20차례의 수개가 있었다. 이는 평균 14년에 1차례씩의 수개가 있었음을 뜻한다.

이와 같은 횟수는 의외로 수개가 적었음을 뜻하지만, 이것은 수개가 없었다기보다는 포쇄를 하거나 사책을 봉안하면서 수개도 병행하였으나, 그 사실을 따로 형지안에 기록하지 않은 때문이다. 따라서 수개는 형지안에 기록된 것보다 훨씬 많았을 것이다.

---

39) 1700년 윤지화의 건의가 받아들여져 1701년 4월 27일 예정되었으나 6월로 미루어져 진행되었다. 『승정원일기』 숙종 27년 4월 19일.

40) 사각 수개 당시 무주부사는 李光朝(1721. 6.~1722. 5.)였다. 한신국은 8년 뒤인 영조 5년(1729)에 영장으로 折衝에 올랐다. 『영조실록』 권22, 5년 4월 庚辰.

41) 포쇄를 마치고 돌아 온 조명정은 적상산성의 의승 혁파와 사고 참봉의 차임 문제에 대해 복명하였다. 『영조실록』 권56, 18년 7월 壬戌.

42) 『승정원일기』 영조 36년 4월 24일 ; 영조 36년 4월에 작성된 『實錄曝曬及璿源譜略御製冊奉安時形止案』 참조.

43) 1810년 8월, 적상산사고 사각이 비로 인해 개와가 탈락되었으니 사관을 파견하여 봉심할 것을 청하는 전라감사 이상황의 계본을 검열 홍경모가 아뢰자, 9월에 사각을 보수하고 실록을 포쇄하였으나 물자가 제대로 공급되지 않아 이상황은 從重推考되었다.

예컨대 순조 10년(1810) 8월, 전라감사 李相璜은 장마로 인해 사각의 서까래에 비가 새고 蓋瓦가 탈락되었음을 보고받았다. 그러나 사각 안은 사관이 아니면 奉審할 수 없으므로 사관을 파견해서 즉시 포쇄해야 한다고 청하였다. 그 후 동년 9월 19일 사관이 안국사에 머물면서 포쇄를 하였다.[44] 이 때 포쇄하면서 수개가 당연히 이루어졌으리라 여겨지지만, 「포쇄형지안」만 작성하고 따로 수개 내용을 기록하지 않으면 알 수 없는 것이 된다.

「형지안」을 통해서 확인되는 적상산사고의 첫 번째 수개는 실록 봉안 후 32년이 지난 효종 1년(1650) 2월에 있었다. 즉 봉교 李垕가 적상산사고 실록각의 기와를 보수하는 일로 무주에 갔다[45]는 것이다. 그렇지만 기와 수개 이외 다른 기록이 보이지 않아 구체적인 실상을 파악하기는 어렵다.

그러나 李垕의 실록각 기와 수개는 이전에 봉교 李尙眞이 실록각 수개 일로 무주에 다녀 온 뒤에, 이 일의 마무리를 위한 것이었다.[46] 즉 李垕의 실록각 수개 이전에 이상진이 실록각의 상태를 점검하였고, 이를 바탕으로 李垕가 수개를 한 것이다. 그런데 다른 자료를 통해 李垕의 수개가 간단한 보수가 아니었음을 알 수 있다. 즉 동년 8월 대교 徐必遠이 실록 還安의 일로 무주에 갔다[47]는 것이다.

이로 보아 실록각 기와 수개는 3차례의 과정을 거쳐 마무리되었음을 알 수 있다. 먼저 실록각의 상태 점점을 위해 봉교 이상진이 파견되었고, 이때의 보고서를 바탕으로 李垕가 적상산사고에 가서 실록각을 수개하였다. 그런데 실록각의 기와 수개는 간단한 일이 아니어서, 실록을 大別

---

44) 『승정원일기』 순조 17년 3월 初六日.
45) 『승정원일기』 효종 원년 2월 戊子.
46) 『승정원일기』 효종 즉위년 10월 庚戌.
47) 『승정원일기』 효종 원년 8월 壬寅.

館에 임시로 이안하여 보관하였다. 실록각 기와 개수가 끝나고 난 뒤 서필원이 사고에 가서 대별관에 보관 중이던 실록을 본래 자리인 실록각으로 환안하였다. 이러한 일련의 과정은 약 11개월에 거쳐 진행되었다.

이때의 사료를 보면, 監役을 맡은 무주현감 李禪祚와 사고 참봉 朴有誠과 승장 敬憲이 모든 공사를 도맡아 했음을 알 수 있다.[48] 또한 호국사 창건 이후 論功行賞이 있었던 것처럼 논공행상을 청하였다. 이때의 수개는 선원각 이하 78간과 의승청 7간 등은 그전처럼 보수하였고, 그 나머지는 새로 지었다.

순조 10년(1810) 9월의 사각 수개는 영조 36년(1760) 이후 50년 만에 이루어진 사각 수개이다. 50년 동안 크고 작은 수개가 전혀 없었던 것은 아니었을 것이나, 현존하는 형지안으로 확인되는 것은 50년만의 수개이다. 그렇지만 이것도 수개 요청이 있은 뒤 바로 추진된 것이 아니라 3년이 지난 뒤에 이루어졌다.

순조 20년(1820)의 「형지안」은 6월 4일에 작성된 것으로 표제는 「實錄還奉後曝曬形止案」이고 내제는 「茂朱府赤裳山城列聖實錄曝曬形止案」이다. 이를 통해서 실록이 이안된 후 환봉되었음을 알 수 있는데, 이안한 이유는 사각의 수개 때문이었다. 즉 1817년 2월 적상산사고 포쇄를 마치고 돌아간 용양위 부사과 鄭基善이 "적상산사고의 齋室이 심히 좁고 移安廳이 없어 안국사에 머물며 포쇄를 하는데, 안국사 승도가 달아나 사각이 쇄잔해 있다."고 하면서 수개를 청하였다. 이에 따라 1820년 6월에 보수를 시작하였고, 8월에 실록을 환안하며 마무리를 한 것이다.[49]

한편 적상산사고의 선사양각 수개와 별개로 수호 사찰인 안국사 중수가 있었다. 이것은 사고관리를 위해서는 수호 사찰이 안정되어야 한다는 측면에서 추진되었다. 고종 1년(1864) 적상산사고 포쇄를 마치고 귀환한

---

48) 『승정원일기』 효종 원년 9월 壬戌.
49) 『일성록』 순조 17년 3월 6일.

별겸춘추 李冕光은 적상산사고 수호 사찰인 안국사 수개를 위하여 다음
과 같이 복명하였다.

> 무주의 적상산 안국사는 곧 사고를 수호하는 큰 사찰입니다. 그런데 여러
> 해 동안 수선을 하지 못해 승려들이 거처하는 집과 법당이 모두 무너져서 승
> 려들이 머물러 살지 못하고 흩어지니, 사고를 수호하는 일이 이로 인해 해이
> 하게 되었습니다. 신은 이번에 사책을 포쇄하러 갔다가 그 황폐한 모습을 목
> 격하였습니다. 이 절의 소중함이 이와 같은데 그대로 버려 둘 수 없어 분수를
> 무릅쓰고 우러러 아뢰니, 그 절을 중수할 방법을 묘당으로 하여금 품의해 처
> 리하도록 하는 것이 어떻겠습니까.50)

이에 대해서 趙斗淳이 "사고는 특별히 보호해야 하니 절이 무너지거
나 승도가 흩어지도록 내버려 두어서는 안 됩니다. 공명첩 300장을 본도
감영에 내려 보내 비용을 마련하여 조속히 보수하도록 하고, 道臣과 地
方官들이 전담하여 살필 것으로 행회하는 것이 좋겠습니다."51) 하고, 고
종이 그리 하도록 함으로써 적상산사고 수호 사찰인 안국사 수개가 진행
되었다. 즉 동년 10월, 공명첩 300장을 전라감영에 내려 보내 비용을 마
련토록 한 뒤 조속히 보수하도록 전라감사와 지방관들이 전담하여 처리
하도록 하였다.

---

50) 『승정원일기』 고종 1년 9월 庚申.
51) 『승정원일기』 고종 1년 10월 壬申.

2. 무주현의 도호부 승격과 변화

1) 봉화현의 태백산사고 운영 사례

조선전기부터 외사고를 두어 실록을 보존한 조선은 본래 의도했던 목적을 달성한 것으로 보인다. 이러한 결과는 '사적분장지책'이라는 탁월한 선택과 국가의 끊임없는 관심과 관리, 그리고 현지인의 노고가 있었기에 가능한 일이었다.

조선전기에는 읍치에 사고를 설치하고 전담하는 관원이 관리하도록 하였다. 그러나 후기에는 험한 산에 자리한 산성 안이나 산중 또는 島嶼에 사고를 설치하고, 해당 지역민과 승려에게 수호를 맡김으로써 지역민의 부담은 전기보다 훨씬 커졌다.

즉 전기에 설치된 충주와 전주 그리고 성주는 지역의 중심지인 府나 牧으로, 사고 운영관리에 소요되는 제반 경비를 감당할만한 조건을 갖추었음에 비해, 강화부의 정족산사고와 강릉부의 오대산사고에 비해 적상산사고와 태백산사고가 설치된 무주현과 봉화현은 작고 쇠잔한 고을이었다.

산성과 사고 수호라는 두 가지 부담을 한꺼번에 감당해야 할 무주현은 물론, 안동대도호부의 越境地라는 이유로 태백산사고와 더 가까운 춘양지역을 곁에 두고도 홀로 사고 수호를 감당해야만 했던 봉화현은 그 사정이 딱하였다. 이러한 사정을 알고 있던 일부 관료들이 타개책으로 할속을 제시하였지만, '地界를 分割하는 일은 함부로 할 수 없다.'는 반대에 부딪혀 뜻을 이루지 못하였다.

조선시대 사고 설치 이후 행정구역개편을 통해 난관을 극복한 곳은 무주현이 유일하다. 영역의 확대와 더불어 지위도 격상되었다. 그러나 무주현과 함께 행정구역개편을 통해 난국을 타개하려던 봉화현은 그 뜻을 이루지 못하였다.

본래 사고의 운영경비는 인근에 있는 여러 군현에서 충당하는 것이 상례였다. 그러나 사고가 소속된 군현에서 주로 담당할 수밖에 없었는데, 무주현과 봉화현처럼 지위가 낮은 경우에는 부담이 더욱 심하였다.

태백산사고는 현재의 행정구역으로 봉화군 춘양면에 속해 있었다. 그러나 조선후기까지 춘양 일대는 안동의 越境地였기 때문에 봉화현의 관할 구역이 아니었다.[52] 그런데 태백산사고가 있는 봉화현은 작고 쇠잔한 고을로 사고를 수호하는 데에 힘이 들었다. 이에 안동에 속한 春陽面을 사고 수호를 위해 봉화현에 소속시켜 줄 것을 청하였으나 실현되지 않았다.

> 이 달 24일 晝講 때에 지사 鄭維城이 아뢰기를, "태백산사고는 봉화 땅에 있는데, 그 산 밑은 春陽縣으로 안동 땅입니다. 그 경계가 우회되어 있고 섞여 있어서 사고를 왕래할 때에 봉화 땅에서 출발하여 반드시 춘양을 거친 다음 다시 돌아서 사고가 있는 봉화 땅으로 들어가야 합니다. 그러므로 실록과 선원록의 왕래 및 사료를 가지고 다니는 사람을 맞아들이고 보내는 등의 일을 봉화현이 단독으로 감당하고 있는 바, 백성들이 고생을 견디지 못하여 그곳 사람들이 신에게 와서 호소하기를, 춘양현을 떼어 봉화에 소속시켜 달라고 하였습니다. 신이 그 형세를 살펴보니 과연 그 곳 사람들이 호소한 바와 같았습니다. 변통해야 할 듯합니다."라고 하였는데 상께서 대신에게 물어 처리하라고 전교하신 바 있습니다. 땅을 떼어 경계를 정하는 것은 예부터 내려오는 것을 변혁하는 중대한 일이므로 감히 경솔히 의논할 수 없는 일입니다. 그리고 실록을 봉안할 때에 사소한 폐단이 있다고는 하나 실제 드물게 있는 일이니, 이로 인해 서둘러 변통해서는 안 될 것입니다. 다른 대신들에게 널리 물어서 처리함이 어떻겠습니까? 하니, 윤허한다고 답하였다.[53]

---

52) 越境處는 안동 임내 春陽縣 召羅部曲이 宜仁 경계를 넘어 縣의 東村으로 들어왔고, 榮川의 東村 上居呑 등의 마을이 禮安 경계를 넘어 縣의 南村으로 들어왔으며, 順興의 東村인 臥丹·豆谷 등의 마을이 勿也 경계를 넘어 縣의 東北村으로 들어왔다. 『세종실록』 지리지, 경상도, 안동대도호부, 봉화현.

53) 『비변사등록』 7집, 효종 5년 4월 26일.

효종 5년(1654) 4월 8일, 태백산사고에 『인조실록』를 봉안한 예조판서 정유성은 봉화현의 딱한 사정을 이처럼 복명하였고, 이를 받아 본 임금의 지시에 따라 비변사에서 논의하게 되었다는 내용이다. 따라서 그 당시 봉화의 실정을 제대로 파악하고 있었다고 할 수 있다.

이에 대한 비변사의 답은 "경계를 다시 분할하거나 통합하는 것은 중대한 일로 경솔하게 논의할 수 없고, 더욱이 실록을 봉안할 때 발생하는 폐단은 사소할 뿐 아니라 드문 일도 아니다. 이러한 일로 경계를 쉽게 바꾸어서는 아니 됨으로 대신들에게 널리 물어 결정해야 한다."는 것이었다.

그 뒤 사흘 만에 다시 이에 대한 논의가 있었는데, 그 결과는 역시 부정적이었다.[54] 그 이유는 다음과 같았다. 실록을 봉안할 때 봉화현이 부담하는 것은 사소한 폐단이다. 따라서 봉안사행을 맞이하기가 어렵다는 이유만으로 경계를 변경한다면, 다른 곳에서도 봉화현의 예에 따라 같은 요구를 하게 되어 국가 경영에도 적합하지 않다. 그리고 본래 경계를 정할 때에는 다 이유가 있었던 것으로 섣부르게 고쳐서는 안 된다는 것이었다.

이후 이와 관련된 논의는 중단된 것으로 여겨지는데, 영조 1년(1725) 8월에 이 문제가 다시 논의된 것[55]으로 보아, 봉화현의 문제는 해소되지 않았던 것이다.

포쇄관으로 태백산사고를 다녀 온 기사관 申魯가 봉화의 딱한 처지를 건의하였다. 봉화현과 태백산사고는 30~40리의 거리에 있고, 그 중간에 춘양과 와단이 있다. 그런데 춘양은 안동도호부에 속하고 와단은 順興府에 속해 있다. 그렇지만 사고에 일이 있을 때에는 봉화 백성이 40리 길을 가서 부역을 하는 것에 비해, 산 밑에 있는 춘양과 와단의 백성은 他

---

54) 『비변사등록』 7집, 효종 5년 4월 29일.
55) 『비변사등록』 25집, 영조 1년 8월 3일.

郡의 일이라 하여 應役하지 않는다. 이는 봉화 백성에게는 불합리한 것으로 조치가 있어야 되겠다는 것이다.

　그렇지만 봉화현의 태백산사고 운영관리에 따른 부담은 해결되지 않았다. 순조 11년(1811)에도 이에 대한 거론이 있었다.

　　　봉화는 매우 쇠잔한 고을이어서 사각의 수호를 실로 혼자서 감당할 형편이 못되니, 안동의 춘양 일부를 떼어 받아 수호하는 밑천으로 삼기를 청한 데 대한 일입니다. 그런데 地界를 분할하여 옮기는 것은 일의 체모가 가볍지 않으며, 그전에도 이런 논의가 있었지만 번번이 다 서로 저촉되어 성사되지 못했는데, 어떻게 지금 갑자기 의논하여 이속시킬 수 있겠습니까? 그대로 두게 하소서.56)

　땅의 경계를 다시 나누어 정하는 것, 즉 고을간의 경계를 다시 정하는 것은 가벼이 할 일이 아니라 중대한 일이어서 전에도 여러 차례 논의가 있었지만 성사되지 않았다. 그런데 이제 갑자기 의논하여 이속시키는 것은 무리가 따르므로 그대로 두는 것이 좋겠다는 것이다. 즉 봉화가 처한 딱한 사정은 반영되지 않았던 것이다.

　그러나 이처럼 경계를 다시 정하는 데에는 중앙정부의 의중도 있었지만, 실지 큰 고을에 속해 있는 지역민의 의사도 별반 다르지 않았다. 사고 관리문제로 안동도호부의 월경지인 춘양과 奈城을 봉화현에 이속하고자 하였을 때, 그곳에 거주하던 士族들은 "차라리 안동의 백성이 되어 죽을지라도 봉화의 백성이 되어 살고 싶지 않다."고 하며 봉화 이속을 극력 반대한 것이다. 이는 큰 고을에 속하는 것이 주민에게는 여러 부담을 가볍게 하고, 사족에게는 벼슬에 나가는 일과 처세에 훨씬 큰 도움이 되기 때문이었다.57)

---

56) 『순조실록』 권14, 11년 3월 戊寅.
57) 이수건, 『한국중세사회사연구』, 일조각, 1984, 489쪽.

2) 무주현의 도호부 승격과 변화

무주현은 태종 10년(1414)에 茂豊과 朱溪가 통합된 이래 내륙에 위치한 작은 고을로 중앙정부에서 볼 때 주목의 대상은 아니었다. 오히려 귀양지로써의 역할이 주어지기도 하였다. 비록 고려 말에 崔瑩의 적상산성 축성 건의가 있었고, 조선초기에는 崔潤德이 적상산성 축성 문제로 적상산에 왔었지만 주목받지는 못하였다.

임진왜란 때에 이르러 적상산성에 대한 중요성이 부각되었고, 그 결과 광해군 때에 산성의 수축과 수호조치가 취해졌다. 그 뒤 사고가 설치되어 실록이 봉안되고 이어서 선원록이 봉안됨에 따라 수호와 관리의 필요성은 더욱 커졌으나 무주의 고충을 덜어주려는 구체적인 조치는 없었다.

인조 10년(1632)에 작성된 「진성책」에 의하면, 산성 관리가 극히 부실한 상태에 있었음을 알 수 있고, 더불어 사고 관리에 대한 부담이 가중되어 자체적으로 산성과 사고를 동시에 감당할 여건이 되지 못하였다. 그런 까닭에 산성을 수축하기 전인 광해군 2년(1610)에 비국당상 신경진과 어사 최현이 금산의 안성, 옥천의 양산, 영동의 용화를 적상산성에 割屬시키기를 청하였던 것이다. 그러나 이 건의는 시행되지 않았다.

적상산성은 군사적 목적에 따라 임진왜란 이후 修築되었으나 사고가 설치되고 실록이 봉안됨으로써 여타 산성이나 사고보다 막중한 곳이 되었다. 군사적으로 중요한 산성 안에 국가의 귀중한 실록을 봉안하는 사고가 설치 된 것이다. 인조 12년(1634)에는 묘향산사고에 보관 중이던 실록이 적상산사고로 이안되어 사고 관리는 더욱 중요시되었다. 그럼에도 불구하고 인조 15년(1637) 병자호란 때에는 수호하는 군사가 없어 首僧 尙訓이 임의로 실록을 석굴로 옮겨 보호할 정도로 수호가 부실하였다.

이에 전라감사 睦性善과 무주현감 沈穗이 復命함으로써 "산성과 문루를 수리하여 성을 회복하고, 산 밑의 서쪽과 북쪽에 2개의 창고를 설치하여 현에 납부한 糧稅를 옮겨다 저장하며, 아울러 위급함을 당하면 인근 고을의 束伍軍은 무주현감의 명령으로 입성하여 수비하도록 함으로써 璿史兩閣을 받들어 호위하는 밑바탕이 되게 하라"[58]는 허락을 받게 되었다. 이와 함께 사찰을 건립한 뒤 승려를 널리 모아 지키도록 하였다.

이에 따라 호국사가 창건되었다. 이로써 적상산사고에는 다른 사고와는 달리 사고의 수호 사찰인 안국사(보경사)와 산성을 담당하는 호국사 등 2개의 사찰이 공존하게 되었다.[59] 이때 지은 호국사는 산성의 남문에 있는 큰길가에 있었으며, 그 위에 按廉臺가 있었다.

적상산성과 사고의 수호 문제는 현종 7년(1666) 전라감사 閔維重에 의해 심각하게 논의되었다. 민유중의 뜻은 산성을 폐지하고 사고만 관리하던가 아니면 산성과 사고 관리를 병행하려면 그에 합당한 조치가 있어야 된다는 것이었다.

전자는 산성과 사고를 동시에 수호하는데 있어서 적절한 조치가 취해지지 않는다면, 차라리 산성을 폐지하고 태백산·오대산사고처럼 오로지 사고만 전담하여 관리하는 것만 못하다는 것이다. 후자는 錦山郡의 安城面과 충청도 沃川郡의 陽山面을 떼어 적상산성에 소속시켜서 단독으로 鎭을 만들게 하고, 한 읍의 民丁을 城籍에 편입시켜 保障하는 도리로 삼아야 한다는 것이다.

만약 이러한 조치를 시행하기가 어렵다면, 진안군 310명을 전적으로 산성에 소속시키되 금산군과 용담현의 규례와 같이 하고, 장수현과 진산현 양읍 군병으로 하여금 좌우의 본영에 소속시킨다면 산성의 군액이 전

---

58) 『적성지』(천) 권5, 「赤裳山城 護國寺碑文」.
59) 『적성지』(천) 권5, 「安國寺重修記」. 寺之所以名安國所屬小寺之以護國名意盖有在也.

에 비하여 더해지고 양읍에 있어서도 분열할 폐단이 없을 것이라고 하였다.[60] 그러나 이마저도 시행되지 않았다.

적상산성의 수축과 적상산사고의 설치는 무주인의 바람과 무관하게 중앙정부의 일방적인 결정에 따라 이루어졌다. 그런데 이와 같은 조치에도 불구하고 초기에는 지역민에게 부담스럽지는 않았다. 그러나 차츰 시간이 지나면서 戰亂의 위험성이 약화되고 산성의 중요성이 가벼워지자 상황이 바뀌게 되었다. 막중한 실록을 보관하고 있다는 자부심과는 달리 실질적으로 지역민에게는 부역만 가중된다는 현실을 인식하게 된 것이다. 따라서 이에 대한 타개책을 모색하게 되었다. 이러한 정황은 이곳 실정을 아는 관원들에게 의해 이미 예견되었고 그 대안까지 제시된 바 있었다.[61]

그렇지만 이와 같은 예견과 대안 제시가 아무런 실효를 거두지 못하자 무주인은 직접 자신들의 처지를 호소하였다. 산성과 사고 관리에 따른 노역과 중과세에 견디지 못한 지역민은 2차에 걸친 상소를 하였는데,[62] 무주의 생활상과 사회문제의 해결은 인근 지역을 편입시키고 邑號를 승격시켜 권한과 책임을 맡겨야 한다는 것이었다.

1차 상소문을 통해 그 당시 무주의 자연환경과 생활상을 보면, "토지

---

60) 『현종개수실록』 권14, 7년 2월 甲戌.

61) 『적성지』(천), 「赤裳山城 護國寺碑文」 ;『인조실록』 권39, 17년 10월 辛卯 ;『인조실록』 권46, 23년 윤6월 乙酉.

62) 최낙철, 『무주군사』. 125쪽. 1898년 무주군에서 발간된 『赤城誌』에는 소개되지 않았는데, 『무주군사』를 편찬하던 시기에 이미 故人이 된 朴日枸가 전에 소장하였다고 한다. 원문이 『무주군사』(133~135쪽)에 수록되어 있다. 1차 상소문은 '全羅道茂朱居幼學臣某等'이 현종 14년(1673) 8월에 작성한 것으로, 그 당시 錦山郡에 속한 安城縣과 충청도 陽山縣을 무주에 合倂하고 邑號도 승격시켜 달라는 내용이다. 2차 상소문은 현종 14년(월일미상) 基谷里 參奉 朴文郁을 疏首로 한 '請安城面還屬本府'이다. 1차 상소가 있은 후 조정에서 이를 수용하는 쪽으로 논의가 진행되었는데, 금산군에서 안성을 빼앗기기 싫어 반대 상소를 함으로, 이를 반박하기 위해서 작성된 것이다.

는 메마른 자갈땅으로 백성의 직업은 보잘 것 없으며, 殘廢는 많아 해마
다 즐거움이 없고, 굶주리고 헐벗어 배고프고 춥지 않도록 빌며, 요행히
살아가고 있어 그 가련한 정상은 측은하다"63)는 것이었다. 다시 말해 산
간벽지의 주민이 생계를 유지하기 위해서 가꾸는 토지는 자갈밭인 관계
로 해마다 기근을 걱정하며, 하루하루를 겨우 살아간다는 것이다. 거기
에 노역은 태산과 같아 측은함을 감출 수 없다고 하였다.

1차 상소문에 기록되어 있는 노역을 보면 다음과 같다.

> 京中使行과 道內公行과 迭相往來와 史册의 曝曬와 혹은 考出 혹은 奉安
> 등으로 滯留하기를 月餘가 되며, 또 監司의 巡察과 兵使의 習操(軍兵點檢)도
> 例年과 같이 하고 있어 그 歡迎과 歡送에 지출되는 비용으로 十室之民力이
> 枯渴된지 이미 오래이다. 또 매년 가을에 쌓아두는 馬草는 미리 준비하여 두
> 는데, 무주현의 모든 男丁이 모두 다 나서서 努力을 바쳐야 하며, 때로는 몇
> 週日이 걸리므로 제 때에 농사를 짓지 못하게 되어 군민의 困難함이 극에 달
> 하였다.

사고 설치와 관리에 따라 실록의 봉안·포쇄·고출 등을 하기 위해서
서울에서 내려오는 사행과 감사의 공식적인 순찰, 그리고 兵使의 軍兵點
檢 등이 해마다 계속되어 이들에 대한 환영과 환송에 지출되는 비용만
으로도 민력이 고갈된 지 오래이다. 또 이들 사행에 필요한 馬草를 준비
하기 위해서 해마다 가을이면 무주의 모든 남정이 동원되는데, 이것이
때로는 몇 주일이 걸려 제 때에 농사를 짓지 못하게 되어 곤란함이 극에
달하였다는 것이다.

2차 상소문은 이를 좀 더 구체적으로 기록하고 있다.

> 監司·都事·兵使는 三大賓이다. 이들의 郡內巡察은 매년 봄과 가을에 행

---

63) 1차 상소문, 全羅道茂朱居幼學臣某等.

하는 것이나 본 현은 道의 一遇에 있어 들리지 않을 때가 많았는데, 史庫 奉安 후로는 山城의 巡察이라 하여 본 현에 一宿하고 산성에 2, 3일씩 留宿하게 된다.

三賓 中 一賓에 따르는 部下가 50여명, 驛卒이 또한 50여명, 이에 따른 말이 50여 匹, 또는 軍物을 가지고 따르는 자가 60여 명, 軍物을 싣는 말이 60여 匹이니, 합하여 人員 160여 명, 馬匹이 110여 필이다. 그간 上下接待의 雜物과 馬草와 馬料의 運搬에 男負女戴하여 전군민이 총동원하게 된다.

그런데 이보다 더한 것은 兩閣의 使行이 되면 監司와 달라 奉安差使가 一時에 陪行하게 되므로 10배나 더한 것이다. 또 春秋로 행하는 習操도 그 弊가 이상의 행차에 못지않으며, 道路 修築 또한 이와 같다. 그러니 1년 내내 농사를 지을 틈도 없고 寒暑와 晝夜도 없이 路上에만 서야 하니, 어찌 굶주리지 않겠는가. 이것이 다른 邑에 비하여 奴役이 萬倍나 된다 한 것이다.

무주현에 있어서 감사와 도사와 병사는 큰 손님들이다. 이들은 매년 봄과 가을에 정기적으로 도내를 순찰하는데, 무주는 도내에서 변두리에 해당되어 들리지 않은 때가 많았다. 그런데 사고가 설치되고 실록이 봉안된 이후로는 산성의 순찰을 겸하여 무주에 와서 며칠씩 유숙하였다. 그리고 이들에 따르는 부하와 역졸은 물론 군물을 가지고 따르는 자와 군물을 싣는 말 등을 합하면 160여 명의 인원과 110여 필의 말이 동원되었다. 따라서 이들을 접대하기 위한 잡물과 말의 먹이 등의 운반에 모든 백성이 동원되었다. 그런데 이보다 더한 것은 사관 등이 사고를 방문하는 것으로 무주 백성의 부담은 10배에 이르는데, 병사의 군병 점검도 이에 못지 않았다. 또한 이들의 방문에 맞추어 도로를 수축해야 하므로 1년 내내 농사를 지을 틈도 없고 추위와 더위, 낮과 밤도 없이 길 위에만 있어야 하니, 어찌 굶주리지 않겠는가. 이것이 바로 다른 고을에 비하여 奴役이 만 배나 된다는 것이다.

상소문을 올릴 당시 무주의 전결은 800결, 호수는 2,000호였으며, 각종 조세를 합계하여 1만 여 석이었다.[64] 따라서 "가을의 조세 징수 때에는 가산이 파산되어도 그 반도 納入되지 않아 작년에 못 팔았던 奴婢를

금년에 팔아야 하고, 금년에 팔지 못한 전답은 명년에 팔아야 할" 정도
로 극한 상황에 처했다.

그러나 무주현의 어려움은 처음부터 예견된 것이었다. 사고의 수호와
관리는 제쳐 놓고 산성의 수호와 관리조차 쉽지 않았다. 그러기에 적상
산성의 수축을 살펴보기 위해서 적상산을 둘러 본 비국당상 신경진과 어
사 최현은 수축 후 관리를 위해서 금산의 안성과 옥천의 양산, 그리고
영동의 용화를 적상산성에 割屬시키기를 청하였다. 그러나 의논이 정해
진 것과는 달리 실현되지 않았다.65) 이때의 일은 임진왜란 이후 국방태
세의 점검과 강화를 위한 조치였다.

인조 17년(1639)에는 巡檢使 朴潢이 금산·용담·진안·장수·운봉·진
산·무주 등 7읍을 산성에 분속시키자는 건의를 하였으나 실현되지 않았
다. 대신 승려 覺性에게 도총섭의 칭호를 부여하여 산성 및 실록을 수호
하도록 하자는 비국의 啓請이 있었다. 그리고 그 당시 금산군에 속하던
안성66)에 거주하는 백성도 안성을 적상산성에 소속시켜주기를 바라는
청을 하였다.67)

한편 인조 18년(1640)에는 전라감사 원두표가 적상산성을 수축하고
승장에게 삼남도총섭을 부여하여 승군을 지휘할 수 있도록 건의하였지
만, 도총섭만 맡도록 하였다. 인조 19년(1641)에는 선원각을 건립하고
선원록을 봉안하였으며, 동왕 21년(1643)에는 대제학 李植과 검열 沈世
鼎이 고출과 포쇄를 하면서 성안을 둘러보고 사고를 조사하였다. 그 결
과 전라감사에게 방비할 계책을 세우도록 하였다.

전라감사 尹鳴殷 역시 "안성·양산·용화 세 현을 산성에 할속시킴과

---

64) 2차 상소문, 基谷里 參奉 朴文郁을 疏首로 한 '請安城面還屬本府'
65) 『인조실록』 권46, 23년 윤6월 乙酉.
66) 현 무주군 안성면.
67) 『인조실록』 권39, 17년 10월 辛卯.

동시에 邑號를 승격시키고, 반드시 재능을 두루 갖춘 문관에게 그곳 지
방관을 제수하여 고을을 잘 다스릴 수 있는 뒷받침으로 삼아야 할 것"68)
이라고 하였다. 이유는 사고를 설치하여 실록을 보관하고 있을 뿐 아니
라 위급할 때를 대비하기 위한 산성임에도 '무주는 산중 고을이라 쇠잔
하고 척박하여 군사가 적고 군량도 부족하기 때문에 다른 고을을 분할하
여 무주에 보태자.'는 것이었다. 그렇지만 이와 같은 건의와 노력에도 불
구하고 무주의 사정은 조금도 개선되지 않았다.

인조 26년(1648)에 적상산사고의 포쇄를 위해 다녀간 洪宇遠 역시 다
음과 같이 무주현의 사정을 설명하고 할속을 건의하였다.

> 무주의 적상산성은 산세가 험하고 높으며 사면은 높은 절벽이 깎아지른
> 듯 서 있으니, 하늘이 만든 險地라고 말할 만합니다. 그러나 둘레가 조금 크
> 고 또한 성 가운데 동북쪽은 산봉우리가 서로 가려져 바라보며 好應할 수 없
> 으니, 성을 지키는 군대가 적으면 불가합니다. 本縣은 왕이 관리하는 관직이
> 나 땅은 작고 힘은 쇠잔하여 족히 조치할 수 없으니, 이는 鎭守를 중시하지
> 않기 때문입니다. 가만히 보건대 금산의 안성은 가까운 산성 밑에 있고 충청
> 도 옥천의 양산현과 영동의 용화현은 모두 산성에서 머지않은 곳에 있습니다.
> 만일 이 세 개 현을 분할하여 무주에 넘겨주면 무주는 마침내 큰 현이 되고
> 산성은 큰 진(鎭)이 될 것입니다. 대개 산성이 있는 곳은 비록 곧은 길 要害
> 한 곳은 아닐지라도, 충청·전남·경상 3도 사이를 바로 점거하였으니, 국가
> 의 事變을 당하여 이런 큰 진이 가운데 우뚝 솟아있다면, 족히 삼남의 기세
> 가 서로 연속하고 명령이 서로 통할 것이니, 반드시 다른 날 힘을 얻을 곳이
> 이 될 것입니다.69)

적상산성은 천혜의 요험지이나 이를 지키기 위해서는 그에 걸 맞는
군사가 배치되어야 한다. 그런데 국가에서는 鎭守를 중시하지 않고, 무
주현은 작고 쇠잔하여 자체 힘으로 조치를 취하기 어렵다. 무주 인근의

---

68) 『인조실록』 권46, 23년 윤6월 乙酉.
69) 洪宇遠, 「曝曬時陳所懷疏」 『南波文集』 권4, 疏.

형편을 보니 안성과 양산 그리고 용화는 산성과 가까이 있음으로 무주에
소속시켜 산성을 지키는 요량으로 삼는다면, 무주는 큰 현이 되고 산성
은 큰 진이 될 수 있다. 그리하면 국가에 변란이 있을 경우에 큰 힘이
될 것이라는 것이다. 그렇지만 별다른 조치는 없었다.

이처럼 사고와 산성 관리에 부심하던 무주에 결정적인 변화의 계기를
가져 온 것은 전라감사 李東稷의 치계였다.[70] 그 내용은 다음과 같았다.
적상산성은 천혜의 험지로 三道가 경계를 이루고 있을 뿐 아니라 원숭
이도 기어오르지 못할 만큼 험난한 곳이다. 양곡을 저장하고 군사를 훈
련시켜 큰 진을 만든다면 혹 위급함이 있을지라도 산성 일대는 쫓고 쫓
기는 환란을 면할 수 있을 것이다.

그런데 성안의 守直僧이 庚戌(1670)과 辛亥(1671)년 모두 흩어졌다.
산이 깊고 길이 험하여 식량 운반도 극히 어려워 다시는 살기를 원하는
승려가 없어 성안 사찰은 태반 이상이 텅 비었다. 따라서 다시 승려를
모으는 방법을 찾아야 한다. 그것은 신역이 있는 승려의 신역을 면제한
뒤에 이들이 수직할 수 있도록 한다면 반드시 자원하는 자들이 있을 것
이라는 것이었다.

또한 이를 위해서 금산군의 안성면과 충청도 옥천의 양산면을 무주현
에 이속시키고 都護府로 승격시켜 큰 鎭을 만들면, 산골 백성이 돌아와
의지하게 됨으로 외적의 침범을 막는 일이 더욱 견고하게 될 것이다. 그
렇지만 무주현의 무거운 책임과 낮은 지위로는 지휘의 명령이 시행되지
않을 것이므로, 장성의 예[71]에 따라 부로 승격하게 되면 해결될 것이라
는 것이었다.

이에 대해서 우의정 金壽興이 "무주는 영호남에 위치한 요충지이니

---

70)『현종실록』권21, 14년 12월 丙辰 ;『적성지』(天) 권5, 적상산성, 古蹟,「이동직
상계」.
71) 장성은 효종 6년(1655) 부로 승격되었는데, 입암산성의 수호와 관계된다.『효종실
록』권14, 6년 4월 辛未.

마땅히 유의할 곳입니다. 금산군의 안성면은 산성에서 가장 가까우니 떼어주는 것이 편리합니다. 무주현을 도호부로 승격시키고 안성면을 거기에 떼어주소서."라며 동조하였고, 현종도 이에 따랐다.[72]

마침내 현종은 도호부 승격을 윤허하면서 안성과 횡천(현 설천면)을 분할하여 적상산성에 소속시켰다. 그러나 충청도 옥천의 양산은 他道임을 들어 소속시키지 않았다. 또한 성안에 쌀을 비축할 수 있도록 3읍의 백성들로 하여금 2년 간격으로 돌아가면서 輪納하도록 하고, 兩閣의 수직승은 신역을 면제하고 착실하게 시행하도록 하였다.[73]

이처럼 무주현이 도호부로 승격된 데에는 적상산사고와 함께 산성 관리가 중시된 때문이었다. 임진왜란과 정묘호란 그리고 병자호란이라는 국가적 위기 상황을 어렵게 넘긴 조선은 국방시설의 점검과 수축 및 축성에 적극 나섰고, 그에 따른 각종 조치를 시행하였다. 승군을 이용하여 남한산성과 북한산성 등의 산성을 축성하고 수축한 것이 대표적인 조치였다.

국방시설로서의 산성과 함께 실록 및 왕실족보를 비롯하여 각종 문헌을 보관하는 선사양각을 수호하고 관리해야 했던 무주현의 실정은 앞서 살펴 본 바와 같이 각종 노역으로 인해 극한 상황에 이르렀다. 이에 무주현의 백성 스스로 난국을 타개하기 위해서 노력하였을 뿐 아니라 이러한 사정을 누구보다도 잘 알고 있는 무주현감과 전라감사, 그리고 무주를 다녀간 관원들이 나서서 마침내 도호부 승격을 해 낸 것이다.

그렇지만 금산군의 안성을 떼어 무주에 붙이는 문제는 중앙정부의 결정으로 끝난 것이 아니었다. 바로 금산군에서 이에 반대하는 상소를 하였고, 그 결과 뒤집어질 것처럼 흘렀던 것이다.

---

72) 『현종실록』 권21, 14년 12월 丙辰.
73) 『현종실록』 권22, 15년 2월 戊申 ; 『적성지』(天) 권5, 적상산성, 古蹟, 「李東稷上啓」·「顯宗回啓」.

조선초기부터 '小縣倂合策'은 오랫동안 거론되고 시도되었지만 끝내 태종 때 수준을 크게 벗어나지 못한 데에는 국가적인 의도와 在地勢力의 이해관계라는 두 가지 이유가 있었다.[74] 국가는 효과적인 지방통치를 유지하기 위해서 '분할해서 지배한다.'는 원리 하에 크고 작은 고을로 나누고 군현의 경계도 越境地와 犬牙相入地(斗入地)를 존속시킴으로써 군현끼리 서로 견제와 경쟁 또는 감시하는 체제를 지속하였다.

이와 같은 군현병합의 어려움은 고려 때에도 완강하였다. 고려시대 兩界지방을 제외한 남부지방은 각 읍마다 土姓吏民이 존재하였고, 그들은 그 읍과 休戚를 같이 해 왔으므로 병합되거나 혁파된다는 것은 곧 토착적 기반을 하루아침에 상실하고 타읍에 귀속되기 때문에 군현병합을 갖은 방법으로 방해하였다. 조선시대에는 각 읍마다 경재소와 유향소를 구성한 土姓土族과 留鄕品官이 있는가 하면, 다른 한편에는 京邸吏·營吏·邑吏로 연결된 향리세력이 京鄕에 연결되어 있었으니, 군현병합은 바로 이러한 본관세력에게서 완강한 저항을 받았던 것이다.

이와 함께 군현병합의 실패 요인은 그 당시 수취체제의 모순에서도 찾아볼 수 있다. 즉 수취체제가 군현을 단위로 배정되었기 때문에 군현에 따라 주민의 부담에 현격한 차이가 있었다. 그래서 屬縣을 영유한 主邑이나 군현병합의 결과 새로 속현을 가지게 된 주읍은 그 속현을 착취 대상으로 간주하고, 위로부터 배정받은 각종 부담을 속현에 과중하게 분배할 뿐 아니라 주읍의 몫까지 떠맡기는 것이 예사였다. 이처럼 군현의 병합은 단순히 합치거나 줄이는 것이 아니라 구성원들의 이해관계가 복잡하게 얽혀 있어 쉽지 않은 일이었다.

태백산사고 관리문제로 安東府의 월경지인 춘양을 봉화현에 이속하고자 하였을 때, 그곳에 거주하던 土族들은 "차라리 안동의 백성이 되어

---

74) 최보돈, 「16세기 전반 鄕村社會와 地方自治 -수령 인선과 지방제도 개혁을 중심으로-」, 『진단학보』82, 진단학회, 1996. 128~130쪽.

죽을지라도 봉화의 백성이 되어 살고 싶지 않다."[75]고 하며 봉화현으로
의 이속을 극력 반대한 것처럼 금산군 사람들도 반대하고 나선 것이다.
이에 무주 사람들이 이를 반박하고 안성을 무주에 환속시켜 保藏之地로
삼을 것을 상소하였다. 바로 '안성면의 本府 還屬을 요청하는 疏'[76]이
다. 내용은 다음과 같다.

무주는 작고 쇠잔한 고을로 토지가 척박하고 백성의 수도 적어서 財
力이 미약하다. 그럼에도 奉命使臣의 출입은 물론 정기적으로 혹은 부정
기적으로 사고에 행차하는 사신과 봄·가을에 행하는 군사 훈련 등에 제
공되는 비용은 과다함에도 불구하고 徭役의 과중함은 다른 고을보다도
만 배나 많다. 이러한 사정을 참작하여 현종 14년(1674)에 금산군의 안
성면을 편입하여 도호부로 승격시킴으로써 무주는 보존할 뜻에 갖게 되
었다. 그런데 금산군 사람들이 안성을 다시 돌려달라고 상소하고, 이에
따라 다시 안성을 금산군으로 되돌리라는 임금의 허락이 있었다고 하니,
안성을 다시 무주로 환속하여 줄 것을 요청하는 疏를 올리게 되었다.

안성은 지리적으로 보아 무주에 속하는 것이 마땅함으로 東西를 알지
못하는 사람도 모두 '무주의 안성'이라고 하지, '금산의 안성'이라 말하
지 않는다. 안성을 금산에 되돌려 줄 수 없는 이유는 다음과 같다.

첫째, 적상산성의 한편은 안성 땅이고, 한편은 무주 땅이다. 만일 안
성을 금산에 되돌려 주려면, 적상산성도 마땅히 금산에서 관리하는 것이
옳다.

둘째, 무주와 안성을 합친 結卜[77]은 모두 합해도 수 백 결 미만이고
장정은 150명에 불과하며, 호구 역시 2,000여 호에 지나지 않아 비록 도

---

75) 이수건, 위의 책, 489쪽.
76) 『적성지』(天) 권5, 「적상산성」, 請安城面還屬本府疏首參奉朴文郁.
77) 토지세 징수의 기준이 되는 논밭의 면적에 매기던 단위인 결, 짐, 뭇을 통틀어 이
   르는 말.

호부라 할지라도 사실은 아주 작은 현에 불과하다.

셋째, 감사·도사·병사의 巡行에 따른 뒷바라지도 감당하기에 벅차다. 이들은 무주에서 공식적으로 맞이하는 큰 손님들로 봄과 가을에 순행한다. 무주는 도내에서 변두리에 위치한 까닭에 순행 때에 들리지 않는 일이 꽤 많았는데, 산성이 설치된 후로는 정기적으로 방문하게 되었다. 이들에 대한 접대도 벅차지만 이들을 수행하는 관원과 역졸, 그리고 이들을 위한 雜物과 말에게 먹일 사료 등을 준비하여 운반하느라 온 고을 백성이 동원되어도 감당하기 어렵다. 또한 실록과 선원록을 봉안하기 위해서 사고를 방문하는 봉명사신과 배행하는 수행원에 대한 수발, 해마다 봄·가을에 하는 군사 훈련과 도로 보수 등도 이에 못지 않다. 따라서 무주 백성은 농사지을 시간도 없고 추위와 더위는 물론 낮과 밤도 없이 길거리에서 분주할 뿐이다. 이처럼 부역의 막중함이 다른 고을에 비해 만 배나 된다.

넷째, 적상산의 절험함을 활용하여 국가의 保障之地로 삼고 진을 설치하여 국사를 藏書한다고 하면서도 이미 귀속시켰던 땅을 다시 되돌린다면, 이로 인해 고통을 더 받게 될 백성들은 城을 지탱하지 못할 것이다. 무주 백성이 糶糴으로 가을에 還穀을 납부할 때, 비록 재산을 다 털어 破産을 한다고 해도 그 절반도 갚기 어렵기 때문에 매질이 낭자하고 족쇄를 차는 일이 계속되며, 지난 해 팔지 않았던 노비를 금년에는 팔아야 하고, 금년에 팔지 않은 전답은 명년에는 다 팔아야 한다. 그리하여 토지는 다 없어지고 환곡도 갚지 못하게 되어 감옥에서 매질을 당해 목숨을 잃게 되더라도 갚을 길이 없으니, 流離乞食하다가 죽음을 면치 못할 것이다. 따라서 안성을 그대로 무주에 두어 서로 의지하며 극복할 수 있도록 하는 것이 마땅하다. 무주 백성이 사느냐 죽느냐의 여부는 안성에 달려 있다.

이처럼 안성을 다시 되돌려줄 수 없다는 이유와 함께 산성 안에 상주하며 수직하는 참봉과 별장 그리고 승장에 대해서도 개선책을 제시하였다. 군역을 피하려는 무리들이 예조를 통해서 혹은 감사를 통해서 임명받은 뒤, 아침에 왔다가 저녁이면 돌아가는 것을 예사로 하니, 성을 비워두는 일이 많고 수호하는 일은 소홀하여 任地만 얻고 급료만 받아갈 뿐이다. 따라서 3분의 1을 지방민으로 배치하고 임기를 엄격히 지켜 성을 굳게 지키는 방편으로 삼아야 한다고 건의한 것이다.

이와 함께 충청도 옥천군의 양산면도 안성과 비슷한 상황에 처해 있으니, 무주에 割入시켜 무주부의 모양새를 갖추고 성을 견고하게 지킬 수 있도록 배려해 달라고 청하였다.

금산군의 안성을 무주에 할속시킨다는 결정에 반발하여 금산군 사람들이 다시 안성의 금산군 환속을 청하고, 무주 사람들이 다시 안성의 환속을 청하는 등 우여곡절이 있었으나, 안성과 횡천의 무주 편입과 함께 무주현은 무주도호부로 승격되었다. 이러한 변화는 陞府事目[78]을 통해 확인할 수 있다.

1. 本部는 이미 승격하여 守城將이 되었으니, 列邑을 호령하고 산성에 관한 일은 소속 읍이 書目을 갖추어 서면으로 보고토록 하여 體統을 지키도록 하라. 만일 그 명령을 준수하지 않는 자 중에서 가벼운 자는 衙前이 즉시 체포하여 棍杖 50대를 때리고, 무거운 자는 수령이 감사에게 보고하여 처리하라.
1. 소속 각 읍 兵士의 春秋訓練과 試才 등은 수성장이 직접 巡歷하면서 거행하고, 근무태도와 상황을 감사에게 보고하여 啓聞하라. 혹 유사시에는 각 읍 수령은 그 衙屬과 군사와 백성을 인솔하고 산성으로 들어가 守直하라.
1. 本城은 산길이 매우 험난하니 소속 3읍의 軍糧米를 모두 성 아래 창고에 납부하라. 유사시에는 매우 소홀하였으니 이제부터 매년 糶糴할 때는 3읍의 백성이 2년마다 교대로 성 안에 輸納하여 예상 밖의 사태에 대비하라.

---

78) 『적성지』(天) 권5, 「적상산성」, 陞府事目.

1. 산성을 착실하게 수호하는 데에는 승려만한 이들이 없으나 본성의 생계가 고통스러워 얼마 되지 않은 守直僧들이 편하지 않으니, 지금 이후로는 들어가기 원하는 승려를 널리 모집하고 그들의 身役을 면제하여 오로지 산성 수호만 전념하게 하라.
1. 城堞이 혹 무너지는 일이 있으면, 본부와 소속 각 읍에서 일제히 동원시켜 맡은 지역에 따라 즉시 보수하라.
1. 亂을 당하여 산성 수호의 명령을 어기는 수령과 將官이 있으면 往復하며 순찰사에게 보고할 겨를이 없으니, 수성장이 즉시 군법에 따라 輕重을 가려 스스로 처단하라.
1. 수성장은 偏裨가 없어서는 안 되니 軍官 2명을 두되 그의 군량과 급료는 長城의 例에 따라 元穀으로 會減하라.
1. 본성의 별장은 감영에서 差定하되, 온전한 사람을 선택하지 못하여 임시 충원으로 差定했다면 일정한 기간도 채우지 못하고 번번이 교체되니, 지금 이후로는 각별히 擇差하여 반드시 30개월을 한하여 교체하지 말라.

첫째, 府使는 守城將으로서 소속된 인근의 여러 고을을 지휘할 수 있으며, 산성에 관련된 일은 소속 읍이 書目으로 보고하도록 하였다. 만일 이를 어겼을 경우에는 죄가 가벼운 자는 곤장 50대까지 무주부사가 임의로 처벌할 수 있었으며, 죄가 무거운 자는 감사에게 보내 처리할 수 있었다. 산성과 사고 수호에 있어서 지위가 낮은 무주현이 할 수 없었던 일을 이제는 권한과 책임을 가지고 할 수 있게 된 것이다. 즉 도호부 승격과 함께 인근 고을에 대한 지휘권을 갖게 됨으로써 안정적이고 체계적으로 산성과 사고를 수호하고 관리할 수 있게 되었다.

둘째, 지금까지 병사가 봄·가을에 하던 각 읍의 군사점검과 훈련 및 試才를 부사가 직접 순역하면서 하게 되었다. 또한 각 고을 수령의 근무 태도와 민심을 부사가 감사에게 직접 보고하게 됨으로써 권한이 커졌음을 알 수 있다. 즉 인근 고을의 수령에 대해서 일정 정도 통제권을 갖게 된 것이다. 도호부 승격 이전에도 유사시에는 인근 고을이 協守하도록 하였지만, 무주의 지위가 낮은 관계로 협수가 쉽지 않았다. 이제는 각 읍 守令이 그 衙屬과 군사와 백성을 인솔하고 산성으로 들어가 수직하도록 함으로써 무주의 부담이 줄어들었다.

셋째, 무주도호부 소속 3읍의 군량미를 모두 성 아래 창고에 납부하며, 매년 糶糴할 때에는 무주·용담·금산의 3읍 백성이 2년마다 돌아가면서 성 안에 輪納하여 뜻밖의 상황에 대비하도록 하였다. 이로써 산성과 사고 관리에 소요되는 식량문제가 해결되었다.

넷째, 신역을 면제하여 수직승을 널리 모집하고 오로지 산성 수호에 전념할 수 있도록 부사에게 그 권한을 부여하였다. 수직승의 신역면제를 다시 확인하고 他郡에서 이들을 함부로 차출하지 못하도록 함으로써 승려들이 안정적으로 산성과 사고 수직에 나설 수 있게 되었다.

다섯째, 산성을 수축할 때에는 본부 및 소속 각 고을에서 일제히 인력을 동원할 수 있게 되었다. 이에 따라 각기 고을마다 책임량을 부여한 뒤 보수하도록 함으로써 인근 고을이 서로 분담하게 되어 무주의 부담은 줄이고 산성 수호는 보다 더 내실있게 할 수 있게 되었다. 이전에 산성을 수축할 때에는 무주현감이 주위 고을에 공문으로 수축에 나서 줄 것을 요청해도 무주현감의 직위가 낮은 관계로 호응조차 받지 못하였는데, 이제는 부사의 권한으로 이들을 동원할 수 있게 되었다.

여섯째, 수성장의 권한을 확실히 부여함으로써 인근 소속 고을을 장악할 수 있도록 하였다. 전란을 당하였을 때, 산성 수호의 명령을 어기는 수령과 將官이 있을 경우에는 '先斬後戒'의 규정을 적용시키도록 하였다. 戰時와 같은 급박한 상황에는 관찰사에게 직접 오고가며 보고할 시간적 여유가 없음으로 수성장의 직권으로 군법에 따라 죄의 가벼움과 무거움을 따져 처리할 수 있도록 한 것이다.

일곱째, 부사와 수성장의 권한을 동시에 책임있게 수행하기 위해서는 偏裨가 있어야 함으로 2명의 군관을 두도록 하였다. 이들의 군량과 급료는 장성의 예에 따라 원곡으로 회감하도록 하였다.

여덟째, 무분별하게 선발하고 직무조차 제대로 수행하지 않은 산성 별장을 각별히 擇差하도록 하고, 조기 교체에 따른 폐단을 방지하기 위해서 임기를 반드시 지키도록 하였다.

무주현의 도호부 승격에 따라, 군사점검을 위해서 兵使가 방문함으로써 발생되는 폐단이 없어졌을 뿐 아니라 신역을 면제받기 위하여 예조나 감사에게 청탁한 뒤 부임하여 근무를 태만히 하던 관행이 사라지게 되었다. 즉 산성의 수리와 위급할 때의 경비는 속읍과 공동으로 부담하고, 귀빈의 접대가 줄고 이웃 고을과 공동 부담함으로써 무주의 부담을 대폭 완화시킨 것이다. 그렇지만 산성 관리에 대해서 만전을 기한 것과는 달리 사고 관리에 대해서는 구체적인 언급이 없다. 그것은 산성 관리와 사고 관리를 따로 보지 않았음을 시사하는 것으로 보인다.

산성의 수축과 사고 설치 이후 무주는 산성과 사고의 수호와 관리에 따른 부담으로 각종 사회문제에 봉착하였다. 사실 산성의 수축과 사고의 설치는 무주현에 혜택이나 도움이 되었다기보다는 부담을 가중시킨 측면이 컸다. 그러나 도호부로 승격됨으로서 무주 역사상 획기적인 변화를 갖게 되었다.

가장 큰 변화는 오늘날 무주군을 형성하는 근간이 되었다는 점이다. 현재의 무주군은 무주읍, 안성면, 부남면, 적상면, 설천면, 무풍면 등 1읍 5개면이지만, 태종 14년(1414) 무풍현과 주계현이 통폐합되어 '무주현'이 되었을 때에는 현재의 무주읍과 무풍면, 그리고 적상면 등 3개 읍면이 포함되었을 뿐이다. 설천·안성·부남면은 모두 금산에 속했는데, 도호부로 승격되면서 설천과 안성이 무주에 편입되었다.[79] 따라서 오늘날 무주군의 영역에 관한 기틀이 형성된 데에는 산성의 수축과 사고 설치가 결정적인 계기가 되었다.

---

79) 부남면은 1914년 행정구역 개편 때 금산군에서 무주군으로 편입되었다.

두 번째는 무주의 지위에 관한 변화이다. 앞서 언급한 바와 같이 무주는 전라도에서도 변두리에 속한 깊은 산중의 오지였다. 이 때문에 감사와 병사의 정기적인 순행 때에도 들리지 않은 때가 많았다. 그처럼 무주는 중앙정부나 道에서 주목받지 못하였다. 또한 현감의 지위는 지방 수령 중에서도 가장 낮았을 뿐 아니라 경계를 맞대고 있는 용담현은 무주현감보다 한 등급 높은 현령이었다. 따라서 산성과 사고 수호 및 관리에 있어서 협수가 필요할 때에도 정당한 요구마저 무시되거나 묵살당하는 형편이었다. 이로 인해 무주의 부담이 가중되었음은 앞서 언급한 바와 같다. 그런데 도호부가 되어 인근 고을을 통제할 수 있게 됨으로써 이들 고을을 아우르는 권위와 책임을 갖게 되었다. 이로 인해 당연히 인근 7읍80)의 중심지가 되었다.

세 번째는 가끔씩 빠뜨리기도 하던 전라감사나 병사 등의 순행이 정기적으로 이루어지게 됨으로써 외부와의 교류가 많아졌다.81) 더욱이 실록의 봉안과 포쇄 및 考出 등을 위해서 좀처럼 방문하지 않는 고위급의 堂上官을 비롯하여 사관이 방문함에 따라 정치·사회·문화적으로 중앙의 영향을 직접적으로 받게 되었고, 이들을 통하여 다양하고 수준 높은 문화를 접할 수 있게 되었다.

이와 함께 使行 나온 관원들에게 볼거리를 제공함으로써 다양한 문화를 갖게 되었다. 실록의 봉안과 고출 때에는 당상관을 비롯한 사관 일행이, 그리고 포쇄와 보수 등에는 사관이 어김없이 방문하였다. 이들은 서울에서 왕명을 받아 내려 온 관원들로 대접에 소홀할 수 없었다. 기본적으로 酒宴이 제공되었지만, 무주만의 특색있는 볼거리를 보여줄 필요도 있었다. 이에 준비된 것이 '낙화놀이'였다. 그 당시 낙화놀이는 전국적으

---

80) 용담, 진안, 장수, 진산, 금산, 운봉, 무주.
81) 이로 인해 각종 부담이 증가하였지만, 다른 한편으로 긍정적인 부분도 있었던 것이다.

로 행해졌지만, 무주의 관아 앞에 있는 남대천에서 이루어지는 '낙화놀이'는 장관이었다.[82]

---

82) 박정양, 『박학수포쇄일긔』.

제8장

결 론

본 논문은 조선시대 史庫制度와 조선후기에 설치된 赤裳山史庫의 운영관리에 대해서 살펴보았다. 이를 위해서 먼저 사고의 由來와 認識에 대해서, 그리고 고려와 조선전기에 설치된 사고의 운영에 대해서 검토하였다. 더불어 임진왜란 당시 유일본이 된 전주사고본 실록의 내장산 보존과 임진왜란을 계기로 바뀌게 된 사고의 위치와 운영에 대해서 살펴보았다. 다음으로 적상산사고의 설치과정과 변천, 그리고 실록의 봉안에 대해서 검토하였다. 적상산사고에서의 포쇄는 朴定陽의 『박학ᄉ포쇄일긔』를 중심으로 정리하였다. 마지막으로 적상산사고의 운영·관리와 무주현의 변화에 대해서 살펴보았다.

본 논문의 제2장에서는 사고의 유래와 인식, 그리고 설치와 운영을 고려와 조선전기를 한데 묶어 살펴보았다. 그것은 조선후기 사고 운영의 전반적인 흐름을 파악하기 위한 전제 조건으로 고려와 조선전기 사고에 대한 이해가 필요한 때문이다.

史庫에 관한 사전적 해석은 '고려와 조선시대에 걸쳐 역대의 實錄을 보관하던 倉庫로 史閣이라고도 한다.'이다. 한마디로 사고는 실록을 보관하는 書庫라는 것이다. 여기에 "사고는 史閣 또는 實錄閣이라고도 하는데, 列聖朝의 실록을 보관한 書庫를 말한다. 아무리 많은 書籍이 收藏되었더라도 실록의 收藏이 아니면 사고라 칭하지 않았다."고 하여 실록을 보관하지 않으면 사고라 칭하지 않았음을 알 수 있다. 이를 통해 사고는 공간적으로 사각 또는 실록각을 가리키며, 그 안에 반드시 실록이 보관되어 있었음을 알 수 있다.

한편 史庫는 史書를 집중적으로 보관하는 書庫로 '金櫃石室' 또는 '地

庫'나 '秘庫'라고도 하였으며, 공간과 시설물 개념으로 실록을 비롯하여 璿源錄 등 각종 史册을 보관하는 史閣과 璿源閣을 비롯하여 부대시설까지 포함하였다. 즉 사고에는 실록 뿐 아니라 왕실의 족보인『璿源錄』과 국가운영에 필요한 儀軌類와 經書, 나아가 개인의 文集과 譜牒 등도 보관되었다. 이를 위해서 사각과 함께 璿源閣이 따로 건립되었고, 이를 수호하고 관리할 守護人의 배치와 이들을 위한 부속 건물이 건립되었다. 또한 '節目'을 제정하여 사고 운영에 필요한 제도적인 근거를 마련하였고, 실록을 비롯한 서적의 보존을 위해서 정기적으로 사관을 파견하여 曝曬하였다. 그리고 史官이 아니면 사고를 열고 닫지 못하도록 엄하게 단속하였을 뿐 아니라 사고의 修改도 지방관이 임의로 하지 못하도록 통제하였다. 이처럼 史庫는 단순히 史閣을 짓고 그 안에 실록을 보관만 한 것이 아니라 국가적인 관심과 행정절차 그리고 구체적인 보존관리 체계에 따라 운영되었다. 따라서 史庫제도는 사각은 물론 선원각 등의 부대시설을 비롯하여 실록의 봉안과 포쇄 그리고 수개 등을 제도적으로 규정한 節目까지 포함한 포괄적 개념으로 이해할 수 있다.

사고는 실록을 보관한 사각(實錄閣)과 선원록을 보관한 선원각 및 부대시설, 수도에 설치된 內史庫(京史庫)와 지방에 설치된 外史庫 등의 시설물, 실록의 보존을 위해서 제도적으로 시행된 節目·曝曬·修改 등으로 구분된다. 따라서 본 논문에서는 史庫의 의미를 史閣에 한정하지 않고, 선원각을 비롯한 각종 부대시설까지 포함한 넓은 의미로 사용하였다. 더불어 실록을 보관하던 건물은 사각(실록각), 선원록을 보관하던 건물은 선원각으로 통칭하여 사용하였다. 또한 수도에 설치된 사고를 내사고(경사고), 지방에 설치된 사고를 외사고라 칭하였다.

한편『조선왕조실록』과 조선후기에 제작된 지도를 검토하여 조선시대 사람들의 사고에 대한 인식을 살펴보았다. 그 결과 사고는 사각과 선원각을 통칭하였음을 확인할 수 있었다. 때로는 사각만을 가리키기도 하였는데 이는 고려와 조선전기에는 선원각을 함께 두지 않고 사각만 설치 운영한 관계로, 사각을 사고와 동일시하였음을 알 수 있다.

그러나 조선후기에는 읍치가 아닌 산중에 설치하였고, 선원각을 세워 선원록을 보관하였으며, 사고 수호와 관리를 위해서 수호사찰과 부대시설을 두었다. 그러므로 본고에서의 사고는 실록을 보관하는 사각만을 가리키는 것이 아니라 선원각을 포함한 여타 시설물과 운영체계까지 포함하는 것으로 정리하였다. 한편 조선전기에는 외사고와 구별하여 춘추관 사고를 실록각이라 칭하였고, 후기에는 외사고의 사각도 실록각이라 칭하였음을 확인하였다.

사고에 관한 외국의 사례는 중국에서 살펴 볼 수 있었는데, 실록을 보관하는 독립된 史庫를 따로 설치하여 운영한 것은 明代였다. 『明實錄』을 보관하는 宮中史庫로 皇史宬을 건립하여 운영한 것이다. 『명실록』은 正本과 副本 두질이 편찬되었는데, 한 질은 宮中史庫인 皇史宬에 보관하고 다른 한 질은 內閣에 두어 사관들이 다음 실록을 편찬할 때 참고하도록 하였다. 황사성은 벽돌로 만들었으며, 화재와 물이 스며드는 것과 벌레나 좀이 생기는 것 등을 방지할 수 있도록 하였고, 겨울에는 온화하고 여름에는 시원하게 건축되었다. 淸代에는 실록을 모두 5질로 만들어 皇史宬을 비롯하여 乾淸宮, 內閣實錄庫(內閣大庫), 瀋陽의 崇謨閣 등에 보관하였다.

우리나라는 중국보다 앞선 고려 광종 때부터 궁중에 史庫를 설치하였으나 잦은 외침과 내란으로 이동이 심하였다. 이에 따라 궁중의 내사고 외에 海印寺에 외사고를 따로 두어 역대 실록과 史册을 보존하였다. 외침과 국난으로 인한 실록의 滅失에 대비하여 副本을 만들었고, 서적 관리에 남다른 경험과 지식을 지닌 사찰의 승려에게 실록을 지키도록 한 것이다. 그리고 평시에는 포쇄를 통해 실록의 보존처리에 만전을 기했으며, 戰時에는 敵軍의 공격을 피해 산중의 사찰이나 외딴 섬으로 적절히

이동시키면서 실록을 보존하였다. 내사고와 함께 외사고를 두어 실록의
보존에 만전을 기한 것이다.

조선은 고려의 사고제도를 계승하였을 뿐 아니라 확대 운영하면서 체
계적인 틀을 갖추었다. 내사고와 충주사고 외에 지방의 중심지인 全州와
星州에 추가하여 외사고를 설치하였고, 지방의 수령과 관원에게 수호와
관리를 맡겼으며, 정기적으로 사관을 파견하여 포쇄하는 등 운영체계를
갖춘 것이다. 그 결과 임진왜란 이전까지는 성주사고에서의 화재로 인한
실록의 燒失을 제외하고 잘 보존하였다. 반면 사고 운영에 관한 구체적
인 지침은 전하지 않는다.

조선전기 사고 운영에 대해서 일부나마 살펴 볼 수 있는 사료는 성주
사고 화재사건과 『眉巖日記』이다. 성주사고 화재는 그 당시 사고 운영
과 관리에 관한 여러 측면을 보여준다. 숙직자의 闕員은 물론 官奴가 비
둘기를 잡기 위해서 횃불을 들고 史閣에 올라가는 등 기강의 무너짐, 사
건 초기에는 숙직자들의 진술만을 믿고 失火로 단정지었으며, '사고의
화재는 국가의 변란과 같다.'는 인식에도 불구하고 官奴의 失火로 판명
된 결과 등이다. 그렇지만 이 외에는 별다른 事故없이 실록을 지켜냈을
뿐 아니라 화재 이후에는 춘추관사고본 실록을 底本으로 하여 復舊함으
로써 史籍分藏의 효과를 거두었다.

『미암일기』는 조선전기의 봉안사행에 따른 지역의 움직임과 사고의
운영관리 등 여러 면을 보여주는 귀중한 사료이다. 봉안사행을 결정하면
서 民弊를 우려하고, 봉안사행이 결정된 뒤에도 따로 관찰사에게 書狀을
보내 봉안사 접대를 지나치게 하지 말도록 당부한 부분은 그만큼 실록의
보존에 따른 부담과 관심이 컸음을 알게 한다. 전주에 도착한 실록은 사
각에 봉안되기 전까지 客舍에 보관되었고, 관찰사는 춘추관직을 겸하지
않은 관계로 사고의 開閉와 실록의 봉안에 참여하지 못하는 등 봉안과
관련된 구체적인 사실을 확인할 수 있었다.

제3장에서는 임진왜란과 유일본 실록의 보존에 대해서 살펴보았다. 조선전기에 설치·운영된 4사고는 성주사고에서의 화재사건 이외는 별다른 사건·사고없이 유지되었다. 그런데 임진왜란으로 인해 전주사고본 실록만 유일하게 남게 되었다. 3곳의 사고와 실록이 멸실된 데에는 전란이라는 특수성에 기인하지만, 거기에는 사고 관리에 대한 부실도 존재한다. 춘추관사고와 충주사고의 소실은 전란의 급박성이 우선되지만, 성주사고의 실록은 평상시 전란에 대비했다면 보존할 수도 있었다는 아쉬움이 있다.

일본군이 성주를 점령하기 전에, 성주부사 등은 실록을 史櫃에 담은 뒤 땅을 파고 묻었는데, 일본군이 성주를 점령할 무렵에 꺼내어져 불태워졌다. 실록을 사궤에 넣어 땅에 묻었다는 사실은 후일 다시 꺼낼 것을 전제한 것이고, 그것은 관계자들만이 아는 비밀이었을 것이다. 그럼에도 불구하고 꺼내어 졌다는 것은 두 가지 측면에서 생각해 볼 수 있다. 우리 스스로 꺼냈거나 누군가 일본군에게 알려줌으로써 꺼내진 경우이다. 필자는 이에 대해서 우리 스스로 꺼냈을 가능성에 대해 주목하였다. 그것은 국가의 기밀이 기록되어 있는 실록을 일본군에게 약탈당하기 전에 燒却시켰을 개연성이 충분하기 때문이다.

반면에 전주사고본 실록의 보존은 여러 측면에서 의미를 갖는다. 전주사고는 시간적·공간적으로 다른 사고에 비해 여유가 있었지만, 보존하는 과정에서 보여준 民과 官의 역할 분담 등 적절한 대응책은 실록 보존의 선례가 되었다. 어느 특정인의 노력에 의해서라기보다는 실록의 중요성을 인식한 官員과 지역의 선비와 백성의 노고에 의해 가능했던 것이다.

일본군의 전라도 침공이 예견되자, 전라도관찰사 등을 위시한 관원들은 방어태세 구축과 함께 慶基殿에 보관 중이던 태조 어진과 실록의 보존에 대비하였다. 그 결과 최종적으로 현장을 직접 확인한 뒤 정읍 내장산에 실록과 어진을 이안해서 지킬 것과 이에 필요한 조치가 강구되었다. 내장산이 선택된 것은 일본군의 진격로에 가까운 내륙보다는 언제든 바다로 통할 수 있는 해안과 인접하고 있을 뿐 아니라 험한 산중이라는 점이 참작된 결과였다. 그리하여 실록과 어진이 차례로 내장산에 이안되었고, 용굴암·은적암·비래암으로 이동하며 지켜졌다.

실록의 내장산 이안에는 전라감사를 비롯한 관원들, 특히 참봉 오희길과 유인 등의 관인官人, 안의와 손홍록 등 지역의 선비, 김홍무와 한춘 등의 무인과 수복 등의 역할이 컸다. 그리고 영은사 의승장義僧將 희묵 熙默을 비롯한 승려와 근방에서 모집한 정재인才人 100여 명이 내장산에서 지켜냈다.

전주사고실록의 보존은 다른 3곳에 보관하던 실록의 멸실滅失과 비교해 볼 때, 일본군의 북상로北上路에서 벗어나 있었다는 공간적인 여유와 함께 실록을 다른 곳으로 옮길 수 있는 시간적 여유가 있었다. 그러나 보다 더 중요한 점은 실록을 보존하는 과정에서 보여준 지역민과 관원의 역할 분담 등 적절한 대응책이다. 즉 전주사고실록의 보존은 어느 특정인의 노력에 의해서라기보다는 실록의 중요성을 인식한 전라감사 이광을 비롯한 관원官員과 손홍록·안의와 같은 지역의 선비, 그리고 지역민의 노고에 의해 가능했던 것이다.

유일본이 된 실록과 어진은 1년 1개월여 동안 내장산에 보관되었다. 그런데 진주성이 함락당하고 머지않아 일본군의 전라도 침공이 예견되었다. 이에 실록과 어진을 임금이 있는 행재소로 이안하기로 결정됨에 따라 내장산을 떠나게 되었다. 그리하여 실록은 정읍과 아산을 거쳐 해주로, 이후에는 강화에서 묘향산으로 이안되었고, 최종적으로 강화에 이안되었다.

실록과 어진의 이안과 수호에 관련된 인물을 이안 과정별로 살펴보면 다음과 같다. 먼저 이안의 논의 과정에 참여한 인물은 전라감사겸순찰사 이광, 도사 최철견, 전주부윤 권수, 제독관 홍기상, 삼례찰방 윤길, 경기전 참봉 오희길과 유인 등이 있다. 실록 이안처 선정을 위해 1차로 현지를 다녀온 인물은 경기전 참봉 오희길과 무사 김홍무 그리고 수복 한춘이 있다. 이어서 이안처 최종 선정에는 도사 최철견과 참례찰방 윤길, 그리고 경기전 참봉 오희길과 수복 한춘, 그리고 무사 김홍무 등이 현장을 둘러봤다.

실록과 어진을 옮기는 과정에 참여한 인물은 경기전 참봉 오희길과 유인, 정읍 태인의 유생 안의와 손홍록, 그리고 무사 김홍무 등이 있다. 그리고 내장산에서 어진과 실록을 수호하는데 참여한 인물로는 경기전 참봉인 오희길과 유인이 있고, 이들의 임기가 만료된 뒤 후임 참봉으로 함께 한 구정려와 이도길이 있다. 그리고 안의와 손홍록은 물론 무사 김홍무와 경기전 수복 한춘, 영은사 주지이자 의승장인 희묵과 의승들, 그리고 지역의 정재인물才人 100여 명 등이 있다. 내장산에서 아산으로 이안하는 과정에 참여한 인물로는 정읍현감 유탁과 경기전 참봉 구정려와 이도길, 그리고 안의와 손홍록, 희묵과 한춘 등이다. 이정암은 전라도 관찰사로서 내장산에 있던 어진과 실록을 행재소로 옮길 것을 주청하였다. 그리고 사복寺僕이었던 강수姜守·박야금朴也金·김순복金順卜 등이 전주에서 묘향산까지 실록을 옮기는데 끝까지 함께 하였다.

제4장에서는 사고 운영의 변화와 재설치에 대해서 살펴보았다.

戰亂으로 唯一本인 된 전주사고실록의 보존은 중차대한 일이 되었다. 선조는 이 문제에 대해서 지속적으로 관심을 가졌고, 항구적인 보관처로 이전과 달리 험한 산중이나 외딴 섬과 같은 인적이 드문 곳을 찾았다. 그 결과 험한 산중의 사찰로 묘향산의 보현사가 구체적으로 지목되었다. 이러한 인식의 변화에는 고려의 외사고 운영이 참작되었고, 전란과 같은 특수 상황에서는 읍치보다 산중의 험한 곳이 실록을 지키는데 유리하다는 판단이 자리하였다.

그런데 불교를 異端으로 배척하던 조선시대에 국가의 공식 기록물을 사찰의 승려에게 지키도록 하는 것은 명분에 부합되는 바가 아니었다. 그렇지만 조선후기에는 사고가 일반인이 쉽게 접근하기 어려운 험준한 산속에 위치하고 있어 방어 뿐 아니라 비용 절감차원에서도 사찰과 승려를 이용하는 것이 효과적이었다. 그러나 읍치사고와 산중사고를 비교해 보면, 오히려 읍치사고가 운영과 관리 등 여러 면에서 유리함을 알 수 있다. 그럼에도 불구하고 산중이나 섬으로 사고가 옮겨간 데에는 戰亂으로 인한 경험이 컸다.

조선은 3곳의 실록이 멸실된 임진왜란 초기부터 전주사고본 실록을 底本으로 하여 複本하려 했지만 전란의 급박성과 피해 복구로 인해 시행하지 못하였다. 전쟁이 끝난 뒤 실록을 複印하게 되는데, 전주사고본 실록을 底本으로 하여 傍本 1질과 新印本 3질 등 모두 5질을 마련하였다. 종전 후 극한 상황에서도 국사를 보존해야 한다는 일념으로 해낸 성과였다.

실록 복인 후 새로운 사고를 선택하여 분장하게 되는데, 이전과 달리 읍치가 아닌 산중과 섬이었다. 그 당시 실록을 보관하고 있던 강화와 한때 실록을 보관한 적이 있는 묘향산은 논의에서 제외되었다. 오대산과 태백산사고는 해당 지역 관찰사에게 적지를 물색하라는 지시가 내려졌고, 이에 해당 지역 관찰사가 직접 현장을 답사한 후 보고되었다.

오대산사고 설치는 명쾌하지 않은 측면이 있다. 강원감사의 추천은 항구적인 사고가 아니라 임시 봉안처였고, 사찰의 승려에게 국사를 맡긴다는 것은 미안한 일이므로 재고해 달라는 것이었다. 또한 오대산사고에 방본이 봉안되는 과정도 석연치 않다. 버리기가 아까워 오대산사고에 봉안한 것이다. 따라서 오대산사고의 선정과 설치는 좀 더 연구할 필요가 있다. 춘추관사고는 실록의 謄出 당시에는 준비가 되지 않은 상태였다.

임진왜란 이후 설치된 외사고는 전기의 읍치와는 달리 산중과 섬에 위치하였고, 수호와 관리는 관원이 아닌 승려에게 맡겨졌다. 이전과 다른 환경에 사고를 설치하고 운영하기 위하여 「京外史庫守直節目」이 마련되었다. 이에 주목한 결과 선조 39년(1606)에 제정된 「경외사고수직절목」은 같은 시기에 기록된 「太白山史庫守直節目」과 동일한 것으로 각기 사고의 특성에 따라 재작성된 것으로 밝혀졌으며, 숙종 43년(1717)에 「禮曹完文」으로 발급된 「史庫節目」의 典據가 되었음을 확인하였다. 「경외사고수직절목」은 「태백산사고수직절목」과 「사고절목」으로 전해 온 것이다.

조선후기 사고 운영과 수호에 있어서 특징 중의 하나는 官員을 이용한 조선전기와 달리 僧侶를 이용한 점이다. 「사고절목」에 따르면, 사고 수호의 임무를 승려에게 맡기되 이들의 각종 부역을 면제해 주었다. 그리고 수호사찰을 두어 승려들의 거점이 되도록 함과 동시에 位田을 주어 自生의 방도로 삼게 하였다. 대신에 사고를 총괄적으로 관리하는 參奉과 수직의 임무를 띠는 고지기(庫直)를 따로 두었다.

그렇지만 사고의 운영관리가 순탄했던 것은 아니었다. 참봉의 선정과 복무에 폐단이 잇따랐고, 특히 승려에 대한 침탈은 계속되었다. 이에 대해서 여러 차례 시정조치가 취해졌으나 일시적인 현상에 그치고 말았다. 숙종 43년(1717)에 「예조완문」으로 발급된 「사고절목」은 이러한 폐단을 바로잡기 위한 조치였다.

제5장에서는 적상산사고의 설치 배경과 변천에 대해서 살펴보았다. 적상산사고는 '적상산성사고'라 칭하기도 하였는데, 이는 적상산성 안에 설치된 사고라는 뜻을 갖는 것으로 적상산보다는 적상산성이 사고 설치의 전제조건이었음을 뜻한다. 또한 사고 설치 과정을 보더라도 산성의 수축 이후 사각의 건립과 실록의 봉안이 이루어졌다.

적상산성은 天惠의 要險地로 백성의 안전을 보장할 수 있는 保障之地였다. 이러한 까닭에 임진왜란 이후 국방시설의 마련을 위해 승도의 파견과 사찰의 건립, 그리고 屯軍의 모집과 산성의 수축이 진행되었다. 이때 발굴된 구리향로와 구리거울은 香爐峯의 유래가 되었고, 그 당시 건립된 사찰은 寶鏡寺가 되었다.

광해군 8년(1616)에 발생한 여진족의 후금 건국과 이어진 명나라 침략은 조선을 전쟁에 휩싸이게 만들었고 북방에 대한 경계를 강화시켰다. 이로 인해 그 당시 편찬된 『선조실록』의 봉안처 중의 하나로 묘향산사고 대신 적상산성이 선택되었고, 실록이 봉안됨으로써 사고가 되었다. 이처럼 적상산사고의 설치는 처음부터 계획된 것이 아니라 급박한 정세의 변화에 따라 이루어졌다. 즉 후금의 강성과 언제 있을지 모르는 전쟁에 대한 우려가 복합적으로 작용하여 적상산성에 사고가 설치된 것이다.

조선후기에 山城內 또는 山中이나 섬에 사고를 설치하고, 주변에 守護寺刹을 둔 것은 유사시에 도난을 당하거나 燒失을 막기 위한 自然的·人爲的 방비를 갖추는데 유리한 때문이었다. 적상산사고의 수호사찰은 安國寺이고 산성의 관리를 위해서 護國寺를 따로 두었다. 적상산사고는 해발 800미터가 넘는 적상산 정상의 山城內에 동북향으로 위치하였으며, 출입문은 실록각과 정면으로 軌를 같이 하여 일직선상에 있었다. 실록각과 선원각 주위는 흙으로 쌓은 담이 둘러싸고 있었으며, 실록각과 선원각 사이에도 담이 있었다.

사각과 선원각 모두 목조로 된 樓形의 건물로 2층 구조에 상층만 지붕을 설치하였고, 사각의 1층에는 기타 서적이, 2층에는 실록과 기타 서적이, 선원각 2층에는 璿源譜略과 기타 서적이 收藏되었다. 적상산사고는 일제강점기에 폐지되었고, 시설물 중 선원각 건물만 변형된 채 안국사의 千佛殿으로 현존하며, 1999년에 사각과 선원각이 복원되었다.

적상산사고에 『선조실록』이 봉안된 후 묘향산사고에 보관중이던 실록의 적상산사고 移安은 곧바로 시행되지 않았다. 그 이유는 仁祖反正과 李适의 亂, 그리고 丁卯胡亂과 같은 정세에 기인한다. 그 결과 인조

12년(1634)에 묘향산사고본 실록이 이안되었고, 7년 뒤인 인조 19년 (1641)에 선원록이 봉안되었다. 이로써 적상산사고는 璿史兩閣을 갖추게 되었다.

제6장에서는 적상산사고의 포쇄와 『박학수포쇄일기』에 대해 살펴보았다. 실록의 보존에 직접적인 영향을 주는 가장 중요한 작업은 曝曬이다. 포쇄는 사고에 보관된 실록이 습기에 의해 腐蝕되거나 蟲害가 생기는 것을 막기 위해서 실록을 꺼낸 뒤 햇빛을 가리고 바람이 통하도록 擧風시키는 것으로 '曝書' 또는 '擧風'이라고도 한다.

포쇄와 관련된 가장 오래된 기록은 고려 충렬왕 때 直史官 秋適이 海印寺에 수장되어 있는 『고려실록』을 포쇄한 것이며, 그대로 조선에 계승되었다. 『經國大典』 禮典 奉審條에 "선대 임금의 실록은 매 3년마다 춘추관의 당상관이 살펴보고 포쇄를 한다. 지방에는 史官을 보낸다."고 규정하여 법제화 한 것이다. 포쇄는 辰·戌·丑·未년에 하였다.

조선시대 포쇄의 정식은 3년 1회였지만, 시대와 환경에 따라 규정대로 시행되지는 않았다. 그 이유는 여러 가지이지만, 포쇄관이 사고를 향하는 도중 沿路의 지방민에게 끼치는 폐가 막심했다는 점이 고려되어 災害와 겹치는 경우에는 미루는 경우가 많았고, 外憂內患으로 정식이 제대로 지켜지지 않았다. 급기야 5년에 1회씩 정하기도 하고, 규정과는 달리 6년이 지난 다음에 하기도 하였으며, 심지어 10년에 1회씩 정하기도 하였다. 그렇지만 이것도 얼마 되지 않아 3년 1회로 되돌아갔다. 포쇄를 수행하는 사관은 '曝曬別監', '曝曬史官', '曝曬官'이라고 하였다.

포쇄관은 전임 사관 중에서 선발하여 각 사고에 1명씩 파견되었지만, 한 사람이 2곳을 겸하기도 하였다. 19세기 말엽에는 중앙에서 파견된 포쇄관과 함께 지방의 수령이 공동으로 포쇄를 담당하기도 하였다. 사고에 실록을 봉안하거나 포쇄를 하기 위해서 파견되는 史官에게도 避嫌의 관례가 적용되었다. 大韓帝國期에는 관제의 변화로 기존의 방식과 차이를 갖는다. 사고는 원래 춘추관에서 관리하였으나 건양 2년(1897) 7월 15일부터 의정부 관할로 변경되었고, 광무 2년(1898)에는 의정부에서 秘書院郞이나 秘書監郞을 포쇄관으로 파견하여 史庫地의 군수와 함께 포쇄하도록 하였다.

포쇄관으로 나가는 사관은 포쇄하는 일을 일컬어 淸福이라 하며 대단한 자부심을 가졌다. 그것은 아무나 볼 수 없는 金櫃石室에 있는 典籍을 살펴볼 수 있고, 사고까지 오고 가면서 기이하고 멋진 경관을 한껏 볼수 있으며, 또한 오래 전에 듣고 仙境을 오매불망하였더라도 반드시 인연이 있어야만 볼 수 있었기 때문이다.

이와 함께 포쇄관이 될 수 있는 인연으로 첫째 翰林에 나아갈 것, 둘째 翰林에 임명된 후 오래 근무할 것, 셋째 질병이 적고 건강해야 할 것등 3가지를 들고 있다. 포쇄를 하기 위해서는 사고를 開閉해야 하는데, 이는 사관만이 할 수 있으므로 포쇄관이 되기 위해서는 한림이 되어야만 가능하였다. 한림에 임명되더라도 포쇄의 주기와 한림간의 서열과 경험이 존중되었기 때문에 오래 근무를 해야 기회가 주어졌다. 그리고 사고가 험한 산중에 있었던 만큼 원거리 험한 산길을 다녀오기 위해서는 질병이 없어야 되고 건강한 체력이 요구되었다.

포쇄 주기가 매 3년이었으므로 포쇄하는 해는 주기에 따라 정해졌으나 어느 달 어느 날에 하는가는 定式이 따로 없었다. 포쇄하는 해가 돌아오면 의정부에서 草記를 먼저 작성한 후 각 사고의 포쇄일을 택일하였다. 당연히 선원각 포쇄도 포함되었다. 포쇄하는 기간은 일정한 날짜가 정해져 있지는 않았으나 국가의 다른 중대사와 중복되지 않는 범위내에서 대개 날씨가 따뜻하면서 바람이 잘 통하는 3~4월이나 장마가지나고 청명하고 바람이 잘 통하는 8~10월을 적기로 하여 실시하였다.

정기적으로 포쇄를 행해야 한다는 원칙은 유지되었으나 시대별·지역별 상황에 따라서 일정하지 않았고 유동적이었음을 알 수 있다. 자연재해로 인해 사고의 보수문제가 시급하게 되고, 修改를 위해서 사고를 개고할 때 겸하여 포쇄하는 것이 대표적인 경우이다. 즉 사각에 漏水가 생겨 수개해야 할 때나 심한 태풍이나 장마가 지나간 다음에는 포쇄 주기가 아니어도 포쇄를 하였다. 또 새로운 실록을 봉안한 경우에는 시기를 앞당겨 포쇄를 하였다.

이와 달리 자연재해로 인해 포쇄를 거르는 사례도 있었다. 흉년이 들거나 잦은 使行으로 백성에게 부담이 큰 경우에는 포쇄를 다음 해로 미루기도 하였고, 흉년이 지속되는 경우에는 여러 해 동안 포쇄를 미루는 경우도 있었다. 또한 사관의 부족으로 제 때에 포쇄를 하지 못할 때도 있었다.

실록의 봉안과 포쇄 등 사고를 열고 닫는 데에는 吉日을 택해서 하였는데, 그것은 日官이 하였고, 대체적으로 3번의 일정을 택해 주고, 현지 사정에 맞추어 하도록 하였다. 한편 포쇄하는 기간은 日氣에 영향을 받아 일정하지 않았다. 날씨가 좋은 날에는 이틀 만에 끝내기도 하였으나, 그렇지 못한 날은 여러 날 걸렸다.

적상산사고에서의 맨 처음 포쇄는 인조 3년(1625)에 행해졌다. 이것은 광해 10년(1618)에 『선조실록』를 봉안한 뒤 7년만의 일이다. 이처럼 포쇄가 늦게 이루어진 것은 그 당시 정세에 영향을 받은 것으로 보인다. 후금의 명나라 침공과 명나라의 구원 요청 등으로 조선은 전란에 휩쓸리게 되었고, 1623년의 인조반정, 1624년의 이괄의 난 등으로 정세는 한 치 앞을 내다볼 수 없는 혼미한 상태였던 것이다.

두 번째 포쇄는 인조 10년(1632)에 있었다. 첫 번째 포쇄와 마찬가지로 7년만인데, 1627년에 있었던 정묘호란의 영향이 컸을 것이다. 이때 포쇄한 실록은 『선조실록』이었다. 세 번째 포쇄는 인조 12년(1634)에 있었다. 이 포쇄는 묘향산사고본 실록의 移案과 『광해군일기』의 봉안과 동시에 진행되었다. 이 사실은 「香山實錄曝曬移案赤裳山形止案」에 포함되어 있다.

이후 적상산사고 포쇄는 정기적인 포쇄 이외에 실록 봉안이나 사고의 수개, 실록의 고출 등과 병행하여 실시되었다. 그 결과 처음 실록이 봉안된 광해군 10년(1618)부터 마지막 포쇄가 있는 1910년까지 292년 동안 모두 88차례의 포쇄가 있었다. 이를 평균으로 환산하면, 3.2년이 된다. 본래 포쇄 주기를 3년에 두었던 것과 비교하면 근사치에 가까움을 알수 있다. 가장 짧은 간격은 13개월로 영조 5년(1729) 5월에 실록 봉안과 함께 포쇄가 있은 뒤, 영조 6년(1730) 6월에 실록 고출과 사각의 수개를 하면서 포쇄를 한 경우이다. 간격이 가장 긴 것은 9년이었다. 고종 8년(1871) 9월에 포쇄한 후 고종 17년(1880) 3월에 포쇄한 것이다. 이때는 포쇄 주기를 10년으로 정하기도 하고, 다른 한편으로 너무 간격이 길다는 지적이 오고가던 시기이다.

적상산사고의 포쇄에 대해서는 그간 역사학에 소개되지 않은 박정양의 『박학수포쇄일긔』를 중심으로 그 당시 상황을 살펴보았는데, 포쇄에 따른 지역의 역할과 특성을 볼 수 있었다. 『박학수포쇄일긔』는 조선후기 포쇄와 관련된 구체적인 경험을 살펴 볼 수 있는 기록문서라 할 수 있다. 다른 한편 私的인 일들도 여과없이 전달함으로써 公的 영역과 私的 영역이 혼재되어 있으나 조선후기 포쇄관의 일상을 적나라하게 살펴 볼 수 있다. 이에 관한 연구는 국문학 분야에서 두 편의 논문이 있으나, 역사학에서는 필자가 본 논문에 처음으로 소개하고 연구하였다.

『박학수포쇄일긔』는 포쇄 일정의 시작과 함께 포쇄관의 업무와 관련된 여러 측면을 살펴 볼 수 있을 뿐 아니라 使行에서 만나는 여러 장면과 정보를 접할 수 있다. 즉 포쇄의 시행을 청하는 의정부의 草記, 擇日 啓下, 포쇄관의 선발, 開庫擇日, 發行路文 발송, 使行의 沿路에서 공식·비공식적으로 부딪치는 문제들, 포쇄 物種과 준비 과정, 포쇄 때 동원되는 공식 인원과 그에 관한 정보, 「포쇄형지안」의 작성자와 발간 부수 및 보관처 등 포쇄와 관련된 여러 사항을 구체적으로 적시하고 있다. 집 떠난 지 40여 일에 2,000여리를 다녀온 여정이었다.

봉안사행과 마찬가지로 포쇄관이 지나는 沿路의 고을들은 사행을 뒷바라지하였고, 포쇄관이 곧바로 무주로 향하지 않고 전라감영이 소재한 전주에 들린 것은 포쇄에 필요한 물품을 가져가기 위해서였다. 반면 봉안사행은 전주에 들리지 않고 곧바로 무주로 갔다.

적상산사고는 적상산 정상부에 위치한 관계로 사고에 오르는 것도 쉽지 않았다. 그럼에도 불구하고 포쇄관이 도착할 즈음에 수호 사찰인 안국사 주변에는 수백 명의 사람들이 운집하여 場市를 이루었는데, 이러한 상황은 태백산사고에서 더 심하였다. 이를 통해 포쇄가 지역에서는 대단한 볼거리였음을 알 수 있다. 또한 무주부사가 포쇄에 전혀 참예하지 않음에 비해 태백산사고에서는 봉화현감이 마치 사관처럼 포쇄에 참예하였다.

제7장에서는 적상산사고의 운영관리와 무주의 변화에 대해서 살펴보았다. 이를 위해서 먼저 적상산사고의 운영관리 중 수호와 수개에 대해서 알아보았다.

적상산사고의 수호와 관리에 있어서 무주는 이중의 부담을 지고 있었다. 산성의 수호와 관리가 포함되어 있었던 것이다. 이로 인해 京中使行과 관찰사를 비롯한 지방의 사행이 끊이지 않아 이들을 맞이하는 접대와 환송이 만만치 않았다. 더욱이 무주현감이 인근 고을에서도 직급이 낮은 관계로, 분담하여 처리하게 되어 있는 산성 관리마저 도맡아 하는 등 극한 상황에 처하였다. 이에 대해 이웃 고을의 일부를 무주에 割屬시켜 부담을 덜어주자는 논의가 여러 차례 있었으나 실현되지 않았다.

본래 산성이나 사고의 수호와 관리에는 수호사찰이 있었다. 안국사와 호국사는 바로 이러한 의도로 건립되었다. 특히 호국사는 전라감사를 비롯하여 관과 승려가 함께 건립하였는데, 사고에서 떨어진 곳에 건립된 것으로 보아 산성의 수호와 관리가 주된 목적이었다. 안국사는 처음 산성 수축 때 건립된 보경사의 맥을 이어 사고 수호와 관리를 맡아 하였다.

적상산사고는 산의 정상부에 위치하여 비바람과 습기에 그대로 노출되어 목조건물이 버티기에는 조건이 좋지 않았다. 또한 처음 사각을 건립할 때 필요한 기와 등의 물자도 기준을 정해 조달한 것이 아니라 각기 지역에 할당하여 수집한 탓에 규격이 맞지 않아 틈이 벌어졌고, 그 틈새로 비가 스며들어 修改의 빈도가 높았다. 그러나 수개 기록은 생각보다 적은 편으로 모두 19차례 확인된다. 이처럼 수개 기록이 적은 것은 봉안이나 포쇄 때 겸하여 실시하고 따로 기록하지 않은 때문으로 보인다. 수개는 오랜 기간을 두고 이루어지기도 하였는데, 숙종 1년(1650)에 있었던 사각 수개는 3명의 史官이 사각을 봉심하고 실록을 移安하고 還安하는 등 11개월에 걸쳐 진행되었다.

조선후기의 외사고는 산중과 섬 그리고 산성 안에 설치되었는데, 처한 상황은 각기 달랐다. 그 중 어려움이 컸던 지역은 적상산사고가 설치된 무주현과 태백산산고가 설치된 봉화현이었다. 봉화현은 越境地와 斗入地라는 지방통제책으로 인해 상대적으로 소외감은 느끼고 있었고, 타개책으로 춘양과 와단의 할속을 청하였으나 '地界의 分割은 함부로 할 수 없다.'는 논리에 밀려 실현시키지 못하였다.

반면 무주현은 산성의 수축 때부터 거론되고 논의된 바 있는 인근 지역의 할속은 물론 乘府를 통해 어려움을 극복하며 인근 지역의 중심지가 되었다. 즉 무주도호부로 승격됨은 물론 府使가 守城將이 됨으로써 산성과 사고 수호의 부담에서 벗어난 것이다. 무주의 도호부 승격에는 사고는 물론 산성의 수호와 관리가 작용되었다. 사고만 수호하고 관리한 봉화가 끝내 할속을 받지 못한 것과 비교해 볼 때 더욱 그러하다.

고려와 조선시대에 설치된 외사고는 모두 15곳(고려 7, 조선 8)이 확인된다. 그러나 무주와 같은 변화는 없었다. 적상산사고가 설치된 이래 무주의 가장 큰 변화는 오늘날 무주군을 형성하는 근간이 되었다는 점이다. 현재의 무주군은 무주읍, 안성면, 부남면, 적상면, 설천면, 무풍면 등 1읍 5개면이지만, 태종 14년(1414) 무풍현과 주계현이 통폐합되어 '무주현'이 되었을 때에는 현재의 무주읍과 무풍면, 그리고 적상면 등 3개 읍면이었다. 안성·설천·부남면은 그 당시 모두 錦山郡에 속했는데, 도호부로 승격되면서 안성과 설천이 무주에 편입되었다. 따라서 오늘날 무주군의 領域에 관한 기틀이 형성된 데에는 산성의 수축과 사고 설치가 결정적인 계기가 되었다.

두 번째는 무주의 지위에 관한 변화이다. 적상산사고가 설치될 당시 무주현은 전라도에서도 변두리에 속한 깊은 산중의 작은 고을이었다. 그런데 도호부가 되어 인근 고을을 아우르는 권위와 책임을 갖게 되었고, 인근 7읍의 중심지가 되었다.

세 번째는 全羅監司나 兵使 등의 巡行이 정기적으로 이루어지게 됨으로써 외부와의 교류가 많아졌다. 더욱이 실록의 봉안과 포쇄 및 考出 등을 위해서 고위급의 堂上官을 비롯하여 사관이 방문함에 따라 정치·사회·문화적으로 중앙의 영향을 받게 되었다. 이들을 통하여 다양한 문화를 접할 수 있게 되었다.

이와 함께 使行 나온 관원들에게 볼거리를 제공하였다. 실록의 봉안과 고출, 포쇄와 수개 등에는 王命을 수행하는 관원이 어김없이 방문하였다. 이들은 서울에서 직접 내려 온 관원들로 대접에 소홀할 수 없었다. 이들에게는 酒宴은 물론 볼거리로 '낙화놀이'가 제공되었다. 그 당시 낙화놀이는 전국적으로 행해졌지만, 무주의 官衙 앞에 있는 남대천에서 이루어지는 '낙화놀이'는 장관이었다.

조선시대 사고와 실록의 이동

조선 초기	조선전기(4대사고)		임진왜란 이후		일제강점기	해방 이후 - 현재
	세종 21년 (1439)	선조 25년 (1592)	선조 39년 (1606)	조선후기		
춘추관 [태종5년, 1405] -경복궁 근정전	춘추관	춘추관 (소실)	춘추관(신인본) -인조2년(1624)이 괄의 난 때 소실	-1624년 이후 후대 실록만 보관=>북한 산사고·양주사고로 존속=>순조11년, 춘추관 화재 발생, 극 히 일부만 잔존. 이후 실록 보관했으나 현 존하지 않음		-사고 건물은 외국대사관으 로 임대
충주사고 -충북중원 -고려사고 계승	충주사고	충주사고 (소실)	오대산사고 (교정본) -강원도 평창군		오대산사고 -경성제국대학 -관동대지진 때 소실(1923년) -기간:1606~1910	
전주사고 -경기전 內 -세종21 (1439) 세움 -성종4 (1473) 실록각건립	전주사고 -내장산 (1592) 해주(1593) -묘향산 (1595) -강화도 : 재인(선조 35~39)	마니산사고 (전주사고본) -강화도 마니산 -병자호란때 일부 소실.(1636) - 1606~1660	정족산사고 -마니산사고본 이안 -병인양요 때 서적 약탈당함	정족산사고 -총독부 학무분실 -경성제국대학 (1930) -규장각도서 -기간:1660~ 1910	정족산사고 -서울대학교 부속도서관 -서울대학교 규장각실 -국보151지정 (1973) -유네스코 세계 기록문 화유산 등재 (1997)	
성주사고 -소재지內 -세종21 (1439)세움 -중종33 (1538)소실 -중종35 (1540) 중건	성주사고 (소실)					

조선 초기	조선전기(4대사고)		임진왜란 이후		일제강점기	해방 이후 -현재
	세종 21년 (1439)	선조 25년 (1592)	선조 39년 (1606)	조선후기		
			태백산사고 (신인본) -경북 봉화군		태백산사고 -총독부 학무분실 -경성제국대학 (1930) -규장각 도서	태백산사고 -서울대학교 부속도서관 -국사편찬위원 회 영인

				-기간 : 1606~1910	-국가기록원 부산지소 (1984~현재)
		묘향산사고 (신인본) -평북 영변 -1606~1634 -정묘호란(1627)과 후금과의 관계	적상산사고 -전북 무주 -614년 사각 건립 -1618년 선조실록 봉안 -1634년묘향산본 이안	적상산사고 -장서각 (구황실문고) -경성제국대학 영인 (1929- 1932) -기간:1618~ 1910	적상산사고 -한국전쟁 때 북한으로 반출. -현김일성종합 대학 -한국학중앙연 구원 장서각

참고문헌

사 료

『高麗史』

『高麗史節要』

『朝鮮王朝實錄』

『承政院日記』

『備邊司謄錄』

『日省錄』

『增補文獻備考』

『東文選』

『新增東國輿地勝覽』

『東史綱目』

『練藜室記述』

『壬癸記事』

『韜庵先生文集』

『頤齋遺藁』

「奉安御容史蹟」

『及菴先生詩集』

『記言別集』

『陽村先生文集』

『稼亭先生文集』

『順菴先生文集』

『私淑齋集』 卷之八 / 記 / 忠州史庫奉安記

『西坰集』

『眉巖日記』

『壬癸記事』

『黃海道海州史庫曝曬形止案』

『訒齋先生別集』

『頤齋遺藁』

『韜庵先生文集』「上壬辰處變首末疏」

『星湖僿說』

『弘齋全書』

『恕菴集』「太白紀遊」

『藥峯遺稿』「太白山史庫守直節目」

『陽坡遺稿』「曝史日記」

『芝湖集』

『明谷集』

『澤堂集』

『南坡文集』「曝曬時陳所懷疏」

『記言別集』

「仁祖戊寅史草」

『大東野乘』「松溪漫錄」

『阮堂全集』「曝史登五臺山」

『湖南邑誌』

『潭陽府邑誌』

『各司謄錄』

『翰苑故事』

『朝鮮寺刹史料』「史庫節目」

『茂朱府邑誌』

『茂朱府邑誌』[湖南邑誌에 附한 事例本]

『赤城誌』(天)

『全羅道茂朱縣赤裳山城條陳成册』

『赤裳山城曝晒形止案』「藏書目錄」

『赤裳山城璿源錄奉安及曝曬形止案』

『赤裳山城實錄謄校同苦錄』

「赤裳山城 護國寺碑文」

「全羅北道茂朱郡赤裳山城璿史兩閣預算役費明細書」

「傳燈本末寺誌」

「香山實錄曝曬移安赤裳山形止案」
『全州府史』
茂朱郡赤裳山城 史閣調査形止案(隆熙 四年 四月)
茂朱郡赤裳山城 璿源閣調査形止案(隆熙 四年 四月)

고지도

「備邊司印 方眼地圖」
「海東地圖」
「廣輿圖」
「1872년 古地圖」

새한건축문화연구소, 『茂朱揚水地点(赤裳山城地域) 文化財現況調査報告書』,
        한국전력주식회사, 1979.
전주대학교박물관, 『무주지방 문화재 지표조사보고서』, 전라북도·무주군, 1988.
전북대학교 박물관, 『박물관 도록 - 고문서-』, 전북대학교 박물관, 1998.
박익환, 『한국민족대백과사전』 10, 한국정신문화연구원, 1997.
무주군, 『적상산사고 실록봉안식 재현행사 고증연구 보고서 및 시나리오』,
        2001.
국립전주박물관, 『왕의 초상, 慶基殿과 太祖 李成桂』, 2005.
국립전주박물관, 『조선왕실과 전주』, 2010.
전북대학교박물관·정읍시, 『조선왕조실록 보존터 문화유적 지표조사 보고서』,
        2011.

단행본

崔洛哲 著, 『茂朱郡史』, 무주군, 1968.
이수건, 『한국중세사회사연구』, 일조각, 1984.
박정양, 「南遊日記」 『朴定陽全集』 1권, 아세아문화사, 1984.
박정양, 「박학ᄉ포쇄일긔」 『朴定陽全集』 1권, 아세아문화사, 1984.

국사편집위원회, 『사고지조사보고서』, 국사편찬위원회, 1986.

대구대학교박물관 편, 『태백산사고지발굴조사보고서』, 대구대학교박물관, 1988.

김승일, 『要路院夜話記』, 범우사, 1995.

박정양 원저, 최강현 역주, 『조선시대 포쇄일기』, 신성출판사, 1999.

박홍갑, 『사관이 하늘이소이다』, 가람기획, 1999.

이성무, 『조선왕조실록 어떤 책인가』, 동방미디어, 2000.

신승하, 『중국사학사』, 고려대학교 출판부, 2000.

신병주, 『66세 영조, 15세 신부를 맞이하다』, 효형출판, 2001.

정연식, 『일상으로 본 조선시대 이야기』1·2, 청년사, 2001.

신병주, 『66세의 영조 15세 신부를 맞이하다』, 효형출판, 2001.

배현숙, 『조선실록 연구서설』, 태일사, 2002.

무주군, 『적상산사고와 조선왕조실록』, 무주군, 2002.

김용만·김준수, 『지도로 보는 한국사』, 수막새, 2004.

조성린, 『조선시대 사관이 쓴 인물평가』, 수서원, 2004.

천퉁성·장성철, 『사기의 탄생 그 3천년의 역사』, 청계, 2004.

오항녕, 『선조실록수정청의궤(역주)』, 일지사, 2004.

송기중외, 『조선왕조실록] 보존을 위한 기초조사 연구(1)』, 서울대학교출판부,
        2005.

신병주, 『조선 왕실 기록문화의 꽃 의궤』, 돌베게, 2005.

김경수, 『조선시대의 사관 연구』, 국학자료원, 2006.

김택영 지음, 『조선왕조실록』, 타임기획, 2006.

전북대학교 전라문화연구소, 『임진왜란 웅치전투와 그 전적지』, 선명, 2006.

신병주, 『규장각에서 찾은 조선의 명품들』, 책과 함께, 2007.

_____, 『조선 최고의 명저들』, 휴머니스트, 2007.

오항녕, 『조선 초기 성리학과 역사학』, 고려대학교 민족문화연구원, 2007.

전북대학교 전라문화연구소, 『조선왕조실록과 적상산사고』, 선명, 2007.

임형택, 『옛 노래 옛사람들의 대면 풍경』, 소명출판, 2007.

한국기록학회, 『기록학용어사전』, 역사비평사, 2008.

뤄슈바오·조현주, 『중국 책의 역사』, 다른 생각, 2008.

이재정, 『조선은 왜 이념과 물력을 동원하여 출판을 독점했을까?』, 안티쿠스,
        2008.

이이화, 『이야기한국사』, 한길사, 2008.
오항녕, 『한국 사관제도 성립사』, 일지사, 2009.

논   문

신석호, 「조선왕조실록의 편찬과 보관」, 『사총』 5집, 고려대학교사학회, 1960.
이현종, 「개항이후 사고 보존상황」, 『백산학보』 8호, 백산학회, 1970.
배현숙, 「조선조 사고의 장서관리」, 『규장각』 2, 서울대학교 도서관, 1978.
_____, 「江華府史庫 收藏本考」, 『규장각』 3, 서울대학교 도서관, 1979.
김성준, 「고려칠대실록편찬과 사관」, 『민족문화논총』 1, 영남대학교 민족문화
　　　　연구소, 1981.
정구복, 「고려시대의 사관과 실록편찬」, 『제3회 국제학술회의논문집』, 한국정
　　　　신문화연구원, 1985.
배현숙, 「선초 삼조실록 교감기」, 『도서관』 41-6, 국립중앙도서관, 1986.
강영철, 「태백산사고의 연혁과 사고지현황」, 『사고지조사보고서』, 국사편찬위
　　　　원회, 1986.
김동현, 김동욱, 「조선시대 사고의 건축양식」, 『사고지조사보고서』, 국사편찬
　　　　위원회, 1986.
김용곤, 「오대산사고의 연혁과 사고지현황」, 『사고지조사보고서』, 국사편찬위
　　　　원회, 1986.
김홍주, 「성주사고의 연혁과 사고지현황」, 『사고지조사보고서』, 국사편찬위원
　　　　회, 1986.
_____, 「전주사고의 연혁과 사고지현황」, 『사고지조사보고서』, 국사편찬위원
　　　　회, 1986.
신재홍, 「적상산사고의 연혁과 사고지현황」, 『사고지조사보고서』, 국사편찬위
　　　　원회, 1986.
이상태, 「충주사고의 연혁과 관리」, 『사고지조사보고서』, 국사편찬위원회,
　　　　1986.
정태환, 「강화사고의 연혁과 사고지현황」, 『사고지조사보고서』, 국사편찬위
　　　　회, 1986.
차용걸, 「실록, 사관, 사고에 대하여」, 『사고지조사보고서』, 국사편찬위원회,

1986.

배현숙, 「오대산사고와 수장서적에 대하여」, 『서지학연구』 창간호, 서지학회, 1986.

_____, 「정족산 사고본 실록 조사기」, 『규장각』 10, 서울대학교 도서관, 1987.

정태헌, 「마니산사고본과 사고지현황」, 『동국사학』 19, 20, 동국사학회, 1987.

김광중, 「한계 손홍록에 대한 고찰 - 조선왕조실록의 보전을 중심으로 -」, 『전라문화연구』 2, 전북향토문화연구회, 1988.

배현숙, 「태백산사고 실록 판본고」, 『규장각』 11, 서울대학교 도서관, 1988.

양만정, 「전주사고본 조선왕조실록의 보존에 관한 고찰」, 『전라문화연구』2, 전북향토문화연구회, 1988.

한우근, 「조선전기 사관과 실록편찬에 관한 연구」, 『진단학보』 66, 진단학회, 1988.

신수균, 「고려전기의 사관제도」, 『성신사학』6, 성신여자대학교 사학회, 1988.

배현숙, 『조선실록의 서지적 연구』, 중앙대학교 박사학위 논문, 1990.

정구복, 「조선 초기 춘추관과 실록편찬」, 『택와허선도선생정년기념한국사학논총』 1992.

차장섭, 「조선전기 실록의 사론」, 『국사관논총』 32, 국사편찬위원회, 1992.

김성준, 「사서의 편찬 - 7대실록, 고려실록 -」, 『한국사 17 - 고려 전기의 교육과 문화 -』, 국사편찬위원회, 1994.

고병익, 「동아시아제국에서의 실록의 편찬」, 『학술원논문집 - 인문, 사회과학편 -』 34, 대한민국학술원, 1995.

申季雨, 「금성산성의 역사적 변천과 복원문제」, 『국향사료보』, 광주전남사료조사연구회, 1995.

김경수, 「조선 중종대의 사관연구」, 충남대학교 대학원 박사학위논문, 1996.

허홍식, 「고려시대의 서적간행」, 『국사관논총』 71집, 국사편찬위원회, 1996.

최보돈, 「16세기 전반 鄕村社會와 地方自治 - 수령 인선과 지방제도 개혁을 중심으로 -」, 『진단학보』 82, 진단학회, 1996.

오항녕, 「사관제도 성립사의 제문제」, 『태동고전연구』 14, 태동고전연구소, 1997.

김경수, 「인조실록 편찬 과정과 편찬관」, 『충북사학』10, 충북대학교 사학과, 1998.

이태진, 「조선왕조실록 - 나의 접관기 -」, 『한국사시민강좌』23, 일조각, 1998.

김경수, 「조선전기 겸임사관의 운영과 그 성격」, 『조선시대 사학보』5, 조선시대 사학회, 1998.

오항녕, 「여말선초 사관 자천제의 성립과 운영」, 『역사와 현실』30, 한국역사연구회, 1998.

최강현, 「竹泉의 曝曬日記를 살핌」, 남경 박준교 박사 정년 기념 특집호『고시가연구』제5호, 한국고시가문학회, 1998.

최은정, 「조선시대 史庫와 기록관리」, 『한국기록관리학교육원논문집』1, 1998.

배현숙, 「17세기 조선의 실록고출에 대한 연구」, 『서지학연구』17, 서지학회, 1999.

노영구, 「조선후기 성제 변화와 화성의 성곽사적 의미」, 『진단학보』88, 진단학회, 1999, 293쪽.

김경수, 「인조실록사초에 대한 일고」, 『고문서연구』16·17, (남풍현·이수건교수정년기념특집호), 한국고문서학회, 2000.

배현숙, 「숙종영조년간의 실록 고출에 대한 연구」, 『서지학연구』19, 서지학회, 2000.

신명호, 「일제하 고종순종실록, 고종순종국조보감의 편찬과 장서각 자료 : 실록편찬참고서목록과 국조보감편찬관계서류를 중심으로」, 『정신문화연구』통권79, 한국정신문화연구원, 2000.

오항녕, 「조선초기 실록편찬체제의 변화에 관한 사학사적 고찰」, 『한국사학사학보』1, 한국사학사학회, 2000.

김기태, 「강화도 정족산사고의 보존경위에 관한 고찰」, 『기전문화연구』28, 인천교육대학교 기전문화연구소, 2000.

김경수, 「조선전기 사관의 당대사 의식」, 『충북향토문화』11, 충북향토문화연구소, 2000.

최일성, 「고려 외사고의 변천과 충주사고」, 『사학연구』62, 한국사학회, 2001.

김경수, 「조선전기 사관과 실록편찬에 대한 연구」, 『사학연구』62, 한국사학회, 2001.

신병주, 「조선왕조실록의 봉안의식과 관리」, 『한국사연구』115, 한국사연구회, 2001.

오항녕, 「실록 : 등록의 위계」, 『기록학 연구』3, 한국기록학회, 2001.

김경수, 「조선전기 실록 편찬에 대한 사학사적 고찰」, 『조선시대사학보』20, 조선시대사학회, 2002.

류준필, 「朴學士曝曬日記와 가사의 기록성」, 『민족문학사연구』, 민족문학사학회, 2003.

신병주, 「實錄形止案을 통해 본 조선왕조실록의 관리체계」, 『한국관논집』102, 국사편찬위원회, 2003.

김기태, 「조선 사고의 역사적 변천에 관한 연구」, 『기전문화연구』29·30, 인천교대 기전문화연구소, 2003.

김경수, 「조선 중기 사관의 국방의식 -『명종실록』 사론을 중심으로-」, 『군사』48, 국방부사편찬연구소, 2003.

차장섭, 「오대산사고담록과 오대산사고의 운영실태」, 『조선사연구』12, 조선사연구회, 2003.

유승주, 「남한산성의 行宮·客館·寺刹建立考」, 『한국사연구』 120, 2003.

임학성, 「조선왕조의 국가기록보존소 강화도 -사고의 설치와 실록의 보존-」, 『인천역사』1, 인천광역시 역사자료관 역사문화연구실, 2004.

배현숙, 「朝鮮祖 保存圖書館의 始原과 發展」, 『書誌學硏究』27, 서지학회, 2004.

오항녕, 「조선후기 실록편찬 관례의 변화」, 『국사관논총』105, 국사편찬위원회, 2004.

강은경, 「고려시대 기록 보존 체계」, 『문명연지』 5-1, 한국문명학회, 2004.

장필기, 「임진왜란 직후 築城役 動員體系의 한 형태 - 金烏山城 守城將 鄭邦俊의 축성일기를 중심으로-」, 『고문서연구』 25, 고문서학회, 2004.

신병주, 「실록형지안을 통해 본 조선왕조실록의 보존과 관리」, 『고전적』1, 한국고전적보존협의회, 2005.

진성규, 「조선초기 유학자의 불교인식 -조선왕조실록을 중심으로」, 『백산학보』37, 백산학회, 2005.

마종악, 「목은 이색의 생애와 역사의식」, 『진단학보』 102, 진단학회, 2006.

신병주, 「오대산본 조선왕조실록의 간행과 보관」, 『역사와 현실』 61, 한국역사연구회, 2006.

조영록, 「오대산사고의 설치와 사명대사」, 『동국사학』 42, 동국사학회, 2006.

차용걸, 「임진왜란 이후 한국 축성기술의 변화과정」 『충북사학』 제16집, 충북대학교 사학회, 2006.

하태규, 「임진왜란 초기 호남방어와 웅치전투의 역사적 의의」, 『임진왜란 웅치전투와 그 전적지』 전라문화총서 23, 전북대학교 전라문화연구소, 2006.

金慧振, 「인진왜란 전후 復舊期의 出版振興政策」, 경북대학교 대학원(문헌정보학과) 석사학위 논문, 2006.

권재철, 「고전적 소개: 조선왕조실록 오대산사고본」, 『고전적』 3, 한국고전적보존협의회, 2007.

이성무, 「유네스코 세계기록문화유산 조선왕조실록」, 『조선왕조실록과 적상산사고』, 전북대학교 전라문화연구소, 2008.

김경수, 「조선왕조실록의 편찬과 사료적 가치」, 『조선왕조실록과 적상산사고』, 전북대학교 전라문화연구소, 2008.

배현숙, 「조선실록의 보존처리」, 『조선왕조실록과 적상산사고』, 전북대학교 전라문화연구소, 2008.

박대길, 「적상산사고의 설치운영과 무주의 변화」, 『조선왕조실록과 적상산사고』, 전북대학교 전라문화연구소, 2008.

신병주, 「조선왕조실록과 적상산사고의 활용 방안」, 『조선왕조실록과 적상산사고』, 전북대학교 전라문화연구소, 2008.

박대길, 「조선시대 사고관리 변화」, 『국학연구』 제14집, 한국국학진흥원, 2009.

稻田春水, 「赤裳史庫訪問記」, 『朝鮮史學』 7, 朝鮮史學同攻會, 1926.

瀬野馬熊, 「李朝實錄所在の移動に就いて」, 『靑丘學叢』 4, 청구학회, 1932.

丸龜金作, 「朝鮮全州史庫實錄の移動と 宣祖の實錄復印」, 『史學雜誌』 49-6, 東京帝大文學部史學會, 1938.

中村榮孝, 「全州史庫とその藏書について」, 『日鮮關係史の硏究』 中, 길천홍문관, 1964.

찾아보기

Abstract

A Study of Jeoksangsansago in the Late Chosoen Dynasty

Park Dae-Gil

This thesis is to study Jeoksangsansago(赤裳山史庫) which was set up in the late Chosoen Dynasty. First, for this, I have looked at the origin and recognition of Sago(History Archives ; 史庫) and reviewed them which were established and operated in the Goryeo and early Chosoen Dynasty. I also examine location and operation of them which were changed as a result of the Imjin War(壬辰倭亂). Then I consider installation process of Jeoksangsansago, construction and transition of Sago, and enshrinement of the Sillok(實錄). I arrange Poswae(process of ventilation and drying of the books ; 曝曬) in Jeoksangsansago, focusing on The Administrative Journey of Young Official Pak (『박학수포쇄일긔』) written by Jeong-Yang Pak(朴定陽). The last, I examine the operation and management of Jeoksangsansago and changes of Muju-hyeon(茂朱縣).

Sagos were a kind of library which stored history books as well as the Sillok and were called other names(金櫃石室, 地庫 or 秘庫 etc.). As the concept of space and facilities, they contained additional facilities(實錄閣 and 璿源閣 etc.) which kept history books. On the one hand, Sago was divided by Naesago(內史庫) of the royal palace and Oesago(外史庫) of the provinces according to established location. Sago's operation was centered by the enshrinement, Poswae, modification of the Sillok. For this, Jeolmok(節目) which backed it was enforced. Thus Sago not only built Sillok-tower(實錄閣) and stored the Sillok in it but also was operated according to the national interest, the administrative process and the concrete conservation management's system.

Sago which was installed and operated from Goryeo often was transferred and worried about the Sillok' destruction by many outside aggressions and civil wars. To prepare this, the government made copies and stored the Sillok in Naesago and Oesago, so allow Buddhist monks to store the Sillok who had the experience and knowledge of keeping. Also the Sillok was preserved through Poswae in peace time but moved to temples among the mountains or isolated islands pass the danger in war time.

Chosoen extended and succeed to Goryeo's Sago-system. Chosoen installed and operated four Sagos, i. e. Historians(春秋館), Chungju(忠州), Jeonju(全州) and Seongju(星州) sagos, and stored Sillok through the policy of sharing the custody of Sillok(史籍分藏之策). Different from Goryeo, Chosoen installed Oesago in Eupchi(the downtown ; 邑治), namely the center of provinces, assigned the protection and management to the local leaders and officers, and sent the historiographers and regularly did Poswae of the Sillok. As a result of this, Sago was well stored except for Seongjusago(星州史庫)'s fire until Imjin War.

But 3 places of the Sillok with the exception of Jeonjusago(全州史庫)'s Sillok were destroyed by fire during the Imjin War, so Chosoen changed Sago operation system. Jeonjusago's Sillok which became sole and original text did five copies and Chosoen installed and operated Sago in the Historians, Ganghwa(江華), Mt. Myohyang(妙香山), Mt. Taebak(太白山) and Mt. Odae(五臺山). In other words, Chosoen moved Eupchisago(邑治史 庫) to the mountains and mobilized monks to protect Sago.

Chosoen also established the many related laws in 1606 and 1717. Officers and monks were arranged for protection and management of Oesago, they were exempted from all kinds of forced labor(賦役), and monks specially provided a guardian temple with land(位田) for their base and self-generation.

After the Imjin War, Chosoen checked national defense institution and constructed and repaired the castle. As an important place of natural advantage, Jeoksan-mountain fortress(赤裳山城) was repaired through the course of sending a group of monks, establishing temple and recruiting soldiers(屯軍). But in 1616, because Jurchen(女眞族) founded Hou-chin(後 金) and invaded Ming(明), Chosoen reinforced precautions about the north district. In this circumstance, Seonjosillok(『宣祖實錄』) was enshrined in Jeoksan-mountain fortress in its day and Jeoksangsansago was installed.

In the late Chosoen, Sagos were installed in steep mountains and island, and its periphery exited a guardian temple. Because this prevented the Sillok from being robbed of the Sillok and destructed by fire in an emergency. Jeoksangsansago's guardian temple is Anguk-Temple(安國寺). For protection and management of the mountain fortress, Hoguksa-Temple(護國寺) was built in separately.

After Seonjosillok was enshrined in Jeoksangsansago, Myohyangsansago's Sillok was not moved at once due to Injo Restoration(仁祖反正), Rebellion of Lee Kual(李适의 亂), and Manchu Invasion of Korea(丁卯胡亂). As a result, Myohyangsansago's Sillok was moved in 1634 and after seven years, Sun-Won-Rok(『선원록』) was enshrined in 1641.

I have looked over the most concrete case of Jeoksangsansago' Poswae through The Administrative Journey of Young Official Pak . The county which the officer of Poswae(曝曬官) passed took care of envoy missions(使行). That the officer of Poswae stopped not at Muju but Jeonju was to bring necessaries of Poswae. At the time when the officer of Poswae arrived, hundreds of people gathered in swarms and made a local market around Anguk-Temple. Thus Poswae was a magnificent spectacle.

Jeoksangsansago's Poswae existed 88 times, which did Poswae in the average of 3.2-years intervals like the rules of three-years intervals. But the Poswae was postponed for domestic and foreign affairs changed and serious natural disaster because government worried about causing a nuisance to the people.

Jeoksangsansago's wooden building had burden to bear the natural topography. So it was repaired in many times. But according to records, the repairs were recorded just 19 times. Because government repaired Jeoksangsansago when the Sillok were enshrined and Poswae was performed.

The government imposed the double burden of protecting Jeoksangsansago and mountain fortress on Muju-hyeon. On this account, Muju-hyeon was burden with high-cost and work force. Moreover, because the Magistrate of Muju(茂朱縣監) held a low posie of around countries, he took of all the difficult tasks in the various villages. Bonghwa-hyeon(봉화현) was the same as this. But, unlike Bonghwa-hyeon, Muju-hyeon was raised to the status of Dheobu(都護府) owing to the existence of not Sago but mountain fortress, and the Magistrate of Muju also was promoted. So Muju-hyeon overcame the difficulties, and became a crucial regional center.

The established places of Oesago were confirmed at the only 15 places from Goryeo to Chosoen. However, no place was changed largely like Muju-hyeon. Muju-hyeon's change was based on the formation of today's Muju-gun(茂朱郡) which consists of a town(邑) and 5 myeons(面) for the installation of Sago and repair of mountain fortress. Raised to the status of Dohobu, Muju-hyeon had an authority and a responsibility to merge neighborhoods and became a center of 7 towns. for high-ranking officials from Capital and Jeolla-gamyoung(全羅監營) regularly visited Muju-hyeon, it experienced more cultural exchanges with outside.

박대길

전북대학교 사학과를 졸업하고, 전남대학교 사학과에서 석사학위를, 전북대학교 대학원에서 박사학위를 받았다. 무주군지편찬위원회 전문위원, 진안역사박물관장, 전라북도동학농민혁명기념관 학예연구사로 재직하였으며, 현재 정읍시청 동학농민혁명선양팀장으로 재직 중이다.

논저로 「조선시대 사고史庫관리의 변화」, 「적상산사고의 설치와 운영」, 「무주 적상산성 축성 시기 고찰」, 「동학의 반외세운동과 천주교」, 「동학농민혁명 이전 동학과 천주교 상호인식」, 「동학의 교조신원운동기 척왜양斥倭洋」, 「동학농민혁명의 시작, 고부봉기」 등이 있다.

조선시대 史庫制度 연구   값 24,000원

2014년 5월 13일 초판 인쇄
2014년 5월 20일 초판 발행

저　　자 : 박 대 길
발 행 인 : 한 정 희
발 행 처 : 경인문화사
　　　　　서울특별시 마포구 마포동 324 - 3
　　　　　전화 : 718 - 4831~2, 팩스 : 703 - 9711
　　　　　이메일 : kyunginp@chol.com
　　　　　홈페이지 : http://kyungin.mkstudy.com
등록번호 : 제10 - 18호(1973. 11. 8)

ISBN : 978-89-499-1016-1 93910
ⓒ 2014, Kyung-in Publishing Co, Printed in Korea
* 파본 및 훼손된 책은 교환해 드립니다.